文库

童书业　著

先秦七子思想研究

江西教育出版社
JIANGXI EDUCATION PUBLISHING HOUSE
·南昌·

图书在版编目（CIP）数据

先秦七子思想研究 / 童书业著 . —— 南昌：江西教
育出版社，2022.6

（大家学术文库）

ISBN 978-7-5705-2983-4

Ⅰ . ①先… Ⅱ . ①童… Ⅲ . ①先秦哲学 – 研究 Ⅳ .
① B220.5

中国版本图书馆 CIP 数据核字 (2022) 第 023912 号

先秦七子思想研究

XIANQIN QIZI SIXIANG YANJIU

童书业　著

江西教育出版社出版

（南昌市抚河北路 291 号　　邮编：330008)

各地新华书店经销

北京长宁印刷有限公司印刷

635 毫米 ×960 毫米　　16 开本　　19 印张　　字数 282 千字

2022 年 6 月第 1 版　　2022 年 6 月第 1 次印刷

ISBN 978-7-5705-2983-4

定价：49.00 元

赣教版图书如有印装质量问题，请向我社调换　电话：0791-86710427

投稿邮箱：JXJYCBS@163.com　　电话：0791-86705643

网址：http://www.jxeph.com

赣版权登字 -02-2022-129

"大家学术文库"编者按

中国学术，肪自伏羲画卦，至周公制礼作乐而规模始备。其后，王官失守，孔子删述六经，创为私学，是为诸子百家之始。《庄子》曰："道术将为天下裂。"孔子殁后，儒分为八；墨子殁后，墨分为三。诸子周游天下，游说诸侯，皆以起衰救弊、发明学术为务，各国亦以奖励学术、招徕人才为务，遂有田齐稷下学官之设。商鞅变法，诗书燔而法令明；始皇一统，儒士坑而黔首愚，当此之时，学在官府，以吏为师，先王之学，不绝如缕。至汉高以匹夫起自草泽，诛暴秦，解倒悬，中国学术始获一线生机。其后，汉惠废挟书之律，民间藏书重见天日。孝武之世，董子献"罢黜百家，表彰六经"之策，定六经于一尊。其后，虽有今古之分、儒释之争、汉宋之异、道学心学之别、义理考据之殊，而六经独尊之势，未曾移也。

及鸦片战起，国门洞开，欧风美雨，遍于中夏，诚"三千年未有之变局"。当此之时，国人震于列强之船坚炮利，思有以自强；又羡于西人之政教修明，思有以自效。于是有"变法守旧之争""革命改良之争""排满保皇之争"，而我国固有之学术传统，亦因之而起变化。清季罢科举而六经独尊之势撼，蔡子民废读经而六经独尊之势丧。当此之时，立论有疑古、信古、释古之别，学派有"古史辩"与"学衡"之争，学说有"文学革命""思想革命""文字革命""伦理革命"诸说，师法有"师俄""师日""师西"之分，众说纷纭，莫衷一是，百家争鸣，复见于近代。

民国诸家，为阐明道术、解救时弊，著书立说、授课讲学，其学术思想，历久弥新，至今熠熠生辉，予人启迪。然近人著作，汗牛充栋，多如恒河之沙，使人难免望书兴叹，不知从何下手，穷其一生，亦难以卒读。因此之故，我们特精选最具代表性之近人著作，依次出版，俾读者略窥学术门墙，得进学之阶。此次选辑出版，虽未能穷尽近人学术之精品，难免有遗珠之憾；然能示人以门径，使人借此以知近人学术规模之宏大、体系之完密，亦不失我们编辑出版"大家学术文库"之初衷。

此次出版，为适应今人阅读习惯，提升丛书品质，我们特对所选书籍做了必要之编辑加工，约有如下诸端：

一、改繁体竖排为简体横排；

二、修正淘汰字、异体字，规范标点符号用法，为一些书加新式标点；

三、校改原稿印刷产生之错字、别字、衍字、脱字；

四、凡遇同一书稿中同一人名有两种及以上不同写法者，一律统改为常用写法。

除以上所举四点之外，其余一仍其旧，力求完整保持各书原貌。

然限于编者之有限学力，书中疏漏之处，在所难免，尚祈广大方家、读者诸君不吝批评斧正。

编 者

2022 年 6 月

目　录

孔子思想研究

一　序论

孔子是我国思想史上最伟大的人物之一，在他以前没有正式的有系统的哲学思想（今老子书中的哲学思想，是战国时代的产物）。在他以后整个封建时代的哲学思想，都和他的思想有直接或间接的关系。从他的时代起，在他倡导和影响下，中国开始形成了一个最有势力的大学派——儒家，在先秦时代就已取得相当优势；到汉武帝以后，这个学派更取得思想界独尊的地位，一直到五四运动时代，它的独尊地位才被真正推翻。研究中国古代中世纪思想史，首先应该研究孔子的思想，是没有什么疑问的。

孔子名丘，字仲尼，是春秋末期的鲁国人。他是殷商后裔宋国公族的大夫之后，他的上代因宋国内乱避难来到鲁国，就做了鲁国人，仍保持着贵族的地位，他的父亲是个著名的武士（曾做过邑宰？）。他幼年时相当贫贱，但仍算是个"士"（低级贵族）。他幼年好学，学得许多知识技术，逐渐有了名声，受到鲁国高级贵族和国人的重视，于是地位升高，有许多从他学习的人。他的弟子中有高级贵族，更有许多低级贵族，甚至有庶人在内。他怀抱一种志愿，要想恢复已经崩溃的周制，维持宗法封建的阶级和等级。他首先想取得鲁国的政权，以推行他的志愿，曾一度受到鲁国最大的掌权贵族季孙氏的信任，也受到鲁君的信任，做了大夫。他自己辅相鲁君，教他的弟子辅佐季孙氏。他的目的首先是所谓"张公室，抑私门"，就是企图恢复鲁君已失去的政权，而抑制季孙、孟孙、叔孙三家大夫。他利用三家大夫和他们家臣间的矛盾，表面上帮助三家打击家臣，毁坏已被家臣所据的封邑城池，以扫除家臣的势力；实际上是想摧毁三家的根据地，以削弱三家的实力，最后达到恢复鲁君政权的目的。季孙氏听了他的话，和叔孙氏毁坏了自己的封邑城池，结果因孟孙氏的破坏，孔子计划失败了；同时他又失去了季孙氏的信任，只好带领一部分学生离开鲁国，周游列国，想获得别国君主的任用，以实行他的抱负，结果都碰了壁。他回到鲁国，仍不得志，就专门教育弟子，传布他的学说，并整理古代的经典，传给弟子。他晚年在鲁国，虽不得志，但很被尊重，称为"国老"，鲁君和三家大夫等常去向他请教。他死后，鲁君亲自赐谥：总算是"生荣死哀"了。（以上所叙孔子略史，大致根据本人过去所作的考证，与普通说法有不同处。）

孔子时代，宗法领主制正在趋向没落，公社性的农村组织逐渐解体，土地私有化已在开始，地主经济可说已经萌芽。孔子所处的时代，正是由领主封建制转向地主封建制的过渡阶段。孔子处在这个过渡阶段的开始时期，社会秩序已有相当显著的动荡，阶级矛盾开始尖锐化，统治阶级内部也在发生变乱，国与国之间互相兼并，家与家之间也互相兼并。周天子早已丧失实际的地位，中原诸侯的政权也大都下移到大夫的手里，甚至大夫的政权也下移到家臣的手里。过去贵族阶级最下层的"士"，有的已取得较高的地位，但大多数则贫困下降；庶人阶级中也有少数人上升，与下降的士合成一个集团，形成新的士阶层，他们就是后来的地主官僚分子的先驱。绝大多数的庶人（农民）则因统治阶级的残酷剥削和战争的摧残，日趋贫困，有些甚至破产，变成流民、"盗贼"（实际上多是反抗统治阶级的人民）等。一部分的手工业者和商人摆脱官府的束缚成为自由手工业者和自由商人，其中少数人，特别是商人，成为新兴富人，也参加了剥削阶级的行列。当时最主要的社会问题，是贵族统治阶级残酷剥削、压迫人民，引起人民的严重反抗，形成贵族国家和人民的阶级矛盾尖锐化。最主要的政治问题，除贵族统治者和人民的矛盾、斗争外，是贵族阶级内部的矛盾、斗争。

孔子站在上层士夫的立场上，企图维持贵族阶级的统治地位。他模糊地认识到人民力量的强大，认为不能专用暴力镇压，企图用向人民让步的办法，来缓和阶级矛盾；并企图改良政治，使统治者提拔下层的贤才，来管理国家。一面竭力维持宗法封建的等级制度，企图消弭贵族阶级的内部斗争，进而巩固贵族阶级的统治地位。总之，孔子是个上层士夫的开明派，他的思想有很大的保守面，但也有很大的进步成分。（像孔子所处的时代，孔子出身的阶级、阶层，除有特殊的原因外，也只能产生像孔子这样的思想，关于这点，我们也应注意。）

研究孔子的思想，最主要的史料是《论语》，《论语》前 15 篇，大体上是可信的；只有后 5 篇，稍有些晚出和不相干的材料，研究孔子思想，只有专门根据《论语》，才能保持可靠性；其他的材料，选用应当十分谨慎，因为后世假托的孔子言行，实在太多，一不小心，就会上当。自然，如《左传》《檀弓》《孟子》《荀子》等书中所载的孔子言行，还是比较可靠的，有些材料经慎重考虑后，可以采用。（《春秋》是否经过孔子修订，还有问题，即使真的经过孔子修订，其中的思想，也不容易明确了解。）

由于孔子站在上层士大夫的立场上，思想有很大的保守面，所以他对于周制，甚至夏商的制度，都抱着拥护和维持的态度。他首先认为古代制度的根本，是不能变动的，只能略施改进，《论语》载："子张问十世可知也？子曰：殷因于夏礼，所损益，可知也；周因于殷礼，所损益，可知也；其或继周者，虽百世可知也。"（《为政》）这就是说：古今是一样的，百世之后和百世之前，不会有什么很大的不同，因为三代的制度基本上一样，只是有些"损益"而已。这是由于从夏代开始进入阶级社会后，奴隶制和封建制，始终是与氏族制和公社制结合着的，氏族制和公社制的残余非常严重，这就使人感觉从古到今的制度，没有什么大改变。当然，更主要的是由于孔子的阶级立场是贵族的，为了维持贵族阶级的利益，就必须保持旧制度，要保持旧制度就必须建立一种理论根据，这样就产生出儒家的"古今一度"（《荀子·非相》）的学说。但孔子是个贵族改良派，他固然认为"百世可知"，而又认为旧制度可以"损益"，"损益"就是改进，所以后来的总比从前的要好一些。孔子说："周监于二代，郁郁乎文哉！吾从周。"（《八佾》）孔子是周代人，他要维持当时的贵族阶级，就必须保持周制。自然，周代是封建社会，制度比夏殷进步，也是事实。所谓"郁郁乎文哉"，就是那一套宗法封建等级制度的"文明"，孔子是维护这种"文明"的，所以说"吾从周"。他的阶级立场和当时的宗法保守思想的影响，使他对于周制爱慕到极点，他常常梦见周制的象征人物——周公。他曾说："甚矣，吾衰也！久矣，吾不复梦见周公。"（《述而》）但孔子究竟是个开明派，所以他对于周制的枝叶，并不固执：

> 颜渊问为邦，子曰："行夏之时，乘殷之辂，服周之冕，乐则韶舞。"（《卫灵公》）

除周制外，古代好的东西都可采用，周制并不是完全不能改变的。然制度的根本三代都是一样，这是不能改变的。从这里可以看出孔子有改良周制的抱负。不过在这里，只是企图采用历代的制度，对周制加以补充而已。

孔子的基本态度，是"述而不作，信而好古"（《述而》）。最突出的表现，是下面的一段记载："鲁人为长府，闵子骞曰：'仍旧贯，如之何？何必改作。'子曰：'夫人不言，言必有中'。"（《先进》）"仍旧贯"，"何必改作"，是孔子和先秦儒家所表现的根本态度。虽然孔子和先秦儒家实际上都是"述"而兼"作"的（荀子"作"的成分更大些）。

儒家的"儒"究竟是什么，现在虽然不能完全清楚，但大致说来，"儒"是古代掌教育的一种职业者。在春秋中叶以前，"儒"大概是"王官"中的一种工作人员；春秋以来，"王官"逐渐"失坠"，儒也流散在社会上，他们和庶人接近的结果，逐渐由贵族的老师转化为一般人的老师。这种职业者构成一个集团，就是所谓"儒家"，孔子便是"儒家"的创建者。他所以能创建儒家，是由于他能集合古代的"王官之学"，加以整理、改造，使比较能适合当时的时势。这样，人们要求知识，就自然都向他去请教。他的学生既多，形成一个学派，于是儒家就出现了。

> 卫公孙朝问于子贡曰："仲尼焉学？"子贡曰："文武之道未坠于地，在人，贤者识其大者，不贤者识其小者，莫不有文武之道焉；夫子焉不学，而亦何常师之有！"（《子张》）

看上面这段文字，就可知道"王官之学失坠"后，周代的典章制度和贵族阶级的学问知识流散在社会上，人人都知道些，急需收拾整理，而孔子就承担了这个责任，这便使他成为文王、周公的后继者，新贵族、地主阶级的"大成至圣先师"！

二　宇宙观

春秋中叶以前，宗教思想比较流行，由于生产力的发展，社会经济以及政治都有了变动，人们的知识也增多了，经济、政治的变动和人们知识水平的提高，使人们对于旧日的宗教发生怀疑，当春秋后期，旧有的宗教信仰已经开始动摇，贵族阶级里的开明人物如子产，已经叫出"天道远，人道迩"的口号。孔子也是贵族阶级里的开明人物，他和子产差不多，具有怀疑旧日宗教信仰的思想。但如上所说，孔子是个保守面很大的开明派，他的思想具有落后进步的两种成分。在他的思想中，常有矛盾的征象，他的宇宙观就是矛盾的。既相信有人格意志的上帝，又把天看成自然的东西；既重祭祀，又怀疑鬼神；既相信有命，又"知其不可而为之"：这些矛盾，确实表现了当时贵族开明派的特殊的意识形态。

　　孔子是个比较实际的人物，他对于"天""命""鬼神"等既存在着两种看法和态度，换句话说：还没有定见，所以他就避免谈"天""命""鬼神"等。《论语》中有如下三条记载：

　　　　子贡曰："夫子之文章，可得而闻也；夫子之言性与天道，不可得而闻也。"（《公冶长》）
　　　　子罕言：利与命与仁。（《子罕》）
　　　　子不语：怪、力、乱、神。（《述而》）

这证明孔子对于"天""命""鬼神"等物事是少谈或不谈的。

　　有些史学家太强调孔子的自然观念思想，认为孔子完全不信有天帝存在，这种看法是可商榷的！《论语》中记载着不少孔子相信天帝的证据，如：

　　　　子曰："天生德于予，桓魋其如予何！"（《述而》）
　　　　子畏于匡，曰："文王既没，文不在兹乎？天之将丧斯文也，后死者不得与于斯文也；天之未丧斯文也，匡人其如予何！"（《子罕》）
　　　　不怨天，不尤人，下学而上达，知我者，其天乎！（《宪问》）
　　　　颜渊死，子曰："噫！天丧予，天丧予！"（《先进》）
　　　　子见南子，子路不说，夫子矢之曰："予所否者，天厌之！天厌之！"（《雍也》）

这些文字中的"天"，都是有人格意志的"天"，就是上帝。看"天生德于予"等话，简直以教主自居，孔子的宗教思想是很显然的，怎能说他不信有天帝的存在？《论语》又载孔子：

　　　　迅雷风烈必变。（《乡党》）

这不也是宗教态度吗！孔子又曾说：

　　　　凤鸟不至，河不出图，吾已矣夫！（《子罕》）

这不是孔子相信"祥瑞"的证据吗（凤鸟至，河出图，是天降祥瑞，表示有"王者"出世的意思）！

孔子不但信"天"而且信"命"，《论语》中有如下的记载：

> 不知命，无以为君子也。（《尧曰》）
>
> 孔子曰："君子……畏天命……小人不知天命而不畏也……"（《季氏》）
>
> 公伯寮愬子路于季孙，子服景伯以告，曰："夫子固有惑志于公伯寮，吾力犹能肆诸市朝。"子曰："道之将行也与，命也；道之将废也与，命也。公伯寮其如命何！"（《宪问》）
>
> 伯牛有疾，子问之，自牖执其手，曰："亡之，命矣夫！斯人也而有斯疾也，斯人也而有斯疾也？"（《雍也》）
>
> 子夏曰："商闻之矣：死生有命，富贵在天。"（《颜渊》）

"命"本指天命，就是上帝的命令，所以相信"命"就是相信"天"。但"命"到孔子时代，已经有了新的意义，看"伯牛有疾"一条所说的"命"，就带有"自然主义"的色彩，不应该有的事而有，只能是"命"，这种"命"是盲目的，没有意志的，自然而然的，不可知的。这就是后世所说的"命"，它和"天"（上帝）是相对立的，"天"是有意志的，会赏善罚恶的；"命"是不管善恶，因果无定的。相信有命，就是说做善事不一定得善报，做恶事不一定得恶报。这种命的信仰，使人听任自然，不加努力，是统治阶级制造出来的比"天""鬼"还要厉害的统治工具，它麻痹人的斗争意志，使人民听从统治，不作反抗。这种"命"的信仰，后来遭遇到墨家的严厉攻击，墨家虽主张有"天""鬼"，却反对主张有"命"，因为"命"的信仰和"天""鬼"的信仰是矛盾的。墨家主张积极努力，又相信"天""鬼"能赏善罚恶，就不能不反对"命"的信仰了。（子夏所说的"死生有命"，也似乎是指自然的"命"，子夏是孔子的学生，当然继承孔子的学说，所谓"商闻之矣"，当是闻之孔子。）

孔子的"命"论既有"自然主义"的色彩，那么他的"天"论就也可能有"自然主义"的因素，《论语》载：

> 子曰："予欲无言。"子贡曰："子如不言，则小子何述焉？"子曰："天何言哉！四时行焉，百物生焉，天何言哉！"（《阳货》）

这里所说的"天"就有自然的色彩，这不说话而行四时生百物的"天"，是和有意志、会赏善罚恶的"天"不同的。

孔子思想中有"自然主义"的成分，还有下面两条材料可以证明：

> 子在川上曰："逝者如斯夫！不舍昼夜。"（《子罕》）
>
> （曾皙）曰："莫春者，春服既成，冠者五六人，童子六七人，浴乎沂，风乎舞雩，咏而归。"夫子喟然叹曰："吾与点也！"（《先进》）

前一条材料是说自然界的运行和水的流行一样，"不舍昼夜"地过去，一去而不复返，这种看法，就带有"自然主义"的色彩。后一条材料是表明孔子有陶溶于自然的乐天态度，有陶渊明的"采菊东篱下，悠然见南山"的神情，这也是一种"自然主义"倾向。孔子不排斥隐士，对于隐士的生活相当羡慕，也说明了这点。这和他的"命"论也有关系。这些思想都是"自然主义"下的产物。但孔子是个积极者，他抱着"救世"的志愿，并不因"道之不行，已知之矣"而消极。《论语》载：

> 子路宿于石门，晨门曰："奚自？"子路曰："自孔氏。"曰："是知其不可而为之者与？"（《宪问》）

"知其不可而为之"的精神，显然是和他的"命"论相矛盾的。

孔子对于鬼神，也有较新的见解和态度：

> 祭如在，祭神如神在。子曰："吾不与祭，如不祭。"（《八佾》）
>
> 子曰："非其鬼而祭之，谄也！"（《为政》）
>
> 务民之义，敬鬼神而远之，可谓知矣。（《雍也》）
>
> 季路问事鬼神，子曰："未能事人，焉能事鬼？"曰："敢问死。"曰："未知生，焉知死？"（《先进》）

祭祀只是行礼，表示诚敬的意思，鬼神的存在与否可以不问。对于鬼神应当"敬而远之"，民事应当放在神事的前面。鬼神和死的道理，可以不必细加研究：这些思想，都是比较进步的。

总结孔子的宇宙观：从他的"自然主义"倾向和怀疑鬼神的态度看来，是有些唯物论的成分的，从他相信"天""命"等思想看来，又是宗教的唯心论。如从孔子的整个思想考察，可以得出这样的结论，就是：唯心论显然是主导的！

三　伦理思想

伦理思想是孔子思想中最核心的部分，要认识孔子思想的真相，必须对他的伦理思想，加以重点的研究。孔子的伦理思想和他的政治思想是有密切的联系的，必须贯通了来研究；但为叙述方便起见，所以分开来讲。

在孔子以前，伦理思想主要是所谓"孝友"和"慈爱"，例如《尚书·康诰》说：

> 元恶大憝，矧惟不孝不友。子弗祗服厥父事，大伤厥考心；于父不能字厥子，乃疾厥子；于弟弗念天显，乃弗克恭厥兄；兄亦不念鞠子哀，大不友于弟。惟吊兹，不于我政人得罪，天惟与我民彝大泯乱。曰：乃其速由文王作罚，刑兹无赦！

《酒诰》说：

> 嗣尔股肱，纯其艺黍稷，奔走事厥考厥长；肇牵车牛远服贾，用孝养厥父母。

这种思想，完全是宗法制下的产物。在宗法制全盛时期．最主要的伦理是家族伦理，能齐家就能治国。《论语》引《书》云：

> 孝乎惟孝，友于兄弟，施于有政。

可见"孝友"之道，就是当时政治的根本。这种伦理是很简单的，到了孔子时代，伦理就扩大了。

伦理的扩大，说明社会制度的发展。宗法制的初步转化，使人从家族中解放出来，开始变成社会的人：这样就需要有新的伦理。孔子就是综合当时社会上的新旧伦理，而加以系统化的人。自从孔子建立了新的伦理系统，便成为封建社会做人的规范。由于中国封建社会长期存在，孔子的伦理思想就差不多支配了二千多年的人心，直到五四运动时代为止。

孔子首先建立了"道""德"的概念，《论语》载：

> 子曰："志于道，据于德，依于仁，游于艺。"（《述而》）

孔子所说的"道"，有"天道"和"人道"的区别，这里所说的是"人道"，"人道"就是做人的道理（《卫灵公》篇："人能弘道，非道弘人。"可见孔子对于"人道"，重在人的一面，即重在人的实践方面）。"道"是总原理，"道"见于具体的行为上就是"德"，"仁"是"德"的根本，"艺"是"文章"。"道"只可"志"，而"德"可以"据"；所"依"在"仁"，而所"游"在"艺"。这就是孔子伦理思想的总纲。

孔子对于伦理所设的标准是"中庸"。"中"的概念是以前已有的，如《尚书·盘庚》说："各设中于乃心。"《酒诰》说："作稽中德。"《论语》载尧的话也说："允执其中。"（《尧曰》）孔子又补充了一个"庸"字，他说：

> 中庸之为德也，其至矣乎！民鲜（能）久矣。（《雍也》）

"中"就是无过无不及，"庸"就是常。关于"庸"的解释，后来《中庸》说："庸德之行，庸言之谨。"当然是常的意思。至于"中"，《论语》本书就有解释：

> 子曰："不得中行而与之，必也狂狷乎！狂者进取，狷者有所不
> 为也。"（《子路》）
> 子贡问："师与商也孰贤？"子曰："师也过，商也不及。"曰：
> "然则师愈与？"子曰："过犹不及。"（《先进》）

"中行"就是"中庸"的"中"，它的两头是"狂""狷"，"狂"就是
"过"，"狷"就是"不及"，"过犹不及"。

在讲"中庸"的同时，孔子又讲究"权"：

> 可与共学，未可与适道；可与适道，未可与立；可与立，未可
> 与权。（《子罕》）

"权"就是权衡轻重，求其适当的意思。"可与立，未可与权"，足见
"权"的不容易。能"中庸"而不能"权"，即所谓"执中无权，犹
执一也"（《孟子·尽心上》），充其极就会走到"中庸"的反面，变
成"乡原"：

> 子曰："乡原，德之贼也！"（《阳货》）

据孟子的解释：

> 生斯世也，为斯世也，善斯可矣；阉然媚于世也者，是乡原也。
> 非之无举也，刺之无刺也；同乎流俗，合乎污世；居之似忠信，
> 行之似廉洁；众皆悦之，自以为是，而不可与入尧舜之道，故曰：
> 德之贼也！（《尽心下》）

"乡原"就是貌似"中庸"的人，表面上无可非、无可刺而实际上完
全走的反"道德"的路，这是似是而非的"中庸"，所以说："恶乡
原，恐其乱德也"（同上）。《中庸》引孔子说：

> 君子中庸，小人反中庸；君子之中庸也，君子而时中；小人之
> 中庸也，小人而无忌惮也。

合乎"权"的"中庸"才是真"中庸"，即所谓"时中"。"时中"就是合乎时宜的"中"，"中"不是固定的，是按着时间等条件而有变动的。在这里，含有些辩证的意味。"时中"是真正的"中庸"，"小人之中庸"就是"乡原"，实际上是"反中庸"。

当然，"中庸"是有阶级性的。就"中庸"本身说，它是一种折衷主义，其作用是调和阶级矛盾，为统治阶级服务。如把"中庸"当做适宜、正常的意思，则"中庸"也有阶级性，因为统治剥削阶级的"中庸"（适宜、正常），和被统治被剥削阶级的"中庸"（适宜、正常），也是不同的。统治剥削阶级认为"中庸"的事情，被统治被剥削阶级未必认为"中庸"，甚至认为"反中庸"。"中庸"只是一个抽象的概念。从这抽象的概念上说，"中庸"似乎无可非议；但一到具体的事情上，统治剥削阶级的所谓"中庸"，就未必是真"中庸"了。

现在我们再进一步从实践上观察孔子的所谓"时中"，从这里就可见出"中庸"的阶级性。《论语》载：

> 子绝四：毋意（臆测），毋必，毋固，毋我。（《子罕》）

"毋必""毋固"就是"权"，也就是"时中"；"毋我"是不执己见：也与"时"有关。孔子在批评伯夷、叔齐、柳下惠等之后说：

> 我则异于是，无可无不可。（《微子》）

"无可无不可"也就是"毋必""毋固"，这完全是"圆滑"的态度。孟子说：

> 可以速而速，可以久而久，可以处而处，可以仕而仕：孔子也。
> （《万章下》）

孔子，圣之时者也。（同上）

"时"就是"时中"。"处"和"仕"都是士阶层的事，所以孔子的"时"也只是士阶层的"时"。《论语》载：

公山弗扰以费畔，召，子欲往。子路不说，曰："末之也已，何必公山氏之之也！"子曰："夫召我者，而岂徒哉。如有用我者，吾其为东周乎！"（《阳货》）。

佛肸召，子欲往。子路曰："昔者由也闻诸夫子曰：'亲于其身为不善者，君子不入也。'佛肸以中牟畔，子之往也，如之何？"子曰："然！有是言也。不曰坚乎，磨而不磷；不曰白乎，涅而不淄。吾岂匏瓜也哉，焉能系而不食！"（同上）

这两段故事虽未必可靠，但似乎也反映了孔子的真实思想。"孔子三月无君，则皇皇如也，出疆必载质"（《孟子·滕文公下》），孔子有"饥不择食"的情绪，只需有人用他，他就愿"仕"，确是事实。这就是所谓"可以仕而仕"。这样的"时中"，不正是孔子这个阶层的"时中"吗！

孔子所定道德的根本义（也几乎就是道德的全体）是"仁"。"仁"这一个名词，也是以前已有的，但它的意义似乎与孔子所说的"仁"不同，如《诗经·齐风》："卢令令，其人美且仁。"《尚书·金縢》载周公祝词："予仁若考，能多材多艺，能事鬼神。"这所说的"仁"似乎只是仪文美备的意思。孔子所说的"仁"意义既不同，且范围广得多。我们先看孔子对"仁"所下的主要定义：

樊迟问仁，子曰："爱人。"（《颜渊》）

"仁"的最基本定义是"爱人"，所以连称"仁爱"，爱人之道首先是推己及人：

夫仁者，己欲立而立人，己欲达而达人。能近取譬，可谓仁之方也矣。（《雍也》）

由于仁者以爱人之心待人，问心无愧，所以：

> 仁者不忧。(《子罕》《宪问》)

孔子又说：

> 刚、毅、木、讷，近仁。(《子路》)

刚直，有毅力，厚重和少说话的人，都近于"仁"。这是因为刚直的人没有虚伪，有毅力的人不怕困难，仁者正是这样，仁者都是所谓"厚道君子"，所以近于"木、讷"。"刚、毅、木、讷"的反面是柔佞，所以孔子又说：

> 巧言令色，鲜矣仁。(《学而》)

仁者不怕困难，勉力以求仁道，所以说：

> 仁者先难而后获，可谓仁矣。(《雍也》)

因为这样，所以：

> 司马牛问仁，子曰："仁者，其言也讱。"曰："其言也讱，斯谓之仁矣乎？"子曰："为之难，言之得无讱乎。"(《颜渊》)

"其言也讱"就是"讷"。

凡是求声闻好虚名的人，都是不近仁道的：

> 子张问："士何如，斯可谓之达矣？"子曰："何哉，尔所谓达者？"子张对曰："在邦必闻，在家必闻。"子曰："是闻也，非达也。夫达也者，质直而好义，察言而观色，虑以下人，在邦必达，在家必达。夫闻也者，色取仁而行违，居之不疑，在邦必闻，在家必

闻。"(《颜渊》)

　　曾子曰："堂堂乎张也，难与并为仁矣！"(《子张》)

求声闻的人不免虚伪，即所谓"色取仁而行违，居之不疑"，正与仁者的"质直"相反。子张求"闻"，好讲外表，即所谓"堂堂乎"，这样的人，是"难与并为仁"的。

　　上面所说的"仁"，都是孔子所讲"仁道"的较新方面，即社会的人的做人道理。孔子所讲"仁道"，也有它较旧一面，即家族的人的做人道理。由于中国的宗法制的解体极不彻底，所以宗法制的伦理也相当顽强地保留下来。儒家本是维持宗法制的，所以格外保守宗法制的伦理，也就是"孝"和"礼"的伦理，特别是"孝"，儒家是非常重视的。"孝"和"仁"本来有互相矛盾之点，如墨子"兼爱"，孟子就说他"无父"。"仁"是新道德，"孝"是旧道德。这两者本有不可调和的趋势，但儒家却把它们调和起来，并且把"孝"认为"仁"的根本：

　　　　孝弟也者，其为仁之本与！(《学而》)
　　　　君子笃于亲，则民兴于仁。(《泰伯》)

这样，儒家的"仁"就和墨家的"兼爱"有了区别：墨家的"兼爱"是"爱无差等"的，儒家的"仁"则是"亲亲而仁民，仁民而爱物"的。儒墨的这种不同，也就是落后与进步的不同，旧与新的不同。

　　孔子时代的所谓"礼"，也是宗法封建制下的产物——宗法封建制的仪文典章，它与较新的道德——"仁"，也有矛盾的地方。讲究"礼"的人未必讲究"仁"，孔子自己就说：

　　　　人而不仁，如礼何！人而不仁，如乐何！(《八佾》)

"不仁"的人也会讲"礼""乐"（配合"礼"的音乐），但这种礼乐只是虚文，对于实际道德并无帮助。在这里孔子注重"仁"，把"礼""乐"看成外表的仪文，不能与"仁"相提并论，这是较新的见解。但孔子有时却又把"礼"规定为"仁"的内容：

> 颜渊问仁，子曰："克己复礼为仁，一日克己复礼，天下归仁焉，为仁由己，而由人乎哉?"颜渊曰："请问其目。"子曰："非礼勿视，非礼勿听，非礼勿言，非礼勿动。"(《颜渊》)

这样，"仁"就是"礼"，"仁"也变成宗法制的东西了，这又是孔子的较旧的见解。

如上所述，"仁"的根本义是"爱人"，推广一些来说，还有诚实、刚直、有毅力、厚重等等；而"仁"的具体内容，又以"孝"为本，以"礼"为实践标准。但"仁"的含义还不止于此，它几乎包括一切的道德，如：

> 仲弓问仁，子曰："出门如见大宾，使民如承大祭；己所不欲，勿施于人；在邦无怨，在家无怨"(《颜渊》)
>
> 樊迟问仁，子曰："居处恭，执事敬，与人忠，虽之夷狄，不可弃也。"(《子路》)
>
> 子张问仁于孔子，孔子曰："能行五者于天下，为仁矣。""请问之。"曰："恭、宽、信、敏、惠。恭则不侮，宽则得众，信则人任焉，敏则有功，惠则足以使人。"(《阳货》)

这所说的"仁"，范围就广多了，几乎一切好的品行都属于"仁"的范围，所以最广义的"仁"，就是人道。孟子引孔子说：

> 道二，仁与不仁而已矣。(《离娄上》)

这可见"仁"在孔子伦理学说中的地位了。所以说：

> 君子无终食之间违仁，造次必于是，颠沛必于是。(《里仁》)
> 志士仁人，无求生以害仁，有杀身以成仁。(《卫灵公》)

因为"仁"的道理如此重要，如此难以达到，所以孔子不轻易以

"仁"许人，如说：

> "克、伐、怨、欲不行焉，可以为仁矣？"子曰："可以为难矣，仁则吾不知也。"（《宪问》）

但孔子对于有大功于国家、人民的人，虽有很大的缺点，有时也许以仁，如：

> 子路曰："桓公杀公子纠，召忽死之，管仲不死。"曰："未仁乎？"子曰："桓公九合诸侯，不以兵车，管仲之力也，如其仁，如其仁！"（《宪问》）
> 子贡曰："管仲非仁者与？桓公杀公子纠，不能死，又相之。"子曰："管仲相桓公，霸诸侯，一匡天下，民到于今受其赐。微管仲，吾其被发左衽矣。岂若匹夫匹妇之为谅也，自经于沟渎，而莫之知也。"（同上）

我们知道孔子对于管仲，是有很多不满的，如说他"器小"，不俭，不知礼（见《八佾》）；同时管仲不能尽忠于公子纠，在封建道德上说来，是有很大的缺点的。只因他辅相齐桓公，"尊王攘夷"，使华夏不致灭亡，立了大功，这就算够得上"仁"的标准了。

孔子常并称"知""仁""勇"，如说：

> 知者不惑，仁者不忧，勇者不惧。（《子罕》《宪问》文略同。）
> 仁者安仁，知者利仁。（《里仁》）

完全的人格不但要"仁"，而且要"知""勇"。但：

> 有德者必有言，有言者不必有德；仁者必有勇，勇者不必有仁。（《宪问》）

"有德"也就是"仁"，"有言"也就是"知"；可见"仁"还是主要的。仁者有知、勇，那么"仁"就又包括"知""勇"二德了。所以孔子所讲的"仁"极广义地说，就是完全的人格。由于"仁"的道理非常广泛深奥，不容易讲，所以"子罕言……仁"(《子罕》)。

"仁"也是有阶级性的，贵族阶级认为"仁"的事，庶人阶级不必认为"仁"。因为"仁"也是有具体内容的，所以不同的阶级有不同的"仁"。孔子明确地说：

> 君子而不仁者有矣夫，未有小人而仁者也。(《宪问》)

这里所说的"君子""小人"，似乎兼有阶级的和人格的意义。在宗法封建时代，"道德"本是贵族阶级所专有的，所以只有有"道德"的贵族才能"仁"，庶人是不可能"仁"的。在这里，明显地反映出"仁"的阶级性来，在阶级社会里，本来不可能有统一的仁爱。

"仁"的根本义是"爱人"，而它的素地是"忠信"。《论语》载：

> 主忠信。(《学而》)
> 子以四教：文、行、忠、信。(《述而》)

孔子的伦理以"忠信"为主，而四教从文章到德行，归宿于"忠信"，可见"忠信"的重要了。"信"是容易懂的（忠信的"信"可能包括真诚的意思），"忠"则须稍加研究。按《论语》讲到"忠"的话有：

> 与人忠。(《子路》)
> 为人谋而不忠乎？(《学而》)
> 忠焉能勿诲乎？(《宪问》)
> 臣事君以忠。(《八佾》)

"忠"是诚恳、积极为人的意思。为什么说"忠信"是"仁"的素地呢？孔子说：

> 十室之邑，必有忠信如丘者焉，不如丘之好学也。(《公冶长》)

可见"忠信"是素质，许多人都具有，但必须加上"学"，才能成为完善的人。曾子说：

> 吾日三省吾身：为人谋而不忠乎？与朋友交而不信乎？传不习乎？（《学而》）

这都可见"忠信"是道德学问的基础，没有不"忠信"的人而能"仁"的。

上面说过，"仁道"首先是推己及人，推己及人叫做"忠恕"：

> 子曰："参乎！吾道一以贯之。"曾子曰："唯。"子出，门人问曰："何谓也？"曾子曰："夫子之道，忠恕而已矣。"（《里仁》）

"吾道"就是"仁道"，贯穿仁道的是"忠恕"，所以概括说来，"仁道"就是"忠恕"。"忠"的意义，上面已经说过。至于"恕"，《论语》更有明文解释：

> 子贡问曰："有一言而可以终身行之者乎？"子曰："其恕乎，己所不欲，勿施于人。"（《卫灵公》）

"恕"是"己所不欲，勿施于人"，是消极的。忠是"己欲立而立人，己欲达而达人"，是积极的。"忠""恕"合起来就是"仁"。

如上所述，儒家以"孝弟"为"仁"之本，《论语》载：

> 有子曰："其为人也孝弟，而好犯上者鲜矣。不好犯上，而好作乱者，未之有也。君子务本，本立而道生。孝弟也者，其为仁之本与。"（《学而》）

儒家提倡"孝弟"的作用，在这里说得最是明白，原来"孝弟"的作用，是防止"犯上作乱"的，这是儒家的"本"，"本立而道生"。"孝弟"和"仁"的阶级性，在这里可以明显看出了。

"孝"和"礼"是相联系的，《论语》载：

　　　　孟懿子问孝，子曰："无违。"樊迟御，子告之曰："孟孙问孝于
　　我，我对曰：无违。"樊迟曰："何谓也？"子曰："生，事之以礼；
　　死，葬之以礼，祭之以礼。"（《为政》）
　　　　子游问孝，子曰："今之孝者，是谓能养；至于犬马，皆能有养；
　　不敬，何以别乎？"（同上）

照这样说来，"孝"就是"礼"。孝的标准是敬和尽礼，以敬心行礼于
父母，才能算是"孝"。但具体的"孝道"，最主要的是：

　　　　三年无改于父之道，可谓孝矣。（《学而》）

这就体现了宗法制的精神。
　　"礼"固然是宗法制的东西，但孔子对于"礼"也有些新的解
释，如：

　　　　林放问礼之本，子曰："大哉问！礼，与其奢也，宁俭；丧，与
　　其易也，宁戚。"（《八佾》）
　　　　子夏问曰："巧笑倩兮，美目盼兮，素以为绚兮，何谓也？"子
　　曰："绘事后素。"曰："礼后乎？"子曰："起予者商也，始可与言诗
　　已矣。"（同上）
　　　　子曰："先进于礼乐，野人也；后进于礼乐，君子也。如用之，
　　则吾从先进。"（《先进》）

这些话说明孔子对于"礼"，注重它的精神，而不注重繁文琐节，所
以"与其奢也，宁俭"。"礼"是道德的文饰，应该着重它的道德本
质，所以"丧，与其易（治）也，宁戚"。道德是根本，所以在先；
"礼"是文饰，所以在后。古时礼乐简单，倒能流露真性情；后世礼
乐繁缛，反而掩盖了真性情，所以说："如用之，则吾从先进。"
　　"礼"的重要作用之一是节制性情，《论语》载：

　　　　有子曰："礼之用，和为贵。先王之道，斯为美，小大由之。有

所不行，知和而和，不以礼节之，亦不可行也。"(《学而》)

"和"是性情之和(《中庸》"喜怒哀乐之未发谓之中，发而皆中节谓
之和")，"礼"之用以"和"为贵，但只有"和"而"不以礼节之"
也是"不可行"的。孔子说：

> 恭而无礼则劳，慎而无礼则葸，勇而无礼则乱，直而无礼则绞。
> (《泰伯》)

一切道德如没有"礼"来节制，就会流向道德的反面，"礼"的重要
如此。"礼"不是固定的，可以斟酌情形适当改变；但"礼"还是有
一定标准的，不合标准，就不能改变。孔子说：

> 麻冕，礼也；今也纯，俭；吾从众。拜下，礼也；今拜乎上，
> 泰也；虽违众，吾从下。(《子罕》)

新的办法合乎道德的标准，就可以改变旧制；如果不合道德的标准，
就只能遵从旧制。在这里，体现了孔子的改良思想。

以上所说，是孔子提出的最重要的道德概念。孔子所常提到的，
还有些其他的道德概念，较重要的是"义""直"等。

先讲"义"，孔子说：

> 君子喻于义，小人喻于利。(《里仁》)

"义"就是宜，它是和"利"相对的。君子只问该当（宜）不该当，
而不问有利无利；小人反过来，只问"利"而不问"义"。这种思
想，已开孟子"王何必曰利，亦有仁义而已矣"，董仲舒"正其谊不
谋其利，明其道不计其功"的思想的先河。孔子又说：

> 见义不为，无勇也。(《为政》)

可见见"义"是应当勇为的。子路问孔子："君子尚勇乎?"孔子答说:

> 君子义以为上。君子有勇而无义为乱,小人有勇而无义为盗。
> (《阳货》)

在这里,孔子为了纠正好勇的子路的偏差,把"勇"贬低了些,但"义以为上",还是孔子的正常思想。既然"君子义以为上",当然反对"义"的反面"利"了。孔子说:

> 放于利而行,多怨。(《里仁》)

《论语》又载"子罕言利"(《子罕》)。总的看来,孔子是反对功利主义的,但他的反对,似不如孟子那样剧烈。

次讲"直"。孔子说"质直而好义"(《颜渊》),可见"直"与"义"也是相联的,心地"质直"则行为"好义"。"质直"实在就是"忠信",所以孔子也常说"直":

> 人之生也直,罔之生也幸而免。(《雍也》)
> 斯民也,三代之所以直道而行也。(《卫灵公》)
> 举直错诸枉,能使枉者直。(《颜渊》)

不"直"简直不能生存,可见"直"的重要。怎样才是"直"呢? 孔子说:

> 孰谓微生高直? 或乞醯焉,乞诸其邻而与之。(《公冶长》)
> 以直报怨。(《宪问》)

"直"就是真实不欺。既然有怨当报,觉得应当怎样报就怎样报(自然可以宽恕),这就是"直"。"以德报怨",则是不"直",所以孔子不认为对。但"直而无礼则绞"(《泰伯》),"直"也是有节制的。《论语》载:

　　叶公语孔子曰："吾党有直躬者，其父攘羊，而子证之。"孔子
曰："吾党之直者异于是，父为子隐，子为父隐。直在其中矣。"(《子
路》)

"父为子隐，子为父隐"，在当时说来是"礼"；"其父攘羊，而子证
之"，在当时说来是不合"礼"的：这就是"直"受"礼"的节制。
在当时说来，"父为子隐，子为父隐"，虽不"直"，而"直在其中
矣"。"直"是真性情的流露，在当时社会制度和伦理观念支配之下，
父不为子隐，子不为父隐，是不合"人情"的，所以算不得"直"。
　　与"直"相近的是"刚"：

　　子曰："吾未见刚者。"或对曰："申枨。"子曰："枨也欲，焉得
刚！"(《公冶长》)

刚者直而不屈，欲望多的人不免为私利屈己，所以决做不到"刚"。
　　现在再说一说孔子对于"出""处"和君臣之间伦理的看法。先
说"出""处"的道理，在这方面，《论语》有如下的记载：

　　子夏曰："仕而优则学，学而优则仕。"(《子张》)
　　子曰："笃信好学，守死善道；危邦不入，乱邦不居；天下有道
则见，无道则隐；邦有道，贫且贱焉，耻也；邦无道，富且贵焉，
耻也。"(《泰伯》)
　　隐居以求其志，行义以达其道；吾闻其语矣，未见其人也。
(《季氏》)

"士"的任务就是"学"和"仕"，"学"就是为了"仕"。但"仕"必
须合乎"义"和"礼"，否则只好不仕。孔子提出"天下有道则见，
无道则隐"的口号，可见他对于隐士是不排斥的；不但不排斥，而
且"隐居以求其志"，被认为崇高的品行。孔子说：

　　贤者辟世，其次辟地，其次辟色，其次辟言。(《宪问》)

"避世"被认为"贤者",所以孔子对于他所遇到的隐士,多赋予同情和尊敬(参看《论语·微子》)。但孔子毕竟是个积极的人,"知其不可而为之",所以他终与隐士不同道。子路批评隐士道:

> 不仕无义。长幼之节,不可废也;君臣之义,如之何其废之?欲洁其身而乱大伦。君子之仕也,行其义也;道之不行,已知之矣。(《微子》)

隐士的"不仕"是"无义","乱大伦",他们的思想行为近于杨朱,孟子就说:"杨氏为我,是无君也。"

次说君臣之间的伦理,孔子说:

> 君使臣以礼,臣事君以忠。(《八佾》)
> 所谓大臣者,以道事君,不可则止。(《先进》)

君臣对待,"以道事君",对于君臣的伦理,已有新的看法。但孔子所说的君臣之间的伦理,自然远不及孟子所说的那样具有民主主义的精神。

孔子曾提出几个人格的名词,较重要的有"圣人""仁人""成人""君子""士"等。关于"仁人",上面已讲过"仁道",具有"仁道"的就是"仁人"。"圣人"是最高的人格,《论语》载:

> 子贡曰:"如有博施于民而能济众,何如?可谓仁乎?"子曰:"何事于仁,必也圣乎,尧舜其犹病诸。"(《雍也》)

"圣人"就是"博施于民而能济众"的人,也就是能扩充"仁道"到极点的人,所以比"仁人"更高。同时圣人兼具"仁""知","知"的成分更大("圣"本是智慧的意思)。《孟子》载:

> 昔者子贡问于孔子曰:"夫子圣矣乎?"孔子曰:"圣则吾不能,我学不厌而教不倦也。"子贡曰:"学不厌,智也,教不倦,仁也,仁且智,夫子既圣矣乎!"(《公孙丑上》)

可见"圣人"是兼具"仁""知"的。

"成人"是完善的人格：

> 子路问成人，子曰："若藏武仲之知，公绰之不欲，卞庄子之勇；冉求之艺，文之以礼乐，亦可以为成人矣。"曰："今之成人者何必然？见利思义，见危授命，久要不忘平生之言，亦可以为成人矣。"（《宪问》）

"成人"兼具"知""勇""艺""礼乐"，只欠仁道；"不欲"只是"仁"的一端，还不能算"仁"：可见"成人"与"仁人"不同，似乎低于"仁人"。至于"今之成人"，只不过是有一定道德的人，当然地位更低了。

"君子"本是阶级的名词，就是贵族；但孔子所谓"君子"，许多已是人格的名词，就是好人。以称贵族的名词来称好人，可见当时统治阶级所认为好人的，只是贵族阶级的好人，所以作为人格名词的"君子"仍有阶级性。当然，"圣人""仁人""成人"等也是有阶级性的。

由于"君子"的名词本由贵族而来，所以"君子"主要是具有贵族道德，并有外表仪文的人：

> 子曰："质胜文则野，文胜质则史；文质彬彬，然后君子。"（《雍也》）
> 子曰："君子义以为质，礼以行之，孙以出之，信以成之。君子哉！"（《卫灵公》）
> 子路问君子。子曰："修己以敬。"曰："如斯而已乎？"曰："修己以安人。"曰："如斯而已乎？"曰："修己以安百姓。尧舜其犹病诸。"（《宪问》）
> 子谓子产有君子之道四焉，其行己也恭，其事上也敬，其养民也惠，其使民也义。（《公冶长》）
> 子曰："君子谋道不谋食：耕也，馁在其中矣；学也，禄在其中矣。君子忧道不忧贫。"（《卫灵公》）

当时庶人是很少能有"文"的,所以不可能"文质彬彬"。"礼以行之",庶人没有什么"礼"。"修己以安百姓"和"养民""使民"等,也不是庶人的事。"谋道不谋食","忧道不忧贫",也岂是一般庶人所能的。所以孔子所说的"君子",主要是贵族、士夫的人格。

但孔子所说"君子"的品德也有比较一般的,如:

> 子曰:"君子不器。"(《为政》)
> 子曰:"君子之于天下也,无适也,无莫也,义之与比。"(《里仁》)
> 司马牛问君子,子曰:"君子不忧不惧。"曰:"不忧不惧,斯谓之君子已乎?"子曰:"内省不疚,夫何忧何惧!"(《颜渊》)
> 子贡问君子,子曰:"先行其言,而后从之。"(《为政》)

这些话中的"君子",只是一般的好人,虽仍有阶级性(主要指贵族、新兴的"士"和上升"庶人"中的好人),但阶级性比较不显著。

"士"本是阶层的名称——贵族阶级的最下层,但孔子所说的"士",有些也是人格的名称,即"士"的人格,如:

> 子贡问曰:"何如斯可谓之士矣?"子曰:"行己有耻,使于四方,不辱君命,可谓士矣。"曰:"敢问其次。"曰:"宗族称孝焉,乡党称弟焉。"曰:"敢问其次。"曰:"言必信,行必果。硁硁然,小人哉!抑亦可以为次矣。"曰:"今之从政者何如?"子曰:"噫!斗筲之人,何足算也。"(《子路》)

"士"的人格又次于"君子",因为"君子"本是高级贵族的名称,在孔子的眼光里,地位愈高的人,应当是品德愈高的人。

总结孔子的伦理思想,阶级性是极其显著的,孔子的伦理,只是贵族、士夫(至多包括上升的庶人)的伦理。

四　政治思想

在上面我们已经一再说过孔子是个上层士夫开明派，在政治上，保守面很大。他要"从周"，"为东周"，保持并发扬宗法封建制的一套秩序。他对于当时的社会、政治现象，是非常不满的。他说：

> 天下有道，则礼乐征伐自天子出；天下无道，则礼乐征伐自诸侯出。自诸侯出，盖十世希不失矣。自大夫出，五世希不失矣。陪臣执国命，三世希不失矣。天下有道，则政不在大夫；天下有道，则庶人不议。（《季氏》）

在孔子看来，当时天下是"无道"的，因为诸侯代替了天子的政权，大夫代替了诸侯的政权，甚至家臣代替了大夫的政权。庶人也起来议政了。总的说来，是贵族统治逐层崩溃，整个贵族阶级有倒塌的危险，庶人将起来推翻贵族的统治，这在孔子看来，是非常可怕的事情。孔子的目的是要恢复"天下有道"的局面，就是"礼乐征伐自天子出"，"政不在大夫"，"庶人不议"：这就是西周的旧秩序。孔子要在东方推行周道，所以说："吾其为东周乎。"

孔子对于当时大夫专政的局面，是最为痛恨的，下面三条记载充分说明了孔子的这种思想：

> 孔子谓季氏，八佾舞于庭，是可忍也，孰不可忍也！（《八佾》）
> 三家者以《雍》彻，子曰："相维辟公，天子穆穆，奚取于三家之堂？"（同上）
> 陈成子弑简公，孔子沐浴而朝，告于哀公曰："陈恒弑其君，请讨之。"公曰："告夫三子。"孔子曰："以吾从大夫之后，不敢不告也。君曰'告夫三子'者。"之三子告，不可，孔子曰："以吾从大夫之后，不敢不告也。"（《宪问》）

"八佾"是天子的乐，季氏使用了；《雍》是天子的诗，三家也使用了。这在孔子看来，是不可容忍的事情。陈恒杀齐君，孔子要叫鲁国去

讨伐，他不管鲁国的国力如何，为了维持宗法封建制，就不顾一切
了。当时鲁哀公说："鲁为齐弱久矣，子之伐之，将若之何？"孔子
说："陈恒弑其君，民之不与者半，以鲁之众，加齐之半，可克也。"
（《左传》哀公十四年）事实上这时候齐国的人民早已大半归向陈氏，
所谓"公弃其民而归于陈氏"（《左传》昭公三年）；"民之不与者
半"，只是孔子的想象；足见立场错误，观察事情就不能准确。在这
种地方，可以充分看出孔子政治思想的落后性来。

在孔子政治思想中最突出的一种观点，就是"德化"和"礼治"
的思想。先说"德化"，孔子说：

> 为政以德，譬如北辰，居其所，而众星共之。（《为政》）
> 其身正，不令而行；其身不正，虽令不从。（《子路》）

孔子认为：只需在上位的人能够用道德来统治，人民自然服从。
所以：

> 季康子问政于孔子，孔子对曰："政者，正也。子帅以正，孰敢
> 不正？"（《颜渊》）
> 季康子患盗，问于孔子，孔子对曰："苟子之不欲，虽赏之不
> 窃。"（同上）
> 季康子问政于孔子曰："如杀无道，以就有道，何如？"孔子对
> 曰："子为政，焉用杀？子欲善而民善矣。君子之德风，小人之德草，
> 草上之风必偃。"（同上）

孔子认为贵族阶级好像是"风"，庶人阶级好像是"草"，风吹向东草
就向东，风吹向西草就向西，所谓"草上之风必偃"。如果贵族阶级
能用德来统治，那就不但本国人民服从，而且能使远方的人来归附：

> 叶公问政，子曰："近者说，远者来。"（《子路》）
> 上好礼，则民莫敢不敬；上好义，则民莫敢不服；上好信，则
> 民莫敢不用情。夫如是，则四方之民襁负其子而至矣。（同上）
> 故远人不服，则修文德以来之；既来之，则安之。（《季氏》）

如果能够施行"德化"政策，就可以做到"无为而治"。孔子说：

> 无为而治者，其舜也与！夫何为哉？恭己正南面而已矣。（《卫灵公》）

"无为而治"的思想，后来在道家的思想中得到充分的发挥，但意义已经不同了。

次说"礼治"，孔子说：

> 能以礼让为国乎？何有！不能以礼让为国，如礼何！（《里仁》）
> 上好礼，则民易使也。（《宪问》）

"以礼为国"的目的是使"民易使"，就是叫民知"礼"，不要"犯上作乱"。《论语》载：

> 子之武城，闻弦歌之声，夫子莞尔而笑曰："割鸡焉用牛刀？"子游对曰："昔者偃也闻诸夫子曰：'君子学道则爱人，小人学道则易使也。'"子曰："二三子！偃之言是也，前言戏之耳。"（《阳货》）

"弦歌之声"虽是"乐"，但"乐"是与"礼"相连的，这里的"道"就指"礼""乐"。"礼""乐"之治的目的，在使贵族阶级"爱人"，庶人阶级"易使"。这也证明孔子的教育思想，虽然要使庶人也"学道"，而其目的则是便于统治阶级的统治。这固然比"礼不下庶人"进了一步，但其进步性是有限的。所以孔子又说："民可使由之，不可使知之。"（《泰伯》）归根结蒂还是愚民政策。

"德化"和"礼治"的思想，都是宗法封建制的反映。宗法制只是家长制的扩大，它是氏族制度的残余。宗法式的统治，和后世专制君主的统治不同；专制君主的统治，主要使用刑法；宗法式的统治，则主要使用"德""礼"。"德"就是氏族习惯，"礼"就是氏族仪式，用"德""礼"统治就是用氏族宗法统治。周代的封建制是和氏族制结合的封建制,即宗法封建制。孔子是维护宗法封建制的,他的"德化""礼治"的思想,就是宗法封建统治方式的理想化。我们看他说:

> 君子笃于亲,则民兴于仁;故旧不遗,则民不偷。(《泰伯》)
>
> 或问禘之说,子曰:"不知也。知其说者之于天下也,其如示诸斯乎。"指其掌。(《八佾》)

"笃于亲"就是孝道,也就是宗法的"德";"故旧不遗",也是宗法道德(《微子》"周公谓鲁公曰:君子不施其亲,不使大臣怨乎不以,故旧无大故则不弃也,无求备于一人")。"禘"是祭祖的礼,知道禘礼道理的人,就能治天下,这就是所谓"以孝治天下"的意思。所以孔子的"德化"和"礼治",只是宗法统治的理想化。

用宗法封建制的眼光来看当时新兴的"刑""政"统治方式(即后世专制统治的萌芽),自然是不顺眼的。所以孔子说:

> 道之以政,齐之以刑,民免而无耻;道之以德,齐之以礼,有耻且格。(《为政》)

这就是用旧的宗法封建制式的政治来反对新兴的地主封建制式的政治,《左传》载晋国铸刑鼎,孔子批评说:

> 晋其亡乎,失其度矣。夫晋国将守唐叔之所受法度,以经纬其民,卿大夫以序守之,民是以能尊其贵,贵是以能守其业。贵贱不愆,所谓度也。……今弃是度也,而为刑鼎,民在鼎矣,何以尊贵?贵何业之守?贵贱无序,何以为国?(昭公二十九年)

这段话杂有预言,当然不尽可信,然而它却相当正确地反映了孔子的保守的政治思想。原来当春秋中叶以前,是没有正式法律的,贵族们凭着自己的意志统治人民。到了春秋末叶,由于社会经济的发展,私有财产制进一步巩固,为了严格保护私有财产,就不得不有公布的成文法,所以那时候比较先进的国家就开始公布了法律。这在保守的贵族阶级看来，是不合理的事情，因此郑国"铸刑书"，惹起了晋国叔向的批评（见《左传》昭公六年）；晋国铸刑鼎也惹起了孔子的批评。孔子的话尤其明白："民在鼎矣，何以尊贵？"就是说百姓根据法律，便可以对抗贵族，贵族的独断的权力就失去了。所以孔子反对"刑""政"的目的，实在维持贵族的宗法统治，这确是孔子的宗法保守思想的明显表现。

因为孔子主张"德化""礼治"，所以对于战争不大赞成。孔子是不大讲战争的，《论语》载：

> 卫灵公问陈于孔子，孔子对曰："俎豆之事，则尝闻之矣；军旅之事，未之学也。"明日遂行。（《卫灵公》）

这种思想，也为后来的儒家所继承、发挥。（但孔子对于能保卫国家而作战的人，还是肯定的，如他说汪锜："能执干戈，以卫社稷，可无殇也！""冉有用矛于齐师，故能入其军"，孔子也说："义也！"均见《左传》哀公十一年。）

和"德化""礼治"相应的是"正名"。《论语》载：

> 子路曰："卫君待子而为政，子将奚先？"子曰："必也正名乎！"子路曰："有是哉，子之迂也！奚其正？"子曰："野哉由也！君子于其所不知，盖阙如也。名不正则言不顺，言不顺则事不成，事不成则礼乐不兴，礼乐不兴则刑罚不中，刑罚不中则民无所措手足。故君子名之必可言也，言之必可行也。君子于其言，无所苟而已矣。"（《子路》）

"正名"就是使名与实相符，所以说："名之必可言也，言之必可行也。""名不正"的弊害，会使"礼乐不兴"，"刑罚不中"。孔子说：

> 觚不觚，觚哉！觚哉！（《雍也》）

"觚"是酒器，名为觚而实不是觚，也就是说：觚不像觚，那就不是觚了。《论语》又载：

> 齐景公问政于孔子,孔子对曰:"君君,臣臣,父父,子子。"公曰:"善哉!信如君不君,臣不臣,父不父,子不子,虽有粟,吾得而食诸?"(《颜渊》)

"君君""臣臣""父父""子子",就是"名正";"君不君""臣不臣""父不父""子不子",就是名不正;"名不正"国家就要乱,所以说:"虽有粟,吾得而食诸?"《孟子》说:

> 世衰道微,邪说暴行有作,臣弑其君者有之,子弑其父者有之,孔子惧,作《春秋》。《春秋》,天子之事也。是故孔子曰:"知我者,其唯《春秋》乎!罪我者,其唯《春秋》乎!"(《滕文公下》)
>
> 孔子成《春秋》,而乱臣贼子惧。(同上)

孔子曾否作《春秋》,固然还是问题,但《春秋》确是"正名"的书(《庄子·天下》云"《春秋》以道名分"),孔子作《春秋》的传说,也说明孔子的"正名"思想。原来当周天子有权力的时候,谁要破坏了宗法封建秩序,如"臣弑其君","子弑其父",周天子就要讨伐;现在周天子没有权力了,"臣弑其君","子弑其父",无人讨伐。孔子就来代替周天子施行讨伐,用《春秋》的"史笔"褒贬,以代替赏罚,所以说"孔子成《春秋》,而乱臣贼子惧"。褒贬也就是"正名",其目的便是要使"君君""臣臣""父父""子子"。所以"正名"是维持宗法封建秩序的一种手段,也就是"礼治"。

孔子的政治思想,保守面固然很大,但也有不少进步的成分,这是当时社会经济发展的反映。孔子出身贵族阶级的最下层,当他得位以前,是相当贫贱的,他的身份地位比较接近庶人,他不能不看到些民间的疾苦,不能不产生些同情人民的思想,这就是孔子思想中具有相当大的成分的进步因素的原因(当时进步思想潮流对他的影响,也是使他产生这种思想因素的原因)。在他的政治思想中,进步成分要比别的思想少些,这是由于政治思想是表现阶级性最显著的思想的缘故。

孔子的进步的政治思想，最主要的是原始民主主义思想。在他的"德化""礼治"思想中，已具有这种成分，因为既主张"德化""礼治"，便不能采取高压政策和残杀手段，至少要对人民减轻些剥削、压迫，这就是向人民让步。但孔子还有比较明显的原始民主主义思想，如：

> 季氏富于周公，而求也为之聚敛而附益之，子曰："非吾徒也，小子鸣鼓而攻之可也！"（《先进》）

这是明显的反对统治阶级"聚敛"加重剥削的表示。鲁哀公有一次问孔子弟子中最像孔子的有若说："年饥，用不足，如之何？"有若对说："盍彻（什一之税）乎？"哀公说："二吾犹不足，如之何其彻也？"有若说：

> 百姓足，君孰与不足；百姓不足，君孰与足？（《颜渊》）

这就是孔子反对"聚敛"的思想。这种思想，下开孟子"王政"思想的先河。孔子说：

> 道千乘之国，敬事而信，节用而爱人，使民以时。（《学而》）

"节用而爱人，使民以时"，就是减轻剥削的让步政策。《论语》载：

> 定公问："一言而可以兴邦，有诸？"孔子对曰："言不可以若是其几也。人之言曰：'为君难，为臣不易。'如知为君之难也，不几乎一言而兴邦乎？"曰："一言而丧邦，有诸？"孔子对曰："言不可以若是其几也。人之言曰：'予无乐乎为君，唯其言而莫予违也。'如其善而莫之违也，不亦善乎；如不善而莫之违也，不几乎一言而丧邦乎？"（《子路》）

这是孔子反对专制，也可以说是限制君权的思想。

此外，还有一段话，是比较特殊的：

> 丘也闻有国有家者，不患寡而患不均，不患贫而患不安；盖均无贫，和无寡，安无倾。(《季氏》)

这里所说的"均"，究竟是什么意思，虽不很清楚，但"患不均""均无贫"的话，总是有一定的人民性的。

由于当时士和庶人阶级已经开始抬头，士已开始要求政权，孔子自己就是个要求政权的士，所以他不能不主张举贤：

> 仲弓为季氏宰，问政，子曰："先有司，赦小过，举贤才。"曰："焉知贤才而举之？"曰："举尔所知；尔所不知，人其舍诸？"(《子路》)

"举贤才"，已是当时的普遍要求，这就是墨子"尚贤"思想的先驱。《论语》载：

> (樊迟)问知。子曰："知人。"樊迟未达。子曰："举直错诸枉，能使枉者直。"樊迟退，见子夏曰："乡也吾见于夫子而问知，子曰：'举直错诸枉，能使枉者直。'何谓也？"子夏曰："富哉言乎！舜有天下，选于众，举皋陶，不仁者远矣；汤有天下，选于众，举伊尹，不仁者远矣。"(《颜渊》)

"知"就是"知人"，举贤能使不贤者贤，这都是新的思想。《论语》又载：

> 哀公问曰："何为则民服？"孔子对曰："举直错诸枉，则民服；举枉错诸直，则民不服。"(《为政》)
>
> 季康子问："使民敬忠以劝，如之何？"子曰："……举善而教不能，则劝。"(同上)
>
> 子言卫灵公之无道也。康子曰："夫如是，奚而不丧？"子曰："仲叔圉治宾客，祝鮀治宗庙，王孙贾治军旅，夫如是，奚其丧！"(《宪问》)

举贤能使民服，对民要"举善而教不能"，任贤能无道而不丧，这也
都是新的思想。这些都是当时时势的反映，也就是孔子的开明思想。
孔子不知道他这种主张的结果，会使他所爱慕的"周道"更趋于崩
溃，这是孔子主客观的矛盾。

孔子在具体的政治措施上，也有些比较实际的思想，如：

> 子适卫，冉有仆，子曰："庶矣哉！"冉有曰："既庶矣，又何加
> 焉？"曰："富之。"曰："既富矣，又何加焉？"曰："教之。"（《子路》）
> 子贡问政，子曰："足食，足兵，民信之矣。"子贡曰："必不得
> 已而去，于斯三者何先？"曰："去兵。"子贡曰："必不得已而去，于
> 斯二者何先？"曰："去食。自古皆有死，民无信不立。"（《颜渊》）

先使人民"庶"，然后使他们"富"，既"庶"且"富"，然后还加上
"教"，这也是较新的思想。先富后教，还具有些唯物论的因素。但事
实上"富""教"只能及到庶人阶级的上层，绝大多数的庶人，是不
会"富"，也不会真正受到"教"的。孔子的"庶""富""教"政策，
是地主封建制萌芽的反映。"足食、足兵"，是比较实际的；"民信"，
也是必要的。但"去兵""去食"，而留下空洞的"信"，人都死完了，
哪里还有"信"呢，这种迂阔的思想，是孔子唯心论的表现。

总结孔子的政治思想，表现得明显的是宗法封建的保守思想，
但也有不少较进步的民主思想。孔子既主张维持宗法封建秩序，又
主张"举贤才"等等，这是矛盾的！

五　教育思想

孔子主要是个教育家，他的教育思想是比较进步的。上面已经
说过：古代的学问，本是掌握在官府手里的，所谓"学在王官"。春
秋以来，"王官之学"逐渐"失坠"，学问流散到社会上，当时的所
谓贤士大夫，如子产、孔子等，博闻广记，把专门官吏所掌握的学

问，转移到士大夫的手里。当时的"士"阶层，甚至庶人阶级中某些人，都要求学问，投师求学。孔子就是当时的一个大师，他所收的弟子，据说多到三千人，高等弟子有七十二人。在他所收的弟子中，各种人都有，孔子是正式把学问广播到"士"和"庶人"中去的第一个人，他的历史地位主要在此。

把学问广播到"士"阶层和"庶人"阶级中去，这在当时说来，是有巨大的进步意义的。从此贵族垄断学问的局面被打破，至少庶人阶级中一小部分人可以受到教育，这增强了他们争取政权的可能性。这是从领主封建制转变到地主封建制的一个必要步骤。

孔子教育思想的进步性，首先表现在他的"性"论上。孔子虽很少说到"性"（所谓"夫子之言性与天道，不可得而闻也"），但《论语》中仍有孔子论"性"的记载：

　　子曰："性相近也，习相远也。"（《阳货》）
　　子曰："唯上知与下愚不移。"（同上）

这两段短短的话，说明了孔子的"性"论基本上是进步的，但也有落后的成分。孔子认为一切人的"性"本是相近的（他主要是说人的天才相近，至于其他的性质，不可能没有阶级性），只因习染的不同，所以相远了。这就是说：贵族、庶民的天性本没有什么不同，都可以教育成善人：这是打破阶级和等级的限制，使人人都可以受教育（当然，这在当时是不可能真正实现的）。从这里看，孔子的"性"论是进步的。但孔子又认为有天生的"上知"和"下愚"，他们的"性"是不可移改的，这却是形而上学的唯心论观点。孔子又说：

　　中人以上，可以语上也；中人以下，不可以语上也。（《雍也》）

这又是"性三品"说，和他的"性相近"说，实不很一致。既然"中人以下，不可以语上"，那么就有许多人是不能受高等教育的了，这也是形而上学的落后观点。孔子更说：

> 生而知之者，上也；学而知之者，次也；困而学之，又其次也；
> 困而不学，民斯为下矣。(《季氏》)

"生而知之"，简直是宗教的信仰，哪有此事？但孔子认为人人都需学，这又是进步的议论了。

次说孔子的论"学"；孔子是注重实践的人，如他说：

> 古者言之不出，耻躬之不逮也。(《里仁》)
> 君子欲讷于言，而敏于行。(同上)
> 君子耻其言而（之）过其行。(《宪问》)

在伦理上以"行"为先，所以在学问上以"学"为先。孔子说：

> 吾尝终日不食，终夜不寝，以思，无益，不如学也。(《卫灵公》)

"学"就是学问上的实践，孔子认为实习比思考重要，单纯的思考是"无益"的。但孔子并不是不要思考，他说：

> 学而不思则罔，思而不学则殆。(《为政》)

"罔"是无所得，"殆"是危险（一说"精神疲殆"；又一说"殆"就是"疑"），可见孔子还是"学""思"并重的。孔子主张学问应从多闻多见下手：

> 子曰："盖有不知而作之者，我无是也。多闻择其善者而从之，
> 多见而识之，知之次也。"(《述而》)

但"多闻""多见"只是学问的基础，也就是"学"；学问还必须贯通，也就是"思"：

> 子曰："赐也！女以予为多学而识之者与？"对曰："然！非与？"
> 曰："非也！予一以贯之。"(《卫灵公》)

"多学而识"之后，还须"一以贯之"，这就是所谓：

> 下学而上达。（《宪问》）

从粗浅的学起，而要上升出道理来，这也就是从"学"到"思"，从感性认识到理性认识。由于"学""思"并重，所以能"温故而知新"（《为政》）。孔子注重实践，注重感性认识，认为理性认识是感性认识的上升，这些地方，也具有唯物论的因素。

孔子固然重视实践，但也注重读书，《论语》载：

> 子路使子羔为费宰，子曰："贼夫人之子。"子路曰："有民人焉，有社稷焉，何必读书，然后为学。"子曰："是故恶夫佞者。"（《先进》）

虽然"有民人"，"有社稷"，可以从政治实践中求得学问，但仍需要读书，孔子认为不曾读书的人，是不能从政的。在这类地方，也反映了孔子的士阶层的意识。

孔子是"学无常师"的，他说：

> 三人行，必有我师焉，择其善者而从之，其不善者而改之。（《述而》）

这种学习的方法自然是好的。他又说：

> 古之学者为己，今之学者为人。（《宪问》）

"为人"就是徒求声名，不务实际，这是孔子所反对的。

孔子大概已认为学问有"正道"（"先王之道"）和"异端"（非"先王之道"）的区别，他说：

> 攻乎异端，斯害也已！（《为政》）

他是反对学"异端"的，这已开孟子排斥杨、墨的先河了。

再说孔子的论"教"。由于孔子认为"性相近"，所以认为人人可以受教育，他说：

> 有教无类。(《卫灵公》)
> 自行束脩以上，吾未尝无诲焉。(《述而》)

这自然是进步的思想和行为。孔子的教育方法也很进步，他说：

> 不愤不启，不悱不发；举一隅不以三隅反，则不复也。(《述而》)
> 不曰"如之何、如之何"者，吾末如之何也已矣。(《卫灵公》)

孔子是主张用启发的方法教人的，一定要学者本人思考到想不通的时候，才加以启发。如果不能"举一反三"，孔子就不再教了。不能思考的人，孔子认为是无法教的。在《论语》中还有一条意义不很清楚的记载：

> 子曰："吾有知乎哉，无知也。有鄙夫问于我，空空如也，我叩其两端而竭焉。"(《子罕》)

据我初步的理解，孔子是在用"苏格拉底式"的方法教人，即用层层发问的方法，使问者自己了解。《论语》载颜渊说：

> 仰之弥高，钻之弥坚；瞻之在前，忽焉在后。夫子循循然善诱人，博我以文，约我以礼；欲罢不能；既竭吾才，如有所立，卓尔。虽欲从之，末由也已！(《子罕》)

从这段话中，可以看出孔子的教育方法的高明。重要在"夫子循循然善诱人"一句话，"诱"就是启发，一步步引人深入。这种方法能使人"欲罢不能"，由浅入深，最后有所成就。

此外，孔子还懂得因人施教，这也是进步的教育方法。《论语》载：

> 子路问："闻斯行诸？"子曰："有父兄在，如之何其闻斯行之。"
> 冉有问："闻斯行诸？"子曰："闻斯行之。"公西华曰："由也问闻斯行
> 诸，子曰：有父兄在；求也问闻斯行诸，子曰：闻斯行之；赤也惑，
> 敢问。"子曰："求也退，故进之；由也兼人，故退之。"（《先进》）

《论语》中记载孔子因人施教的话还很多，这不过是一个比较显著的例子。这种方法，在教育伦理时，格外有用，而孔子的所谓学问，主要就是伦理，所以他常使用这种方法。

总结孔子的教育思想，他主张"性（才性）相近"，"有教无类"；学思并重，下学上达；教育方法采用启发式，并且因人施教。总的看来，进步的成分极大；当然，他的教育思想也不会没有局限性。

（《山东大学学报》历史版 1960 年第 1 期）

附　论孔子政治思想的进步面

关于孔子政治思想的倾向，学术界的看法，还不一致。有人认为孔子代表贵族阶级，政治思想很落后，是企图开倒车的。也有人认为孔子代表新兴阶级，政治倾向是进步的。还有人认为孔子代表新兴的中间阶层——"士"阶层，政治思想有进步和落后的两面。我个人现在的看法比较接近第三派，就是认为：孔子在理论外表上虽明白主张恢复西周的旧制度，但他的政治实践和某些政治主张发展下去，会走上新路。孔子的革新倾向固然不见得完全自觉，而有些地方似乎是自觉的，他的主张确带有"托古改制"的成分。

本文只阐述孔子政治思想的进步面，以补旧文的不足，我的旧文在孔子的政治思想方面，多偏重它的保守面，应有补充说明，本文的见解有些地方已和过去不同。

要检查一个人的政治倾向，最好是先从他的政治实践下手，因

为政治上进步不进步，主要不是看言论外表，而应看实践效果，如果实践效果是进步的，那么政治倾向就应当是进步的。我们且先看一看孔子的政治历史。

孔子出身贵族下层的士，少年时是贫贱的（《论语·子罕》"吾少也贱"；《史记》"孔子贫且贱"），因此"尝为委吏"，"尝为乘田"（《孟子·万章下》），做的都是小官。由于他好学，知识广博，渐有声名，从学于他的人日多，大贵族如孟孙氏也派子弟来从学，于是孔子的地位升高。

据《史记》说，"定公以孔子为中都宰"，"由中都宰为司空，由司空为大司寇"，这样孔子就做了大夫。然孔子的接近政权，实际上是由于执政季孙氏的提拔：

> 于季桓子，见行可之仕也。（《孟子·万章下》）（赵注："行可，冀可行道也。"）
> 孔子行乎季孙，三月不违。（《公羊传》定十二年）

大概季孙氏震于孔子的声名，重用了他，使他做了公臣——大夫。他的学生子路也做了季孙氏的宰，这样相为表里，孔子就几乎掌握了鲁国的政权。《史记》孔子"由大司寇行摄相事"，虽不可信（辨见崔述《洙泗考信录》卷二），但孔子确曾相鲁定公会齐景公于夹谷，替鲁国争回些面子（见《左传》定十年），可见孔子是有些才干的。孔子既相当得志，就想实行他的政治主张（孔子于鲁定公十年相定公会夹谷，其时已为司寇，到十二年，才"行乎季孙，三月不违"。《公羊》十年《传》说不可信）。他说：

> 家不藏甲，邑无百雉之城。
> 于是帅师堕郈，帅师堕费。（《公羊传》定十二年）

这就是所谓"张公室，抑私门"的主张的初步实施。郈是叔孙氏的大邑，费是季孙氏的大邑，都是"三家"的根据地，孔子企图把"三家"的大城毁去，以削弱"三家"的根本，而扩大鲁君的势力。《左传》载：

> 仲由为季氏宰，将堕三都，于是叔孙氏堕郈。季氏将堕费，公山不狃、叔孙辄帅费人以袭鲁。公与三子入于季氏之宫，登武子之台，费人攻之，弗克。入及公侧，仲尼命申句须、乐颀下伐之，费人北。国人追之，败诸姑蔑。二子奔齐，遂堕费。（定十二年）

堕费经过一场斗争，季孙氏家臣纠众反抗，攻入国都，在孔子主持下，击败家臣势力，才得堕费。但郈费虽堕，孟孙氏的家臣公敛处父对孟孙氏说："成，孟氏之保障也，无成，是无孟氏也。"在孟孙氏的默许下，公敛处父据邑反抗，鲁君领兵围成，竟不能攻下（见《左传》定十二年）。大概便在这时的前后，孔子失去季孙氏的信任，因之离鲁。《论语·宪问》篇载：

> 公伯寮愬子路于季孙，子服景伯以告，曰："夫子固有惑志于公伯寮，吾力犹能肆诸市朝。"子曰："道之将行也与，命也；道之将废也与，命也。公伯寮其如命何？"

子路是季孙氏的宰，掌握季孙氏的家政，孔子要实行他的政治主张，须依靠子路的帮助。子路见疑于季孙氏，就是孔子见疑于季孙氏，所以子路被愬，孔子便不得不离鲁了。

孔子和子路所以在这时受季孙氏的信任，以及他们的失败，都是有原因的。原来在孔子出仕前后，"三家"和他们的家臣之间，已发生严重的矛盾。季孙氏的家臣南蒯曾据费邑反抗季氏，另一家臣阳虎，不但把持了季孙氏的家政，而且把持国政，囚禁家主，威胁"三家"和鲁君，连"国人"都害怕他，好容易才把他赶掉。同时叔孙氏的家臣侯犯据郈邑反叛，叔孙氏也费了很大的力量，才把他驱除。家臣之所以有势力，就是因为他们盘据了"三家"的大邑，有土地、人民做资本，借以把持家政，甚至"执国命"。铲除家臣的重要手段之一，就是毁去邑城，以免他们盘踞。"三家"要与家臣斗争，需要提拔一批士中的新兴人才，作为帮手，这就是孔子、子路们被季孙氏重用的原因。孔子是反对"陪臣执国命"的，在铲除家臣势力一点上，孔子与"三家"一致。所以孔子得在季孙氏们的支持下，实行他的"堕三都"的主张（孟孙氏和他家臣间的关系大概要缓和些，所以他独不愿堕成）。但孔子毕竟是与季孙氏们"同床异梦"的，季孙氏希望孔子、子路们为他们效忠，而孔子却要"张公室，抑私门"，当费邑被堕后，季孙氏和孔子的矛盾便立刻发生，这就是孔子、子路失败的原因。

孔子在鲁国的改革，表面上看，是企图恢复西周旧秩序，要鲁君掌握政权，"三家"等贵族服从鲁君。但他的主张如果完全实现，是会走上吴起、商鞅等变法的道路的。因为当时的社会、政治形势，已不可能恢复西周旧制度，一班大贵族决不愿老老实实交出政权，而重新服从国君。要国君真正掌握政权，必须削除贵族的势力，而任用一批新官僚来代替旧贵族，这就是吴起、商鞅等变法的道路。吴起、商鞅等也是执行"张公室，抑私门"的政策的。孔子、子路们都是新兴的士大夫阶层中人，新兴的士大夫就是后来官僚的前身。孔子企图取得鲁国的政权，实行改革，如果他真正得志，他和他的学生就会成为新官僚，而代替旧贵族。这样，中央集权的政治制度便在鲁国出现了。所以孔子的"张公室，抑私门"主张实现的结果，不是倒退到西周，而是前进到战国。

但孔子的"张公室，抑私门"的主张，在春秋末年的鲁国是不可能实现的。首先从社会发展的阶段看，春秋末年还只是从宗法封建制到地主封建制的过渡阶段的开端时期，贵族经济和贵族政治的局面还相当巩固，地主封建制的上层建筑还不可能形成，特别是在保守"周礼"最多的鲁国，新的政治制度更不容易出现。次从鲁国的实际政治情况看，大贵族"三家"的势力根深蒂固，他们掌握了土地、人民和武力，足以控制政权，鲁君毫无实力，怎能抑制私门？便是孔子，也须依靠季孙氏的信任，才能部分实现他的主张；然依靠大贵族来实行抑制大贵族的政策，这如何能成功？同时孔子的政治思想，保守面也不小，有许多迂阔的理论，他和吴起、商鞅等毕竟还有不同；在政治才干上，孔子似乎也有不及吴起、商鞅之处。各种条件都使孔子在政治上不得不失败。可是孔子的"张公室，抑私门"的政治主张，确也含有进步的因素，后来的法家多源出儒家，似乎不是偶然的事。

上面从孔子的政治实践中肯定了孔子政治思想的进步倾向，其实孔子政治思想中还有不少进步的成分。孔子在一国之中主张"张公室，抑私门"，对"天下"主张"礼乐征伐自天子出"，而反对"礼乐征伐自诸侯出"（《论语·季氏》）。从表面看，这也是企图回到西周去。其实在西周时代，礼乐征伐并不能全由天子出，天子不过是个势头较大的诸侯，近似春秋的霸主。当周室武力较强的时候，诸侯"宗周"，周室的武力稍弱，诸侯便不"宗周"；西周也是封建割据时代，并不曾出现真正的中央集权的政治制度。真正实现"礼乐征伐自天子出"的局面，要到秦汉时代。孔子的理想，在他以前不曾实现过，他是在替未来的大一统的封建国家描绘图样。又如根据孔子的主观愿望，周天子重新掌握大权，谁来拥护他呢？诸侯们当然不愿意。周天子如要统治全中国，必须先削弱诸侯大夫的权力，使割据势力消灭，建立中央集权的官僚机构，才能真正做到"礼乐征伐自天子出"。这在当时决不可能实现，孔子的理论自是空想，但不能说其中不含有进步的因素。后来儒家的"大一统"思想，便萌芽于此。

与中央集权的思想相联系的，是"举贤才"的思想，这也是孔子进步思想比较突出的。《论语·子路》：

> 仲弓为季氏宰，问政，子曰："先有司，赦小过，举贤才。"曰："焉知贤才而举之？"曰："举尔所知。尔所不知，人其舍诸？"

在孔子以前，也有任贤的思想，但那时的任贤主要是从贵族中举贤才。从非贵族或贵族下层中举贤，要到春秋后期，才逐渐普遍。孔子"举贤才"的思想，是当时社会、政治现实的反映，所谓"贤才"，主要是新兴士夫阶层中人。仲弓本人还只是个大贵族的家宰，他所能举的"贤才"，当然不会是中上贵族阶层中人，应是士、庶人一流人物。当时鲁国政权实际在季氏之手，季氏的家宰，地位虽低，实权却并不小（如子路为季氏宰，就曾主持"堕三都"的大事）。仲弓至多出身于士，以士而掌大权，再提拔士、庶人中人当官吏，很容易形成官僚机构。这足一种新的政治机构，孔子就是这种新的政治机构的赞助人。又孔子可能宣传过"禅让"传说（尚有问题，《论语·尧曰》篇不甚可信），这种传说对于当时"举贤才"的运动也是有利的。看孔子说："雍也可使南面"（《论语·雍也》），仲弓不过是个士和家臣一级人物，而孔子认为可以为君，则孔子所谓"举贤才"，确已比较彻底，下层人物中的贤才，不但可以任官吏，甚至可以为君了。

孔子的"举贤才"思想，又和他的"有教无类"（《论语·卫灵公》）的思想相联系。正因为士、庶人抬头，要求参加政权，需要学问知识，所以教育的范围必须放宽，过去由贵族垄断的学问知识，不但要普及于士阶层，还要下及庶人。孔子适应这种时势潮流，提出"性相近，习相远"（《论语·阳货》）的口号，认为人的天性本来相近，所以人人都可以受教育，即所谓"有教无类"。这样就使人都可成为贤才而受选举。这一教育思想和制度的变革，在当时是极其进步的，虽然真正的全民教育在当时绝不可能实现。（孔子对于人民，主张先庶、后富、后教，见《论语·子路》篇。这也是适应当时社会经济的政策。）

贵族政治是比一般的地主政治更残暴的，特别是垂死的贵族政权，格外残暴。当孔子时代中原各国的贵族制度已趋没落，腐朽的贵族加强对人民的剥削压迫，如齐国"民参其力，二人于公，而衣食其一，公聚朽蠹，而三老冻馁；国之诸市，屦贱踊贵"（《左传》昭三年）。别国的情况，也不会比齐国好多少。在这样情况下，有些向新统治阶级转化的贵族（如齐国的陈氏），减轻些剥削，施些小恩小惠，以收揽人心。贵族中的开明分子，尤其是以下层贵族为核心而组成的新兴士夫阶层中人，也多主张减轻些剥削压迫，稍向人民让步。孔子出身贫贱的士，当他未得地位的时候，是比较接近人民的，他应了解些民间的疾苦，所以在他的政治思想中有不少开明的成分，他还有些原始民主主义思想。如他主张统治者对人民应当和缓，反对加强剥削压迫。他曾说：

道千乘之国，敬事而信，节用而爱人，使民以时。（《论语·学而》）

"节用而爱人"，就是叫统治者减少浪费，向人民让步，减轻剥削。当时最严重的剥削，还不是赋税，而是力役。因为赋税有一定的数额，而力役则无穷无尽。力役过分，便妨碍农时。在春秋时代，妨碍农时的力役（包括兵役），已很严重，成为主要的剥削，"使民以时"，是对症下药的话。《论语》载：

季氏富于周公，而求也为之聚敛而附益之。子曰："非吾徒也，小子鸣鼓而攻之可也！"（《先进》）

这是孔子明白反对加强剥削的话。鲁哀公时"用田赋"，孔子不赞成，说：

施取其厚，事举其中，敛从其薄。（《左传》哀十一年）

这是主张对人民厚施薄敛。《檀弓》载孔子过泰山时曾说："苛政猛于虎。"这是孔子明白反对残暴政治的话。孔子理想中的政治家是能"修己以安百姓"（《论语·卫灵公》），"博施于民而能济众"（《雍也》）的人，这就是"圣人"。

孔子主张理想的"德化"政治，偏重统治者"修德""正己"，认为："为政以德，譬如北辰，居其所而众星共之"（《论语·为政》）。"其身正，不令而行；其身不正，虽令不从"（《子路》）。他反对用"杀"，认为"盗"之多是因为统治者的多欲，"苟子之不欲，虽赏之不窃"（《颜渊》）。在孔子这种"德化"思想中，固然含有落后的成分（孔子企图用理想化的宗法家长统治形式来代替新兴的"刑""政"政治），但也含有若干原始民主主义的成分。这是必须分别看待的。

郑子产执政时，"郑人游于乡校，以论执政"，有人劝子产"毁乡校"，子产不允，主张从此听取舆论，孔子赞美说"以是观之，人谓子产不仁，吾不信也"（《左传》襄三十一年）。这也是孔子民主思想的表现。当子产死时，遗言为政当用"猛"，孔子也赞美说：

> 善哉！政宽则民慢，慢则纠之以猛；猛则民残，残则施之以宽。宽以济猛，猛以济宽，政是以和……（《左传》昭二十年）

可见孔子并不完全反对法治，而主张"宽""猛"相济（《论语·子路》云"礼乐不兴，则刑罚不中；刑罚不中，则民无所措手足"，也可证明孔子并不主张废刑罚），这比单纯的"德化"思想进了一步了。

在西周时代，神治思想还很严重，到春秋时，许多贵族中的开明人士，已怀疑天道、鬼神，主张人治，这也是政治思想的进步。孔子也说"务民之义，敬鬼神而远之"（《论语·雍也》）。又说"未能事人，焉能事鬼"；"未知生，焉知死"（《先进》）。子贡说"夫子之文章，可得而闻也；夫子之言性与天道，不可得而闻也"（《公冶长》）。孔子也是个人治主义者，并不接受西周的神治思想。

上面已从孔子的政治实践、政治理论和对教育、宗教的看法，证明孔子在政治上有进步的一面。举凡后来儒家的"非世卿""大一统""王道"政策、民主主义等思想，在孔子思想中都已有萌芽。便是后来墨家的"尚贤""尚同"思想，法家的中央集权政策，也都可说是导源于孔子的。当然，我们绝不否认孔子政治思想有落后的一面，但在后世起作用的，乃是他思想中的进步一面。我们要认识一个思想家的思想实质，主要应从他的言行的客观效果方面观察，而不应只看他的言论表面。生在春秋末年的下层贵族孔子，不可能不称述文武、周公，依托"周道"来发表自己改革社会、政治的见解。他的见解的实质，乃是当时社会、政治现实及他适应这种现实的反映。认清楚了这点，我们就能分别孔子思想中的精华和糟粕，肯定他的好的东西，而批判他的坏的东西。

（《文史哲》1961年第2期）

孔子"举贤才"思想在先秦思想史上的地位

在春秋中叶以前，是"世禄"制的全盛时期。那时做官的都是贵族。这样的制度叫"世官"制度（亦即"世禄"制度）。我国古代至少从殷代以来，就行着这种制度。但在"世官"制度之下，也还行着选贤的办法。《商书·盘庚》记盘庚对一班贵族说："古我先王暨乃祖乃父，胥及逸勤，予敢动用非罚，世选尔劳，予不掩尔善。"

在贵族中选举贤能和有劳绩的人来管理政治，这叫做"明贤良"（国王的奴隶有能力的，也可以掌握政权，这和后世帝王任用宦官一样，不是常制）。不但一般贵族中应当"明贤良"，甚至国王子弟中也应当"明贤良"。《左传》定公四年说："武王之母弟八人，周公为太宰，康叔为司寇，聃季为司空，五叔无官，岂尚年哉。"可见贵族而不贤能，虽仍有地位，但不能掌握实际的政权。应当知道：宗法封建的"世禄"制度与"世官"制度，虽是一件事，却是两方面："世禄"主要是封土，"世官"主要是职务；政权、地位固由封土而获得，但分配职务还须看才能。《周书·立政》虽是后人追述的记载，但大体还能反映出春秋中叶以前的政治情况，其中"司牧人以克俊有德"（即用人以德）的主张，便是比较明显的较早的"尚贤"思想，是后世儒、墨尚贤理论的先驱。

西周后期，西方周围的社会经济有显著的发展，阶级关系也有些变化，所以出现"舟人之子，熊罴是裘；私人之子，百僚是试"（《诗经·大东》）的现象。西周灭亡，西方旧地为戎狄所破坏，东方各侯国经济开始发展，于是贵族下降、庶人上升的现象在东方各国也逐渐出现了。例如：郑国的商人弦高（大概是个经商的士）竟能救国，却退秦兵；齐国的下层贵族管仲、鲍叔牙，也曾下降经商。后来齐桓公即位，竟重用管、鲍二人为执政，而齐国的世卿国、高二氏，反而居位而不实际掌握政权。《左传》载管仲奉命"平戎于王"，周王要用上卿之礼接待他，他说："臣，贱有司也，有天子之二守国、高在，若节春秋，来承王命，何以礼焉，陪臣敢辞。"结果"受下卿之礼而还"（僖十二年）。这说明随着东方国家社会经济的变化，齐国已出现了执政者和居位者的分离和下层贵族上升的情况。而齐桓公的霸业与这一事实是有相当关系的。稍后，晋国也出现类似的现象。我们知道：晋文公本是个有封邑的公子，相当于一个大夫，他的手下亲信，当然多是士的身份，后来晋文公继位，他的"从亡者"大都掌握了实际政权，这也说明下层贵族的上升执政，是社会发展的结果。但是到春秋中叶为止，庶人上升做官的，还没有明确的史料，那时即使已有这种事实，也是极个别的现象。

春秋中叶以来，社会经济发生较大的变化，旧的宗法制度崩溃，贵族政治开始动摇，贵族间相互兼并，大贵族集中封土和集中政权，利用士中的贤者为属僚，开始向君主转化，新型的中央集权的国家已在酝酿中。在这时候，过去属于贵族下层的士，逐渐与上升的庶人混合，形成一个新兴的士大夫阶层，这就是后来官僚的前身。孔子生当春秋末年，正当士大夫阶层兴起之时，他开始以士的身份博学传统的学术，加以创造与发展，构成了他自己的思想体系。聚徒讲学，训练做官的人才，造就的人才很多，这就加速了士大夫阶层的形成。

如上所说，士阶层就是官僚的前身。后世官僚多出身于这个阶层，这个阶层成了官僚的后备军。因为这样，士阶层中的人没有不希望出仕的，孔子就说过："三年学，不至（志）于谷（禄），不易得也。"（《论语·泰伯》）孔子自己也"三月无君，则皇皇如也，出疆必载质"（《孟子·滕文公下》）。子夏也说："仕而优则学，学而优则仕。"（《论语·子张》）在这样的要求之下，作为士阶层的代言人的孔子不可能不主张举贤。《论语·子路》载："仲弓为季氏宰，问政，子曰：'先有司，赦小过，举贤才。'"仲弓是个士，这时候不过做着季氏的家宰，孔子就教他"举贤才"，这所举的贤才当然是士、庶人中人。但所举的贤才，还只能做些家臣一类的小官。孔子和当时的士阶层的要求，还不止此。孔子曾称赞仲弓："雍也可使南面。"（《论语·雍也》）士阶层竟希望为国君了。这虽然是望而不可即的事，但士上升为执政的大夫，已很可能。《论语·公冶长》便记载着孔子对子路和公西华的评论，说他俩都可以做国家大臣（大夫），对冉求，虽只说可以为宰（邑宰和家宰），但在《先进》篇载他自己说："方六七十，如五六十，求也为之，可使足民……"则也能为国家大臣——大夫了。孔子也是个士，曾做到司空、司寇——大夫。可见当时士升为大失，已是比较经常的事了。《论语》载："公叔文子之臣大夫僎，与文子同升诸公。子闻之曰：'可以为文矣。'"（《宪问》）当时贤大夫举家臣为国家臣子的事已有了，孔子赞成这种举动，可见他的举贤主张（举士为大夫）。孔子对于不举贤的大夫，便加以谴责，他说："臧文仲其窃位者与？知柳下惠之贤，而不与立也。"（《论语·卫灵公》）臧文仲就是公叔文子的反面，孔子说他是"窃位者"，可见责备之深。在当时不但士已可为大夫，而且可以为执政大夫，甚至与高级贵族同列（这种情况，在春秋前期齐桓、晋文时，已开始出现了）。《论语》载："齐景公待孔子，曰：'若季氏则吾不能，以季孟之间待之。'曰：'吾老矣，不能用也。'孔子行。"（《微子》）齐景公要"以季孟之间"待孔子，虽不曾实行，但可见这样的事情当时已可能出现了。孔子认为举贤是政治上的大关键，《论语》载："哀公问曰：'何为则民服？'孔子对曰：'举直错诸枉，则民服。举枉错诸直，则民不服。'"（《为政》）举贤的反面是抑不贤，举贤而抑不贤，则百姓服从，可见这是政治上的大关键了。不过抑不贤还不是根本的办法，更好的办法，是教导不贤使贤，孔子对季康子说："举善而教不能，则（民）劝。"（同上）这种办法能勉励人民走向"贤"的方面。在这段话里，证明了孔子认为庶人中的贤才也应举拔。

"圣王"的长处即在"知人"，举贤抑不肖，能使不肖者变贤，这样天下自然太平。便是不好的君主，如能任贤，也能解免危亡。《论语》载："子言卫灵公之无道也，康子曰：'夫如是，奚而不丧？'孔子曰：'仲叔圉治宾客，祝鮀治宗庙，王孙贾治军旅，夫如是，奚其丧！'"（《宪问》）以卫灵公之无道，只因他还能任用贤能，所以免于危亡。这可见举贤、任贤的重要了。

孔子的举贤思想，是当时时势和孔子本身的阶级意识的表现。当时的时势需要举贤以改革政治，孔子所代表的阶层就是一个要求上升做官的阶层，这样，孔子的以举贤才为重要的政治思想，是很自然的事。

但是，孔子的政治思想尚有其另一面。原来在春秋末叶，新兴的士大夫阶层，还以过去贵族下层的士为核心，所以贵族色彩比较浓厚。孔子的思想中，就充满着贵族的情调。在孔子的主观意识上，认为"周道"还是好的，只不过被"乱臣、贼子"们弄坏了。救天下的办法，就是"拨乱世而反之正"（即恢复周道）。所谓"周道"原是一套"宗法""封建"秩序，其中的一个重要环节，就是"世禄""世官"的制度。孔子既遵从"周道"，就不可能不维持"世禄""世官"制度。这是和"举贤"思想相矛盾的。因为要"举贤"，必须打破"宗法""封建"的等级秩序，不然士、庶人中的"贤"不可能上升执政。这怎么办呢？孔子似乎还不能很好地解决这个矛盾，关于这一点，在《论语》等书中，没有明文说明。根据我个人的初步设想，大概孔子主张保持天子、诸侯、世卿们的固有地位，不使动摇，并恢复西周时代天子、诸侯、大夫、士、庶人层层统治隶属的制度，同时使士、庶人中贤能的人上升做官，管理实际的政治，仍听命于天子、诸侯、世卿们。从孔子的政治实践中可以证实这个假设，"孔子行乎季孙，三月不违"（《公羊传》定公十年）。他的高足弟子冉求、季路等，也做着季孙氏的重要家臣。这可见孔子并不要废世卿。孔子不过想使世卿听令于君主，天子、诸侯、大夫各守原来的等级地位而已。自然，孔子主张实行的结果，必然削弱世卿的地位，以新兴士大夫代替贵族执政，变贵族政治为官僚政治，实际走吴起、商鞅的道路。孔子主观意识上理解不理解他主张实行的后果，是很难说的，据我想来，孔子在这方面的认识，恐怕是模糊的。孔子的政治思想，主客观间分明有矛盾。

孔子的思想传到墨子，墨子也是个士大夫，当墨子时代，士大夫阶层中庶人的成分似乎增多了。如墨子的学生，其阶级成分显然低于孔子的学生，墨子比较接近人民，其思想除"兼爱"外，以"尚贤"为首。墨子的"尚贤"与孔子的"举贤"不同，孔子的举贤主要是举士。墨子的尚贤，则"虽在农与工肆之人，有能则举之，高予之爵，重予之禄，任之以事，断予之令"（《墨子·尚贤上》）。庶人（包括劳动人民在内）不但可以做官，而且可以做大官执政。孔子不废世官，墨子则说"官无常贵而民无终贱"（同上）。孔子未宣传禅让制度（《论语·尧曰》记载不可靠，且也未明显提倡禅让）。墨子鼓吹尧舜禅让传说，且说古时"选天下之贤可者，立以为天子"（《尚同上》），明白提倡选举制度。墨家内部还实行禅让办法，由前任巨子推举后任巨子。墨家的"尚贤"思想，比孔子的"举贤"思想，大大发展了一步。

孟子部分继承墨家的思想，他主要代表新兴地主阶级知识分子，但还带有相当浓厚的贵族色彩。他有些地方和孔子一样，一面主张维持世官制度说："所谓故国者，非谓有乔木之谓也，有世臣之谓也。"（《孟子·梁惠王下》）"为政不难，不得罪于巨室。"（《离娄上》）一面又主张"尊贤使能，俊杰在位"（《公孙丑上》），大大提高士大夫地位，使之与君主、贵族相抗。同时一面承认有禅让历史，说舜、禹的得天下，是"天与之，人与之"（《万章上》），而"天视自我民视，天听自我民听"（同上），实际上承认人民有选举天子的权利，所谓"得乎丘民而为天子"（《尽心下》）；一面又把禅让说得难上加难，"匹夫而有天下者，德必若舜禹，而又有天子荐之者"，"继世而有天下，天之所废，必若桀纣者也"（《万章上》），而反对燕王哙让位给国相子之。孟子对"举贤"问题的两面性，甚至比孔子还要明显。

荀子更发展了孟子的思想，进一步比较彻底地主张举贤。他说"谲（决）德而定次，量能而授官"；"使贤不肖各得其位，能不能皆得其官"（《荀子·儒效》）。这就是《墨子·尚同》所说按贤才定位的办法。他又说"贤能不待次而举，罢不能不待须而废"（《王制》）。甚至说"虽王公士大夫之子孙，不能属于礼义，则归之庶人；虽庶人之子孙也，积文学，正身行，能属于礼义，则归之卿相士大夫"（同上）。这就是废世卿的议论。所说几乎与墨子无异了（但荀子礼制思想近于法家，故对禅让传说不感兴趣，在荀子看来，官僚应当选贤，而君主则应世袭。不过为了敷衍"世俗"传说，所以在《正论》篇中也说:"圣不在后子,而在三公,则天下如归,犹复而振之矣")。

公羊家又继承荀子的思想,明确主张废世卿,如说:"尹氏卒。尹氏者何? 天子之大夫也,其称尹氏何? 贬。曷为贬? 讥世卿,世卿非礼也。"(《公羊传》隐三年。宣十年对齐崔氏奔卫也有同样的评论。)这所谓"礼",是公羊家的"礼",并非古礼,古礼是肯定世卿的。

从春秋中叶以前贵族中的"明贤良"到孔子的"举贤才",是一大发展。在士、庶人中也可"举贤才"来管理政治了。从孔子的"举贤才"到墨家的"尚贤",又是一大发展,士、庶人可以代替世卿甚至可以为君主(天子、诸侯)了。墨子以后,孟子发展了孔子的思想,荀子发展了孟子的思想,到公羊家的"讥世卿",儒家的"举贤"思想已发展到极度了。孔子的"举贤才"思想,是先秦尚贤思想的一大关键,在孔子以前是贵族中的尚贤,基本上还是贵族政治的形态。从孔子起,就是士、庶人中的尚贤。这是地主官僚政治形态的开始;孔子"举贤才"的思想,在先秦尚贤思想上的地位,就是如此。

(1962 年山东省历史学会主办第二次孔子讨论会发言稿)

墨子思想研究

一　前论

　　墨子和前期墨家的思想，在现有的史料中，是分不开的。现存的研究墨家思想的唯一史料，就是《墨子》一书。根据我自己和一般研究者的考证，《墨子》书的开头三篇，混合着儒家思想，不能作为研究墨家思想的重要史料。从《法仪》到《三辩》四篇，大体说来，是墨学的总论，是墨家后学所写的。最可靠的，是《尚贤上》到《非命下》二十三篇，大体上说，是前期墨家所记墨子的主要学说；其中分作十个题目，各分上中下三篇，大概是三派墨家所记，其时代最晚的，不能过战国中叶。此外还有《非儒》上下两篇，仅存下篇，是更晚的墨家所记墨家反对儒家的话。从《经上》到《小取》六篇，是战国晚期后期墨家所著。从《耕柱》到《公输》五篇，也是墨子后学所记墨子言行的著作，其写录时代，似稍晚于《尚贤》等篇。最后论兵法的十一篇，时代更晚，可能是汉人所作的。本篇专论前期墨家的思想，史料以《尚贤上》到《非儒下》二十四篇和《耕柱》到《公输》五篇为主，也参考其他各篇和各家批评墨家的话。前期墨家以墨子为代表，所以标题为：《墨子思想研究》。

　　前期墨家所处的时代，是一个社会经济开始急剧变化的时代。由于铁器时代的开始，农业、手工业的生产力大为提高，商业和货币经济也大为发展。生产与交换的发展，已经大大动摇了原来的宗法封建关系，但地主经济还不曾显著出现。而自春秋中叶以来，土地制度变化（井田制的农村公社逐渐崩溃，晚期农村公社制度逐渐形成和发展），到了墨子时代，至少东方六国，公社制度还相当顽强地保存着，授田制还不曾废弃。可是私有的小农经济已在形成的过程之中，至少房屋和园圃已经可以买卖，私有性质的小农民、小手工业者，已比孔子时代进一步抬头，商人的势力也继续在发展。在这个时候，已经形成了一个小生产者或小所有者的集团。这个集团还是隶属于庶人阶级的，他们还处于被剥削、被压迫的状态之中，所以他们对于贵族统治者，是很不满意的。但是他们是庶人阶级的上层，他们之中的有些富裕分子，可能已在开始剥削其同阶级的下层群众。他们再发展一步，就要形成新兴富人、新兴地主阶级了。所以在阶层方面说来，他们和贵族下层的新兴士夫集团一样，都属于中间阶层；其实他们的代言人，就是庶人上层中新出现的士夫集团。我们认为：代表贵族下层的士夫集团所形成的学派，就是儒家；代表庶人上层的士夫集团所形成的学派，就是墨家。

庶人阶级上层分子的要求，主要是希望贵族统治者开放政权，让他们随着自己经济条件的发展，爬上政治舞台，取得政权。他们理想的政治，是中央集权的所谓贤人政治。他们要求贵族统治者能够"兼爱"人民，消弭战争，节省浪费，奖励生产，以便利他们经济的发展，有利于他们地位的提高，这就是前期墨家思想中所反映的阶级利害，也就是前期墨家思想的基础。

墨子名翟。关于墨子的出身，是有争论的，根据我们的考证，他的上祖可能是宋国的公族，他本人也是宋国人，曾做过宋国的大夫。但他似乎是个手工业技师，他和鲁国的公输班差不多，可以说是个手工业工匠的头儿。所以在《墨子》书中，不但有许多手工业技术和知识的记载，而且还有手工业者生活的反映。《法仪》篇说：

> 子墨子曰：天下从事者，不可以无法仪，无法仪而其事能成者无有也。虽至士之为将相者，皆有法。虽至百工从事者，亦皆有法。

> 百工为方以矩，为圆以规，直以绳，正以县。无巧工、不巧工，皆
> 以此五者为法。巧者能中之，不巧者虽不能中，放（仿）依以从事，
> 犹逾己。故百工从事皆有法（所）度。今大者治天下，其次治大国，
> 而无法（所）度，此不若百工辩（治）也。（据孙诒让本，下同。）

在这里，墨子强调"法仪"，而特别举百工的"法"为例，这显然可
以看出墨家学派和手工业工匠的关系。据《墨子》书和其他书的记
载，墨家的生活是很艰苦的，墨子自称"贱人"（《贵义》），这至少
可以反映墨家集团中多有从劳动人民出身的人，大概许多是手工业
工匠和中、上层农民。在宗法封建时代，官府手工业者都是半奴隶
的身份（农民至少是依附农民的身份），墨家生活的艰苦，是有其阶
级渊源的。墨子和他的门弟子，都能从事手工业。下引的两段故事，
就可以说明墨家集团是擅长手工业技术的：

> 子墨子解带为城，以牒为械，公输盘九设攻城之机变，子墨子
> 九距之，公输盘之攻械尽，子墨子之守圉有余。……然臣之弟子禽
> 滑厘等三百人，已持臣守圉之器，在宋城上，而待楚寇矣。（《墨
> 子·公输》）
> 　墨子为木鸢，三年而成，蜚一日而败。……墨子曰：不如为车辕
> 者巧也。……（《韩非子·外储说左上》）

这些传说虽不尽可信，然可以证明墨子和他的门弟子是具有手工业技
术的人。因为墨家集团多出身劳动人民，至少接近劳动人民，因此
他们的团结性很强，非常勇敢，能为道殉身，这是儒家所不能及的。
《淮南子·泰族》说：

> 墨子服役者百八十人，皆不使赴火蹈刃，死不还踵，化之所致也。

墨家有领袖（巨子），有徒众，他们的人数虽不见得很多，但是一个
很强固的集团。他们的学说，虽不大受当时统治者的欢迎，为统治
阶级服务的各学派也拼命地攻击他们，但是墨家学派在先秦时代，
始终存在，一直到战国末年，墨家还和儒家并称为"显学"。便是到

了汉初，墨家的余势尚在，仲尼、墨翟还是常常被人们所并举为圣贤的。

墨子和他的门弟子已经构成了一个阶层较低的士夫集团，因此他们也以"游说"为事，平时大概已脱离了生产劳动。《墨子·鲁问》载：

> 鲁之南鄙人有吴虑者，冬陶夏耕，自比于舜。子墨子闻而见之。吴虑谓子墨子（曰）："义耳，义耳，焉用言之哉？"子墨子曰："子之所谓义者，亦有力以劳人，有财以分人乎？"吴虑曰："有。"子墨子曰："翟尝计之矣。翟虑耕而食天下之人矣，盛，然后当一农之耕，分诸天下，不能人得一升粟。籍而以为得一升粟，其不能饱天下之饥者，既可睹矣。翟虑织而衣天下之人矣，盛，然后当一妇人之织，分诸天下，不能人得（一）尺布。籍而（以）为得（一）尺布，其不能暖天下之寒者，既可睹矣。翟虑被坚执锐救诸侯之患（矣），盛，然后当一夫之战，一夫之战其不御三军，既可睹矣。翟以为不若诵先王之道而求其说，通圣人之言而察其辞，上说王公大人，次（说）匹夫徒步之士。王公大人用吾言，国必治；匹夫徒步之士用吾言，行必修。故翟以为虽不耕而食饥，不织而衣寒，功贤于耕而食之，织而衣之者也。故翟以为虽不耕织乎，而功贤于耕织也。"

墨子认为从事耕织等劳动，不如"上说王公大人，次（说）匹夫徒步之士"，这种思想，是和儒家比较接近的。这就是因为儒、墨都属于中间阶层的知识分子，毕竟和农夫、手工业者不同。不过从阶级上说：儒家属于贵族，墨家属于庶人而已。

由于墨家代表庶人上层，他们比较接近贵族，所以墨子学说也具有两面性，可是进步面比落后面要大得多。从墨家的十条教义来说，只有"天志""明鬼"，是比较有显著的落后性的，其他还有些宗法性议论，也是比较落后的。其他各项学说，大体说来，都是进步的。然而有的学者认为：墨子学派也是眼睛向上面看的时候多，向下面看的时候少，这话是有一定道理的。这就是因为墨家代表庶人上层。庶人上层的富裕分子，也是希望向上爬的，这样就使他们不得不接近统治者。虽然如此，这时候整个庶人阶级基本上还处于被压迫状态之中，庶人中比较容易抬头的人，就是上层富裕分子，当他们开始抬头的时候，他们不能不替他们的整个阶级说些话，因此前期墨家的学说中，同情劳苦群众的话是比儒家显著得多的。

古书上载有墨子学于儒家的话，例如《淮南子·要略》说：

> 墨子学儒者之业，受孔子之术，以为其礼烦扰而不说，厚葬靡财而贫民，（久）服伤生而害事，故背周道而用夏政。……

可见墨学有继承儒学的地方，墨子也可算孔子的一个后学，所以他也博于《诗》《书》，习于典故，他所反对的，主要只是儒家的《礼》《乐》等贵族仪文，如厚葬、久丧等妨碍生产的浪费。所谓"周道"，实际上就是指的儒家的贵族思想，所谓"夏政"，实际上就是指的墨家的庶人思想。从阶级方面分析起来，墨学较儒学为进步，是没有疑问的！

二 宇宙观和方法论

墨子是当时一个头脑清楚的人，在他的思想里，有许多唯物论的因素，照理说，他的宇宙观也应当是唯物论的，或者接近唯物论的，但是从《墨子》书看来，墨子的宇宙观是一种宗教唯心论：他相信"天"和"鬼"，认为"天""鬼"主宰着宇宙和人类。这是什么缘故呢？我认为这种宗教思想产生的原因，主要有两点：

第一，墨子的思想是代表庶人阶级上层的，过去的庶人阶级（农、工、商），是完全被贵族统治者所压着的，他们基本上受不到文化教育，因此知识水平较低，比较容易相信从原始社会传下来的宗教，自然是可以理解的。但是，墨子的"天""鬼"，是不完全相同于统治阶级的"天""鬼"的；墨子的"天""鬼"是爱护人民，制裁统治阶级胡作非为的。墨子利用"天""鬼"来恐吓统治阶级，叫统治阶级向人民让步，这是庶人阶级上层分子抬头后要求走上政治舞台的表现。

第二，墨子可能实际上完全不相信"天""鬼"，他的"天志""明鬼"学说，只是一种"神道设教"的手段。"天""鬼"的意志事实上是人民的意志，这种"天""鬼"论，乃是春秋以来民本论的变相发展。儒家的"神道设教"，乃是所谓"警惕愚民"的，而墨家的"神道设教"则主要是警惕统治阶级的。两种"神道设教"的阶级目的，并不相同。

《墨子》书总论"天志"的道理说：

> 子墨子曰："天下从事者，不可以无法仪，无法仪而其事能成者无有也。虽至士之为将相者，皆有法；虽至百工从事者，亦皆有法。……然则奚以为治法而可，故曰：莫若法天。……既以天为法，动作有为，必度于天，天之所欲则为之，天所不欲则止。然而天何欲何恶者也？天必欲人之相爱相利，而不欲人之相恶相贼也？以其兼而爱之，兼而利之也。奚以知天（之）兼而爱之，兼而利之也？以其兼而有之，兼而食之也。今天下无大小国，皆天之邑也；人无长幼贵贱，皆天之臣也；此以莫不刍（牛）羊，豢犬猪，洁为酒醴粢盛，以敬事天，此不为兼而有之，兼而食之邪？……故曰：爱人利人者，天必福之；恶人贼人者，天必祸之。"（《法仪》）

墨子主张天下人要以"天"为法，他认为"天"要人相爱、相利，不要人相恶、相贼；"天"是兼爱、兼利天下人民的，因为"天"兼有、兼食天下人民。他认为："爱人利人者，天必福之；恶人贼人者，天必祸之。"所以墨子的所谓"天志"，就是他的"兼爱""交利"的学说的宗教化，天意就是人意，乜就是墨子的意志。《墨子》书又说：

> 然则天亦何欲何恶？天欲义而恶不义。然则率天下之百姓以从事于义，则我乃为天之所欲也。我为天之所欲，天亦为我所欲。然则我何欲何恶？我欲福禄而恶祸祟。若我不为天之所欲，而为天之所不欲，然则我率天下之百姓，以从事于祸祟中也。然则何以知天之欲义而恶不义？曰：天下有义则生，无义则死；有义则富，无义

> 则贫；有义则治，无义则乱。然则天欲其生而恶其死，欲其富而恶
> 其贫，欲其治而恶其乱，此我所以知天欲义而恶不义也。曰：且夫
> 义者，政也；无从下之政上，必从上之政下。是故庶人竭力从事，
> 未得次（恣）己而为政，有士政之。士竭力从事，未得次（恣）己
> 而为政，有将军、大夫政之。将军、大夫竭力从事，未得次（恣）
> 己而为政，有三公、诸侯政之。三公，诸侯竭力听治，未得次（恣）
> 己而为政，有天子政之。天子未得次（恣）己而为政，有天政之。
> 天子为政于三公、诸侯、士、庶人，天下之士君子固明知（之）；天
> 之为政于天子，天下百姓未得之明知也。(《天志上》)

所谓（义）也就是"兼爱"和"交利"。统治者只要从事于"义"，那
就是顺天意，可以得到天的赏，否则就会得到天的罚。"义"可以使
人生，使人富，使天下治，但是"义"就是"政"，无从下之政上，
必从上之政下。最上层的统治者就是"天"，实际上"天志"就是墨
子的学说。墨子叫统治者顺从"天志"，也就是叫统治者顺从他的学
说。墨子使自己的学说宗教化，叫人们顺从他的宗教，他自己也就
变成教皇，这是庶人阶级上层分子要求政权的一种手段。墨子更明
确地说：

> 故于（欲）富且贵者，当天意而不可不顺。顺天意者，兼相爱，
> 交相利，必得赏；反天意者，别相恶，交相贼，必得罚！（同上）

这就是墨子"天志"学说的主要结论。《墨子》书说：

> 故子墨子之有天之意（志）也，上将以度天下之王公大人（之）
> 为刑政也，下将以量天下之万民为文学、出言谈也。(《天志中》)

可见墨子的"天志"学说，就是他的"上说下教"（主要是"上说"）
的一种有力工具！

"天"就是上帝，宇宙的主宰，除了上帝之外，还有"鬼神"。
鬼神也能控制人类，赏善罚恶。《墨子》书说：

> 子墨子曰：古（之）今之为鬼非他也，有天鬼（神），亦有山水鬼神者，亦有人死而为鬼者。（《明鬼下》）
>
> 今执无鬼者曰：鬼神者固无有，旦暮以为教诲乎天下，疑天下之众，……是以天下乱。（同上）
>
> 今若使天下之人，偕若信鬼神之能赏贤而罚暴也，则夫天下岂乱哉！（同上）

这三段话说得相当清楚：墨子的鬼神观念，是承袭前人的。当时有些人，特别是儒者，认为鬼神是没有的。墨子认为人们如果没有了宗教信仰，天下就会乱，这是因为人们觉得没有赏贤罚暴的鬼神，就可以胡作非为了。所以墨子要使天下之人都相信有鬼神，并且能赏贤罚暴，那么天下就太平了。在这里，墨子的“神道设教”的用意，很是明显！（他不但要统治者顺从他的意志，也要被统治者顺从他的意志，这就是所谓“上说下教”。）

“天”和“鬼”配合起来，天高高在上，好比是天子；鬼神好比是诸侯、大夫、士。这样，墨子就造成了一个现实世界后面的神鬼世界，用神鬼世界来统治现实世界，也就是用宗教来控制政治，实际上是墨子用他的学说来改造当时的政治。我们可以把它叫做“托神改制”，这就是墨子的“天志”“明鬼”学说的现实意义。可是这样一来，前期墨家的宇宙观，就不可能不是宗教唯心论的了。

在春秋、战国之际，人们迷信的对象，除了旧有的“天”“鬼”之外，还有新起来的所谓“命”。“命”的原始意义本来是天的命令，可是到了春秋时代，旧的宗教信仰逐渐动摇了，继之而起的有一种自然主义的泛神论，这就是新的“命”论的来源。这种新的“命”论，和旧的“命”的概念，主要的不同点，在于：旧的所谓“命”就是天的意志，而新的所谓“命”是指的自然界的一种“神秘规律”。从另一方面看，这又是宗教唯心论的一种发展。天的意志还可以改变，例如天本来要使那个人遭遇到不幸，只要这个人努力行善，就可以改变天意，化凶为吉，反过来也是一样。“命”则是不可改变的，“命”注定人的贵贱、贫富、生死、祸福，无论你怎样行善和行恶，也不能改变“命”的规定。这种“命”的思想，在天道观的发展史上说，有一种发展的意义，因为它用自然的迷信代替了天鬼的迷信，拿"神秘的自然规律"代替了有人格、意志的上帝鬼神。儒家怀疑鬼神，而坚信所谓"命"，这是新兴统治阶级的一种意识形态。墨子改造了旧日的天鬼宗教，把统治阶级的天鬼变成庶人的天鬼，这是进步的。可是就他重新建立天鬼的宗教一点说来，这也是落后的。在这里，他不及儒家的开明。天鬼的思想和"命"的思想，在逻辑上是相矛盾的，既然相信了天鬼是宇宙的主宰，他们都是有人格、意志的，能够赏善而罚恶，那么就否定"命"的权威了。如果真有"命"的话，那么天鬼的意志也不能改变"命"，在"命"的规定之下，天鬼就不能赏善罚恶。因此，天鬼的宗教家墨子就不能不反对自然主义的宗教：以上是就逻辑上观察。然而墨子的"非命"学说，还有更重要的意义，它主要是由墨子的社会、政治观点来决定的。因为当时的贵族统治者利用"命"的学说来巩固自己的地位，他们可以说：贵贱是命定的，不可改变，这样就妨碍了庶人阶级上层分子的"尚贤"等要求。

同时按照"命"的学说看来，贫富也是命定的，那么小生产者的发家致富的思想，也就遭到了否定。所谓庶人阶级的上层分子，也就是比较富裕、可以向上发展的小生产者，他们要求通过努力生产和经营，来发家致富，因富而贵，也可做"王公大人"。这样的要求，被"命"的学说所否定，所以代表庶人阶级上层利益的墨子，就更不能不坚决地反对"命"。"非命"的学说，是墨家思想的一个要点，也是他们思想和儒家思想的一个重要的分界岭。《墨子》书说：

> 在于商、夏之诗、书曰：命者，暴王作之！（《非命中》）
> 命者，暴王所作，穷人所术（述）。（《非命下》）

实际上所谓商、夏的暴王所作的"命"，只是天命，也就是墨子的所谓"天志"，不过他们认为天是永远保佑他们的，他们受命于天，所以作了坏事不要紧。这种"天命"说和墨子的"天志"说，自然有阶级性的不同。可是在墨子时代所流行的"天命"论，决不是商、夏时代的"天命"论，商、夏时代的"天命"论，已经被周公等人痛驳过了。墨子所反对的"天命"论，是春秋、战国之际所流行的"命"论，墨子当然不懂得阶级分析法，他把春秋、战国之际的"天命"论和商、夏时代的"天命"论混为一谈，这是错误的认识。然而墨子的这种攻击"命"论的方法，却是很好的策略，因为他把"命"和"暴王"联系起来，使人既反对"暴王"也就反对"命"。但是墨子义说"命者，穷人所术"，这就更明显地反映出墨子思想的阶级性来，所谓"穷人"，就是庶人中从事生产不利，因而穷困，也就是商鞅所说的"怠而贫者"，这在庶人阶级的上层分子看来，是这些"穷人"自甘下流，并不是贵族、富人压迫、剥削的结果。他们认为这种人也和"暴王"一样，应当加以惩罚（商鞅就是这样做的）。墨子说：

> 今用执有命者之言，则上不听治，下不从事。上不听治，则刑政乱；下不从事，则财用不足。……故命上不利于天，中不利于鬼，下不利于人，而强执此者，此特凶言之所自生，而暴人之道也。（《非命上》）
>
> 执有命者以杂于民间者众，执有命者之言曰：命富则富，命贫则贫，命众则众，命寡则寡；命治则治，命乱则乱；命寿则寿，命夭则夭。……虽强劲何益哉？以上说王公大人，下以驱百姓之从事，故执有命者不仁。（《非命上》）

这两段话说明：如果相信有命，那么就要"上不听治，下不从事"，因为主张有"命"，就是说富、贫、众、寡、治、乱、寿、夭，都是"命"所规定的，人力不能改变，墨子认为这种说法，害处很大，非竭力反对不可。他对统治者说：

> 在于桀、纣，则天下乱；在于汤、武，则天下治：岂可谓有命哉！（同上）
>
> 执有命者之言曰："上之所赏，命固且赏，非贤故赏也；上之所

罚，命固且罚，不暴故罚也。"（同上）

这就是说，你们如果主张有"命"，那么你们的赏、罚，也就不须要行了。而且暴王的时候天下乱，圣王的时候天下治，这就可以证明"命"是没有的！墨子又对被统治者说：

> 昔上世之穷民，贪于饮食，惰于从事，是以衣食之财不足，而饥寒冻馁之忧至，不知曰："我罢不肖，从事不疾。"必曰："我命固且贫。"……（同上）

这就是说：你们如果相信有"命"，不好好从事生产，你们就要受到饥寒的痛苦，这是你们自作自受，并不是什么"命"在支配你们。

墨子的"非命"学说，进步意义是很大的！这是庶人阶级上层分子——比较富裕可以上升的小生产者的一种战斗思想！

墨子的思想方法，是很着重实际效果的，他有有名的"三表"法，《墨子》书说：

> 何为三表？子墨子言曰：有本之者，有原之者，有用之者。于何本之？上本之于古者圣王之事。于何原之？下原察百姓耳目之实。于何用之？废（发）以为刑政，观其中国家、百姓、人民之利。此所谓言有三表也。（《非命上》）

"上本之于古者圣王之事"，就是考察过去的历史经验；"下原察百姓耳目之实"，就是考察百姓们的意见，听听他们的舆论；最重要的是第三表，就是最后看实际效果，观察所发的刑政，是不是对国家、人民们有利。一切的理论正确与否，都要通过这所谓"三表"法来证明：这就是墨子主要的思想方法论。这种思想方法，是比较客观的、科学的，有唯物论因素的；比起某些早期儒家独断的主观唯心论的思想方法来，确乎要高明得多！《墨子》书又载：

> 子墨子曰："言足以复行者常之，不足以举行者勿常，不足以举

行而常之，是荡口也。"（《耕柱》，《贵义》篇还有差不多的一段话。）

这种言行一致，着重实践的思想，不但墨家有，儒家也有，这是古代思想家的优良传统之一，是很可宝贵的。

从墨子起，墨家就很注重逻辑，到了后期墨家，就构成了一套有系统的逻辑学。前后期墨家的逻辑学，虽有详略的不同，但是墨子本人的确已很讲究逻辑；他反对早期儒家模糊不清的思想方法。墨子书载：

> 子墨子（日）问于儒者（曰）："何故为乐？"曰："乐以为乐也。"子墨子曰："子未我应也。今我问曰：'何故为室？'曰：'冬避寒焉，夏避暑焉，室以为男女之别也。'则子告我为室之故矣。今我问曰：'何故为乐？'曰：'乐之为乐也。'是犹曰：'何故为室？'曰：'室以为室也。'"（《公孟》）

这段话证明早期墨家就很注重逻辑，例如问为什么要造房屋，必须说明冬天用它来避寒，夏天用它来避暑，同时也用它来分别男女的住所。如果说"室以为室"（房屋就是房屋，房屋就是用来作为房屋的），那就没有说明"室"的意义。我们看有些儒家解释他们所提出的概念，往往解释了如不解释，像"乐以为乐"之类。最典型的例子，是《易传》十翼里的某些部分，真有解释等于无解释的毛病。这是儒家思想方法上的一个很大缺陷，墨家弥补了这个缺陷。《墨子》书里还有一段话，更足以说明墨子长于逻辑，善于辩论。《贵义》载：

> 子墨子北之齐，遇日者。日者曰："帝以今日杀黑龙于北方，而先生之色黑，不可以北。"子墨子不听，遂北，至淄水不遂而反焉。日者曰："我谓先生不可以北。"子墨子曰："南之人不得北，北之人不得南，其色有黑者，有白者，何故皆不遂也？且帝以甲乙杀青龙于东方，以丙丁杀赤龙于南方，以庚辛杀白龙于西方，以壬癸杀黑龙于北方。若用子之言，则是禁天下之行者也，是围（违）心而虚天下也，子之言不可用也！"

这个日者，想用迷信来欺骗墨子，被墨子用逻辑的言论，把他的话驳得体无完肤。这段驳论，颇有汉代唯物主义者王充的言论的色彩，在破除迷信上，是很有力量的。从此也可证明：墨子的有逻辑的唯物的思想方法，是能使他不迷信天、鬼。所以我认为墨子的"天志""明鬼"学说，只是"神道设教"而已。

和荀子不同，墨子的宇宙观和他的方法论是有矛盾的。墨子的宇宙观，至少在其言论上看来，是宗教唯心论的，而他的思想方法，则颇有唯物论的色彩。我们认为墨子所代表的庶人上层，是个正在上升的阶层，墨子可能是个比较偏于唯物论的思想家。他的宗教唯心论，只是他的一种政治工具，所以在墨子的整个思想里，他的"天志""明鬼"学说，与他的别的思想，往往是不相调和的。

三 伦理思想

大家都知道：墨子的核心思想是"兼爱"，"兼爱"是他的伦理思想，也是他的政治思想。为了叙述方便起见，我们讲墨子的伦理思想，就首先讲他的"兼爱"。墨子书说：

> 当（尝）察乱何自起，起不相爱。臣子之不孝君父，所谓乱也。子自爱不爱父，故亏父而自利；弟自爱不爱兄，故亏兄而自利；臣自爱不爱君，故亏君而自利：此所谓乱也。虽父之不慈子，兄之不慈弟，君之不慈臣，此亦天下之所谓乱也。父自爱也不爱子，故亏子而自利；兄自爱也不爱弟，故亏弟而自利；君自爱也不爱臣，故亏臣而自利。……虽至天下之为盗贼者亦然：盗爱其室不爱（其）异室，故窃异室以利其室；贼爱其身不爱人（身），故贼人（身）以利其身。……虽至大夫之相乱家，诸侯之相攻国者亦然。大夫各爱其家不爱异家，故乱异家以利其家；诸侯各爱其国不爱异国，故攻异国以利其国。……若使天下兼相爱，爱人若爱其身，犹有不孝者乎？视父、兄与君若其身，恶施不孝，犹有不慈者乎？视弟、子与

臣若其身，恶施不慈，……犹有盗贼乎？（故）视人之室若其室，
谁窃？视人身若其身，谁贼？……犹有大夫之相乱家，诸侯之相攻
国者乎？视人家若其家，谁乱？视人国若其国，谁攻？……故天下
兼相爱则治，交相恶则乱。（《兼爱上》）

墨子认为天下的"乱"，是起于人与人不相爱的。臣、子的不孝君、
父，君、父的不慈臣、子，就是互不相爱。他甚至推到"盗贼"的
害人，大夫的相乱家，诸侯的相攻国，也都是互不相爱的结果。假
如能使天下的人"兼相爱"，爱人若爱其身，那就天下太平了。所以
说："天下兼相爱则治，交相恶则乱。"这种"兼爱"学说，好像是
提倡全人类的爱，里面没有阶级性，其实不然！墨子的"兼爱"固
然要比孔子的"仁"，在实质上范围宽广些。孔子的"仁"，是士阶
层的爱，至多爱到整个贵族阶级；至于士阶层下面的庶人，只能有
点同情心，不可能真正爱到他们。墨子的"兼爱"，在实质上，只是
爱新兴的庶人上、中层和他自己的集团，对于整个庶人阶级，也只
能有较多的同情心，不可能有完全的爱。他对于整个贵族统治阶级，
虽然希望他们能向墨子集团和庶人上层开放政权，也希望他们能对
整个庶人阶级让些步，可是从阶级立场说来，墨子对于贵族统治阶
级，多少是存在些对抗或敌视的心理的，他不可能真正"兼爱"贵
族统治阶级，也不可能真正"兼爱"庶人的下层。墨子集团也是想
骑在下层人民的头上，而统治他们的。我们既不能相信孔子的"仁"
是爱全人类，也不能相信墨子的"兼爱"是爱全人类。墨子的"兼
爱"，也只是一种口号。真正全人类的"兼相爱"，在墨子时代，以
至整个阶级社会，都是不可能实现的！

但是，墨子的"兼爱"的反宗法性，要比孔子的"仁"强得
多。墨子虽然提倡君臣父子之间要互相爱，即所谓"慈""孝"，在
这里仍表现了一定程度的宗法性。可是墨子并不以"孝弟"为"兼
爱"之本，并不提倡"亲亲而仁民，仁民而爱物"的等差的爱，他
的"兼爱"宗法性很不显著。而且"兼爱"与宗法的"孝弟"的矛
盾更大，所以孟子说墨子的"兼爱"是"无父"。儒家的"仁"已经

和原始宗法性的道德有矛盾，墨子的"兼爱"就更和原始宗法性的
道德有矛盾。我们认为：在继承性上说，墨子的"兼爱"是孔子的
"仁"的发展；而在阶级性上说，墨子的"兼爱"和孔子的"仁"是
异阶级的道德——墨子的"兼爱"是庶人阶级上、中层的爱，孔子
的"仁"是贵族阶级下层的爱。"兼爱"和"仁"的阶级性的区别，
我们尤其应当重视。

《墨子》书又说：

> 天下之人皆不相爱，强必执弱（众必劫寡），富必侮贫，贵必敖
> （傲）贱，诈必欺愚，凡天下祸篡怨恨，其所以起者，以不相爱生
> 也。（《兼爱中》）

于此可见墨子的"兼爱"，在消极方面，是要禁止"强执弱""富侮
贫""贵傲贱""诈欺愚"等等，也就是要禁止贵族、富人压迫在下
面的人群，在这里我们看出墨子的"兼爱"学说的进步性。《墨子》
书又说：

> 子墨子言曰："以兼相爱，交相利之法易之。"（同上）
> 夫爱人者，人必从而爱之；利人者，人必从而利之；恶人者，
> 人必从而恶之；害人者，人必从而害之。（同上）

墨子的"兼相爱"和"交相利"是相结合的："兼爱"是内在的道德
心，"交利"就是"兼爱"的道德心的外在表现（也可以说"交利"
是"兼爱"的实质）；前者是思想，后者是行为；思想与行为一致，
也就是言行一致。所以"兼爱"的道德比"仁"的道德要实际些。
孔子说："君子喻于义，小人喻于利。"儒家只讲"义"不讲"利"，
这是贵族阶级统治的唯心论的道德；墨子把"义"和"利"结合起
来（墨家说："义，利也。"见下），义就是利，利就是义，这是庶人
阶级新兴的唯物论的道德。儒墨对"利"的看法的不同，就说明他
们伦理思想的阶级性。照墨子说：爱人就是要人爱自己，利人也就
是利自己，如果恶人、害人，就也要被人所恶、所害。墨家的功利

主义，贯穿着他们整个的思想，在他们的伦理思想里，也明显地表现出功利主义来。《墨子》书里还有一段记载说得更是明白：

> 巫马子谓子墨子曰："我与子异，我不能兼爱，我爱邹人于越人，爱鲁人于邹人，爱我乡人于鲁人，爱我家人于乡人，爱我亲于我家人，爱我身于吾亲，以为近我也。击我则疾，击彼则不疾于我，我何故疾者之不拂，而不疾者之拂？故（有我）有杀彼以（利）我，无杀我以利（彼）。"子墨子曰："子之义将匿邪，意将以告人乎？"巫马子曰："我何故匿我义，吾将以告人。"子墨子曰："然则一人说子，一人欲杀子以利己；十人说子，十人欲杀子以利己；天下说子，天下欲杀子以利己。一人不说子，一人欲杀子，以子为施不祥言者也；十人不说子，十人欲杀子，以子为施不祥言者也；天下不说子，天下欲杀子，以子为施不祥言者也。说子亦欲杀子，不说子亦欲杀子，是所谓经者口也，杀常（子）之身者也。"（《耕柱》）

巫马子大概是个儒家，所以他不能"兼爱"，只能从自己出发，行等差的爱，即是说"摩顶放踵，利天下为之"的爱，他是做不到的。墨子诘问他说：如果像你这样，爱人从爱己出发，那么实际上就是利己主义；专门利己的结果，就要引起人家杀你以利己，这是赞同你的说法的人。至于不赞成你的说法的人，更要杀你，因你说了坏话，那么就要"杀常之身"。这是拿利害来劝说异派的人相信"兼爱"的学说。因为"兼爱"也有利于自己，不兼爱反有害于自己，实际上还是功利主义，墨家的核心教义、最高的伦理"兼爱"，也在功利主义支配之下。这种伦理思想，是庶人阶级上层分子功利主义的伦理思想。

在墨子的时代，古代的宗法制度还没有完全退下舞台，所以墨子讲"兼爱"，也不能不照顾到宗法的旧伦理——"孝"。墨子也用功利主义来解决"兼爱"和旧的"孝"的矛盾。《墨子》书说：

> 然而天下之非兼者之言犹未止，曰：意不忠（中）亲之利而害为孝乎？子墨子曰：姑尝本原之孝子之为亲度者，吾不识孝子之为亲度者，亦欲人爱利其亲与，意（抑）欲人之恶贼其亲与？以说观

> 之，即（则）欲人之爱利其亲也。……若我先从事乎爱利人之亲，
> 然后人报我（以）爱利吾亲乎？意我先从事乎恶（贼）人之亲，然
> 后人报我以爱利吾亲乎？……（《兼爱下》）

当时有些人如儒家之类，反对墨子的"兼爱"，认为"兼爱"有害于
"孝"。墨子解释说：孝子应当这样为自己的父母亲打算：假使自己
能够爱利人的父母亲，那么别人就会爱利我的父母亲；假使先恶贼
人的父母亲，那么别人就也会恶贼我的父母亲。所以"兼爱"非但
无害于"孝"，反而有利于"孝"，不"兼爱"倒是有害于"孝"的。
这样，墨子就把反宗法的伦理"兼爱"和宗法的伦理"孝"之间的
矛盾统一起来了。

墨子的伦理学说，固然以"兼爱"为中心，但是不能认为墨子
的伦理学说，除"兼爱"外，就没有别的。在《墨子》书的主要各
篇中，虽然谈到伦理的话不多，可是除"兼爱"外，也还谈到些其
它伦理。在后期墨家所编写的《墨辩》各篇中，谈伦理的话就比较
多。其中有若干话，我们似乎可以认为是前期墨家所固有的思想。
现在综合各篇材料，叙述一下"兼爱"以外的墨家伦理学说。

墨子不但谈"兼爱"，也谈"仁"，如他说：

> 今天下之君子之名仁也，虽禹、汤无以易之，兼仁与不仁，而
> 使天下之君子取焉，不能知也。故我曰："天下之君子不知仁者，非
> 以其名也，亦以其取也。"（《贵义》）

这里所说的"仁"似乎是广义的，"仁"就是爱。既然讲"爱"，那就
应当"兼爱"；不兼爱的"仁"，名为"仁"，实际上并不是"仁"。
在墨子看来，儒家的"仁"，是从爱己出发的，因为爱自己，推广
一步，就爱自己的父母、兄弟、子女，这便是所谓"亲亲"；再推
广一步，才爱到其他人，甚至爱到所谓"物"。"亲亲而仁民，仁
民而爱物"，就是这个意思。在墨子看来，这种"仁"不是真正的
"仁"，因为它不是兼爱，而是偏爱。尽管儒家说得很漂亮，要"博
施于民而能济众"，但是实际做起来，主要还是"亲亲"，这样儒家

的"仁"就很难越出贵族阶级的范围。儒家这种以"孝弟"为本的"亲亲"的"仁",墨子认为并不是真"仁",所以说:"兼仁与不仁,而使天下之君子取焉,不能知也。"由于墨子认为儒家的"仁"不是真"仁",所以他就索性不用"仁"这个名词,而用"兼爱"代替"仁";并且说明不但要"兼相爱",而且要"交相利";只有"交相利","兼相爱"才有实际的内容。只有兼相爱,才是真正的"仁"。这样墨子便用他的"兼爱"的学说打倒了儒家的"仁"的学说。墨家说:

> 爱人,待周爱人,而后为爱人;不爱人,不待周不爱人;不周爱,因为不爱人矣。(《小取》)

在这里说得非常明白:"周爱人,而后为爱人";"不周爱,因为不爱人"。这就是墨家的"兼爱"与"仁"和儒家的"仁"的不同。儒家要人"亲亲";墨家则要人:"爱人之亲,若爱其亲。"(《大取》)从这里我们知道了墨者夷之所说"爱无差等,施由亲始",还是向儒家让步的话。但是墨家也说:"爱人不外己,己在所爱之中。"(《大取》)这是逻辑学上的话,所谓"爱人"是说"爱人类",既然是爱人类,那么自己也是人类,所以说"爱人不外己",这与墨家"兼爱"学说的"爱人",不是一回事。

除"仁"以外,墨子更强调"义"。他说:

> 争一言以相杀,是贵义于其身也。故曰万事莫贵于义也。(《贵义》)

这里所说的"义",和儒家的"义"差不多,就是合乎道理而适宜的事情。墨子首先并称"仁义",例如他说:

> 仁义钧,行说人者其功善亦多,何故不行说人也。(《公孟》)

因为单纯谈"仁"说"爱"不一定全对,例如对于敌人就不能讲"仁爱",所以"仁"之外,必须辅之以"义","仁""义"合起来,才是完善的道德。当然，"义"也有阶级性；墨子的所谓"义"，主要是庶人阶级上层分子的"义"，也就是对于庶人阶级上层分子有利的事情。

《墨子》书《经上》篇对于许多伦理道德，都下了定义，现在略引如下：

> 仁，体爱也。
> 义，利也。
> 礼，敬也。
> 忠，以为利而强低（君）也。
> 孝，利亲也。
> 信，言合于意也。

"体爱"就是一肢体的爱，不是"兼爱"，我们可以叫它做"别爱"或"偏爱"，例如"亲亲"；就是这种"体爱"，墨家也并不完全反对，因为墨家还承认"孝"的道德。"义"就是"利"，"礼"就是"敬"，"忠"就是"利君"，"孝"就是"利亲"，"信"就是表里一致，可见墨家也讲"仁""义""礼""忠""孝""信"等道德，不过它们的定义和儒家的不完全相同，甚至完全不同罢了。总之，墨家的道德，是庶人阶级上层分子的道德，他们讲究实利，对于君、父行使"忠""孝"的道德，也要以"利"为主。我们拿儒家孟子的伦理观，和墨家的伦理观对比起来，其阶级性的不同，就很明显。孟子把"仁""义"和"利"对立起来，所谓"王何必曰利，亦有仁义而已矣"。孟子的并称"仁义"，似乎是受了墨家的影响，但是墨家的"仁义"，是和功利合一的，儒家孟子等人的"仁义"是和"功利"对立的。在这里，一面表现出儒家的"仁义"，只是统治阶级的空言的道德，积极性是不大的，而墨家的"仁义"则是庶人阶级上层分子的讲实际的道德，积极性比较大。同时与功利脱离的"仁义"是唯心论的道德，而与功利结合的"仁义"，则是有唯物论倾向的道德。

墨家也反对告子一派的"仁内义外"说。《经说下》说：

> 仁，仁爱也；义，利也；爱利，此也；所爱所利，彼也；爱利
> 不相为内外，所爱利亦不相为外内。其为（谓）仁内也，义外也，
> 举爱与所利也，是狂举也。

爱是内心的情感，利是这种情感的外在表现，所以"爱利不相为内外"；所爱利的对象只是一个，所以"亦不相为内外"，如果说"仁内义外"，那就逻辑上说不通，即所谓"狂举"。

庶人阶级的上层分子不可能不受到贵族阶级礼教的影响，所以墨子并不废弃伦常、礼教。他说：

> 无君臣上下长幼之节，父子兄弟之礼，是以天下乱焉。（《尚同中》）

没有礼节，天下就要"乱"，这种思想和儒家并没有什么两样。墨子对于"忠"的道德也是很提倡的，他甚至说：

> 若以翟之所谓忠臣者，上有过，则微（伺也）之以谏；己有善，
> 则访（谋也）之上，而无敢以告，外匡其邪，而人其善，尚同而无
> 下比；是以美善在上，而怨雠在下；安乐在上，而忧戚在臣：此翟
> 之所谓忠臣者也。（《鲁问》）

这样的"忠臣"，和儒家的"忠臣"，也没有什么两样。这些地方都说明墨子毕竟是已曾一度钻入统治阶级行列的人。庶人阶级上层分子如果取得了政治地位，那就变成中央集权封建国家的官僚，他们就不可能不站在统治阶级的立场上说话。庶人阶级上层分子的政治要求，就是要变贵族政治为官僚政治。在中央集权封建国家政治机构中的"忠臣"，便是像墨子所说的"忠臣"，所以墨子提出这样的"忠臣"标准来，是没有什么可奇怪的。然而墨子所代表的阶层，在这时候究竟还是属于庶人阶级的，所以他对于贵族阶级的繁文琐节的"礼"，还是反对的。他说：

> 俯仰周旋威仪之礼，圣王弗为。（《节用中》）

因为庶人阶级上层分子多少是有些讲实用的，与贵族阶级的爱摆空架子不同。他们的道德标准，不脱离开实用，他们认为"善"必然有用，没有"善而不可用"的。墨子说：

> 用而不可，虽我亦将非之，且焉有善而不可用者。(《兼爱下》)

这种实用的思想，和现代资产阶级的实用主义不相同。现代资产阶级的实用主义，是否认客观的真理标准的，只要适合他们的"用处"，黑的可以说成是白的，白的也可以说成黑的。墨家是承认有客观真理标准的，有真正的是非的，虽然他们的所谓真理和是非，还是有阶级性的，是符合他们的阶级和阶层的要求的。然既承认有客观的真理和是非，那就和现代资产阶级的绝对唯心主义的实用主义不同了！

四　政治思想

政治思想占墨子思想的绝大部分，墨子实际上是个政治活动家，他代表庶人阶级上层分子要求政权，建立了一个政治学派：有严格的条规、严格的纪律、严格的组织。这个学派是一个政治（"上说"）、教育（"下教"）、宗教三位一体的集团，它比儒家斗争性强，但他们的斗争还只限于"上说下教"，行侠作义（如救止楚国的攻宋之类）的范围。在他遗留下来的著作里，不曾记载着明显的阶级斗争的学说，这就是因为这个学派是代表庶人阶级上层分子的，所以虽有一定的斗争性，但不能主张阶级斗争，像下层的农民、手工业者那样。

墨家的政治思想，是比较明确而扼要的，所以叙述起来，比较简便。他们的政治思想，主要的是所谓"十论"，即"尚贤""尚同""兼爱""非攻""节用""节葬""天志""明鬼""非乐""非命"。这十项教义，包括着宗教、伦理和政治的思想，而实际上，都是政治思想。墨家尽力宣传着他们的十项教义，但不是教条式的宣传，而是看对象而发的。《墨子》书载：

> 子墨子曰："凡入国，必择务而从事焉。国家昏乱，则语之尚贤、尚同；国家贫，则语之节用、节葬；国家熹音湛湎，则语之非乐、非命；国家淫僻无礼，则语之尊天，事鬼；国家务夺侵凌，即（则）语之兼爱、非攻。故曰：择务而从事焉。"（《鲁问》）

"择务从事"就是看实际情况而说教。所谓"国家昏乱"，就是指的贵族阶级昏庸腐朽，那就需要提拔下层有才能的人来管理政治，统一政权。所谓"国家贫"，就是指的贵族阶级剥削过分，搞得人民贫困，那就需要节省浪费，戒除奢侈。所谓"国家熹音湛湎"，就是指的贵族阶级淫乱享受，那就需要反对音乐酒色，反对迷信天命。所谓"国家淫僻无礼"，就是指的贵族阶级暴虐无道，那就需要用天、鬼来警惕他们，使他们不敢胡作非为。所谓"国家务夺侵凌"，就是指的贵族阶级多从事兼并战争，使人民痛苦，那就需要提倡"兼爱"，反对兼并。大概根据墨子的意思看来，这十项教义都是需要执行的，但是要斟酌情形，有急有缓，急的需先做，缓的可以后做，这就是墨家的"务时"之风，乃是墨家政治思想的一个特色。

墨家的"十论"，以"尚贤""尚同"为首。"尚贤"是尊尚"贤人"，即庶人阶级上层分子要求政权的口号。他们取得政权后，就要建立中央集权、官僚制度的封建国家，所以就需要"尚同"。"尚同"就是统一政权的意思，"尚同"必须先"尚贤"，如果"尚同"而不"尚贤"，那就会造成贵族阶级专制暴虐的结果。只有"尚贤"了，管理政治的人都是所谓"贤人"，至少多数是"贤人"，这样再集中政权，才没有或较少流弊。墨家把"尚贤"放在"尚同"的上面，决不是偶然的事情。

怎样"尚贤"呢？墨子说：

> 是故古者圣王之为政也，言曰：不义不富，不义不贵，不义不亲，不义不近。……故古者圣王之为政，列德而尚贤，虽在农与工

先秦七子思想研究

肆之人,有能则举之,高予之爵,重予之禄,任之以事,断予之令。……故当是时,以德就列,以官服事,以劳殿(定)赏,量功而分禄,故官无常贵,而民无终贱,有能则举之,无能则下之。……故古者尧举舜于服泽之阳,授之政,天下平;禹举益于阴方之中,授之政,九州成;汤举伊尹于庖厨之中,授之政,其谋得;文王举闳夭、泰颠于罝罔之中,授之政,西土服。……夫尚贤者,政之本也。(《尚贤上》)

故古者圣王甚尊尚贤,而任使能,不党父兄,不偏贵富,不嬖颜色,贤者举而上之,富而贵之,以为官长;不肖者抑而废之,贫而贱之,以为徒役。……古者舜耕历山,陶河濒,渔雷泽,尧得之服泽之阳,举以为天子,与接天下之政,治天下之民。……(《尚贤中》)

农民和手工业者,只要有才能,就应当被举拔,而且还应当给他们高官、厚禄和政权;政治地位的高低,是以道德、才能和功绩为标准的,所以"官无常贵,而民无终贱"。墨子要贵族统治者"不党父兄,不偏贵富,不嬖颜色",不论怎样身份的人,只要是贤能,就"举而上之,富而贵之,以为官长";不贤能也就是"不肖"的人,就应当"抑而废之,贫而贱之,以为徒役"。只要贤能,即使是农民、手工业者、渔夫之类,也可以被举拔为天子。墨子托古改制,把原始社会的酋长选举制度理想化,加以宣传,这就开始出现了所谓"禅让"制度,在中国政治史上添设了一种理想的制度。他又托古改制地说:古代圣王都举拔贤能的人,交给他们政权,不论他们的身份怎样低贱。他因此说:"尚贤"是"政之本"。这就是墨家所谓"尚贤"学说的要义。这种学说的阶级性,非常明显,自然是庶人阶级上层分子要求政权的表示。

怎样"尚同"呢?墨子说:

古者民始生未有刑政之时,盖其语人异义,……是以人是其义,以非人之义,故交相非也。是以内者父子兄弟作怨恶,离散不能相和合,天下之百姓,皆以水火毒药相亏害,至有余力不能以相劳,腐朽余财不以相分,隐匿良道不以相教,天下之乱若禽兽然。夫明平天下之所以乱者，生于无政长，是故选（择）天下之贤可者，立以为天子；天子立，以其力为未足，又选择天下之贤可者，置立之以为三公。天子、三公既以（已）立，以天下为博大，远国异土之民，是非利害之辩，不可一二而明知，故划分万国，立诸侯国君；诸侯国君既已立，以其力为未足，又选择其国之贤可者，置立之以为正长。正长既已具，天子发政于天下之百姓，言曰：闻善而（与）不善，皆以告其上；上之所是，必皆是之；所非，必皆非之；上有过则规谏之，下有善则傍（访）荐之，上同而不下比者，此上之所赏，而下之所誉也。意若闻善而（与）不善，不以告其上；上之所是，弗能是；上之所非，弗能非；上有过弗规谏，下有善弗傍荐；下比不能上同者，此上之所罚，而百姓所毁也。上以此为赏罚，甚明察以审信。是故里长者，里之仁人也。……乡长者，乡之仁人也。……国君者，国之仁人也。……察天下之所以治者何也？天子唯能壹同天下之义，是以天下治也。天下之百姓皆上同于天子，而不上同于天，则（天）菑犹未去也。……是故子墨子言曰："古者圣王为五刑，请（诚）以治其民，譬若丝缕之有纪，罔罟之有纲，所（以）连收天下之百姓，不上同其上者也。"（《尚同上》）

墨子认为没有国家刑政的时候，人们的思想不能统一，这样就造成"交相非"的结果；由于"交相非"所以人们互相亏害，不能互相帮助，这样就使天下大乱，天下大乱是由于无"政长"。因此施行选举制度，按照贤能的等第，设立天子、三公、诸侯、正长，要百姓"上之所是，必皆是之，上之所非，必皆非之"；"上同而不下比"。天下的百姓都上同于天子，天子又上同于天。如果不上同，就要受到刑罚，这就是所谓"尚同"。实际上，"尚同"就是中央集权，这是专制主义、中央集权封建国家建立的理论根据。这种国家政权的建立，是符合庶人阶级上层分子的政治要求的。因为只有建立了这种国家政权，才能打击和废除贵族制度，而逐步确立官僚制度。只有建立了官僚制度，庶人阶级上层分子才有爬上政治舞台的可能。墨子集团虽然不是代表新兴地主阶级的，——因为那时候基本上还没有形成新兴地主阶级，可是庶人阶级上层分子，就是一种新兴富人，而新兴富人就是新兴地主阶级的先驱。所以墨子集团的政治要求，是符合即将形成的新兴地主阶级的政治要求的。墨子集团的"尚贤""尚同"的思想，是比较彻底的，他们代表当时被压迫阶级中的上升分子，他们有一定的阶级自觉性（当然还不是真正的完全的自觉性），因此他们在反对贵族制度上，要比后来的新兴地主阶级彻底些。后来的新兴地主阶级，还承认天子世袭制度，墨子集团则连这一点都企图改变，他们要建立选举制度，连天子都是选举的，在这一点上，他们的改革政治的理想，是带有革命性的。他们在自己的集团中，实行"巨子"推选制度，由前任"巨子"在墨家集团中选拔最"贤能"的人来充任后任的"巨子"，这就是他们政治理想中禅让制度的实践。不过应当注意：这种禅让制度还不是民选制度，不过它是反映民意的，民意就是"天意"，而像尧舜等"圣王"（就是墨子的化身），把天子的位子禅让给贤人，就是执行的"天意"。因为天子是天所选拔的最贤能的人，而三公、诸侯们是天子所选拔的次一等的贤能的人，正长如乡长、里长等又是三公、诸侯们所选拔的更次一等的贤能的人；没有被选拔来管理政治的人，那就是不很贤能和不贤能而不肖的人。因为政治上的等级就是才能上的等级，愈是在上的人愈贤能，愈是在下的人愈不贤能，那么自然应该"上同而不下比"而不应该"下比而不上同"：这就是墨子"尚同"思想的精义。"尚贤"必须"尚同"，"尚同"也必须"尚贤"，"尚贤"和"尚同"只是一事的两面；所以"尚同"也是"为政之本"。墨子又说：

> 古者上帝、鬼神之建设国都，立正长也，非高其爵，厚其禄，富贵（放）佚而错（措）之也，将以为万民兴利除害，富贵贫寡（富贫众寡），安危治乱也。（《尚同中》）

墨子理想中的统治者，不是剥削人民的人，而是"为万民兴利除害、富贫众寡、安危治乱"的人，因此他们应当使天下人的耳目"助己视听"，以赏贤罚暴，这样就能使人觉得"天子之视听也神"，因为天子之视听就是人民之视听；天子、三公、诸侯、正长们，都是为人民服务的。像这样的天子、三公、诸侯、正长们，当然是不可能有的。墨子所处的时代，是阶级社会的时代，阶级社会的统治者只可能是剥削阶级。墨子理想中的统治者，在实质上只是为庶人阶级上层分子服务的人，也就是后来为地主阶级服务的统治者。我们如果不从墨家思想的阶级性来分析，那就会混淆阶级，把古代思想家的思想现代化，犯理论上的大错误。

"兼爱"，我们在讲墨子的伦理思想中已经讲过，但"兼爱"也是墨子的政治思想。就伦理思想说来，"兼爱"是庶人阶级上、中层分子的爱，庶人阶级不可能爱贵族阶级，事实上墨家集团也的确是厌恶贵族阶级的。然而墨家的"兼爱"学说，还有其政治的意义：墨子想叫贵族阶级对人民让步，减轻些剥削、压迫，同时让庶人阶级上层分子再上升，爬上政治舞台。这样，他就和儒家一样，要统治者"爱民"，统治者对人民也要"兼相爱，交相利"；人民对统治者也要"兼爱"，不可"犯上作乱"。在这里，墨家集团也就变成阶级调和论者和改良者。墨家学说对统治者也有一定的温和性，所以墨家集团也曾一度被统治者所尊重，而且个别人物还曾被统治者所任用，墨子和他的少数弟子虽然也和孔、孟们一样不曾真正得过志，然而也被统治者所尊礼，在墨子书和其他先秦书中都有证据。

墨子不但要贵族阶级和庶人阶级互相"爱""利"，以达到阶级调和的目的。同时他又和儒家一样，要贵族阶级中人也互相"爱""利"，不要互相攻击，这样从"兼爱"中就推出"非攻"来。但墨子的要贵族阶级中人互相亲善，其阶级目的是和儒家不一样的。儒家站在贵族阶级的立场上，很自然地要求贵族阶级中人互相友爱，以维持贵族阶级的统治秩序。墨家却站在相反的阶级立场上，也要求贵族阶级中人互相友爱，禁止互相攻击，这是为庶人阶级上层分子的利益着想的。因为贵族阶级中人不相友爱，互相攻击，则家与家相攻，国与国相攻，兼并战争剧烈的结果，一定要影响庶人阶级上层分子的发展，使他们破家亡产，更谈不到发家致富，所以"非攻"可说是庶人阶级上层分子的一种素朴要求。墨子集团所代表的，主要不是商人的利益，在庶人阶级中，只有新兴的商人，才迫切要求统一，以免除经商上的困难；富裕农民和独立手工业者，他们所迫切要求的，只是社会环境的安定，可以让他们从容发家致富，所以他们要求停止兼并战争，这就是墨子"非攻"学说的阶级本质。我们且看墨子说：

> 今师徒唯毋兴起，冬行恐寒，夏行恐暑，此不以冬夏为者也。春则废民耕稼树艺，秋则废民获敛。今唯毋废一时，则百姓饥寒冻馁而死者，不可胜数。今尝计军上（出），竹箭、羽旄、幄幕、甲盾、拨劫，往而靡弊腑（腐）冷（烂）不反者，不可胜数；又与（其）矛、戟、戈、剑、乘、车，其（列）住（往）（则）碎折靡弊而不反者，不可胜数；与其牛、马，肥而往，瘠而反，往死亡而不反者，不可胜数；与其涂道之修远，粮食辍绝而不继，百姓死者，不可胜数也；与其居处之不安，食饭（饮）之不时，饥饱之不节，百姓之道疾病而死者，不可胜数。丧师多不可胜数，丧师尽不可胜计，则是鬼神之丧其主后（後），亦不可胜数。……（《非攻中》）

这里说得很明白：攻战的害处，"春则废民耕稼树艺，秋则废民获敛"。这就是墨子"非攻"的主要理由。至于"百姓饥寒冻馁而死者，不可胜数"，以及种种耗费和劳动人口的损失，当然也是墨子"非攻"的理由。总之，墨子宣传攻战对于统治阶级和被统治阶级都是不利的，要求统治阶级停止兼并战争，这就是所谓"非攻"。墨子进一步游说统治者说：

> 今王公大人，天下之诸侯，……将必皆差论其爪牙之士，皆（比）列其舟车之卒伍，于此为坚甲利兵，以往攻伐无罪之国，入其国家边境，芟刈其禾稼，斩其树木，堕其城郭，以湮其沟池，攘杀其牲牷，燔溃（潦—燎）其祖庙，劲杀其万民，覆其老弱，迁其重器，卒进而柱（极）乎斗，曰：死命为上，多杀次之，身伤者为下。又况失列北桡乎哉！罪死无赦，以谆（惮）其众。夫无兼国覆军，贼虐万民，以乱圣人之绪。（《非攻下》）
>
> 吉者天子之始封诸侯也，万有余（国）；今以并国之故，万国有余皆灭。……（同上）

攻战对于被攻的国家当然非常有害，就是攻人的国家，也要受到很大的害处。墨子为了停止兼并战争，警告统治者说：古代本有一万多国，现在因为互相兼并的缘故，差不多都灭亡了，所以兼并战争就是对于你们，也未必有利，还是不要互相攻战吧。墨子提倡说：

> 今若有能信效（交），先利天下诸侯者，大国之不义也，则同忧
> 之；大国之攻小国也，则同救之。……必务宽吾众，信吾师，以此
> 授（援一取也）诸侯之师，则天下无敌矣，其为（利天）下不可胜
> 数也。(《非攻下》)

墨子要求弱小国家团结起来，共同抵抗强大国家的兼并，这简直是"合纵"政策的理论根据。墨子要统治者"宽吾众，信吾师"，以此胜人，"则天下无敌矣"，这又是孟子"王道"战略的先驱。

墨子的"非攻"思想，也有进步、落后的两面：在要求停止屠杀人民，发展生产上，具有进步性。但是统一是当时的必然趋势，不是人力所能阻挠的，统一有利于生产和交换，即有利于封建经济的发展；而且统一可以结合中国民族为一体，造成强固的国防，以抵抗北方游牧民族的侵扰，同时也可发展少数民族落后的经济，制止落后部落的贵族统治者破坏先进地区的经济，对内对外都有好处。可是在当时历史条件下，要求统一，就不可能避免兼并战争，只能使兼并战争减少些，残酷性轻些，这样就有利于人民了。无论墨子的"非攻"主义和孟子的"王道"战略，都是空想，不切合实际的。

墨子"非攻"思想，确有很大的局限性，他对于阶级斗争的暴力革命，也是不会赞成的。这些都是墨子的庶人阶级上层分子阶级性的限制。可是有两种战争，墨子是不反对的：其一，是防御战，墨家的守御是有名的，所以称为"墨守"。他们能制造和使用有效的防御战具，帮助被攻的国家抵抗兼并，例如当时有名的工师公输般替楚国制造了攻击的战具，将要去攻打宋国，墨子听到了这个消息，就从远方徒步急行到楚国，游说公输般和楚王，用守御的实力制止了楚国的攻宋（参看《墨子》书《公输》篇）。可见墨家是很能实行

他们的教义的！

墨家不反对的另一种战争，就是所谓"征诛"战。《墨子》书载：

> ……昔者禹征有苗，汤伐桀，武王伐纣，此皆立为圣王。是何故也！子墨子曰："子未察吾言之类，未明其故者也；彼非所谓攻，（所）谓诛也，……"（《非攻下》）

古代贵族统治者征伐别国的更残暴的统治者，这种战争在儒家的开创者孔子看来，似乎也不完全合理，所以孔子批评周武王的"武"乐说："尽美矣，未尽善也。"便是成汤伐桀，孔子也未必赞成（《左传》载吴公子季札在鲁国"观乐"，"观"到成汤的"韶濩"说："圣人之弘也，而犹有惭德。"也是说成汤伐桀，还有弱点，与孔子思想相类）。墨子首先肯定了这种"征诛"战，后来的儒家也就随着肯定了。墨子站在庶人阶级上层分子的立场上，对于残暴的贵族统治者是仇恨的，他认为像桀、纣那样的统治者，是应当讨伐的，但讨伐还应假之统治阶级之手，庶人阶级是不能直接起来"犯上作乱"的，所以墨子的"征诛"论，也有很大的局限性！

贵族统治者加强剥削的原因之一，是奢侈浪费；同时庶人阶级上层分子要发财致富，也必须勤俭；所以代表庶人阶级上层分子的墨子，继承孔子的"节用"之教，而进一步加以发挥。墨家的"节用"是很彻底的，墨子首先"托古改制"说：

> 圣王为政，其发令兴事，使民用财也，无不加用而为者，是故用财不费，民德（得）不劳，其兴利多矣。（《节用上》）

"无不加用而为者"，是墨子"节用"学说的要义。用财是不可避免的，但必须用了有利，即所谓"加用"，否则就是浪费。统治者尤其应当"节用"，因为这关系国家大事，浪费一分人力、财力，就对于国家、人民不利，同时也对于统治者不利；因为使民、用财过多了，能使人口减少，财力不足，统治者的剥削来源也就枯竭了。墨子说：

> 今天下为政者，其所以寡人之道多，其使民劳，其籍敛厚，民
> 财不足，冻饿死者，不可胜数也。（同上）

墨子要统治者使用人力、物力："凡是以奉给民用则止，诸加费不加
于民利者，圣王弗为。"（《节用中》）这当然是空想，不可能有这样
"节用"的统治者。

当时的贵族统治者们最奢侈浪费的是所谓"厚葬"，活人享用
倒也罢了，对于死人这样浪费，在宗法观念比较薄弱的庶人上层的
代表墨子看来，真是太不合理了。当宗法制全盛时代，宗法贵族们
最讲究"孝道"，而表现宗法的"孝道"的最重要的关节，就是所
谓"丧""祭"之礼。墨子对于"祭"不能反对，因为他是主张"天
志""明鬼"的，他把批评的锋芒集中于宗法贵族的"丧礼"。他反
对宗法贵族（包括儒家在内）的"厚葬""久丧"。由于贵族们宗法
制度的影响，弄得"匹夫贱人死者，殆竭家室"，这大大不利于庶人
上层的经营致富。贵族们"棺椁必重，葬埋必厚，衣衾必多，文绣
必繁，丘陇必巨"，甚至于"杀殉"数百、数十；丧礼"扶而能起，
杖而能行，以此共三年"。墨子认为："以此求富，此譬犹禁耕而求
获也，富之说无可得焉"，"众之说无可得焉"，"治之说无可得焉"。
墨子因为要庶人"富"家，贵族得"众"、得"治"，他提出一套薄
葬、短丧的办法，说：

> 故古圣王制为葬埋之法，曰：棺三寸，足以朽体；衣衾三领，
> 足以覆恶；以及其葬也，下毋及泉，上毋通臭，垄若参耕之亩，则
> 止矣。死则既已葬矣，生者必无久哭（丧），而疾而从事；人为其所
> 能，以交相利也：此圣王之法也。（《节葬下》）

墨子的目的，只在于叫人民"疾而从事，人为其所能"；礼节可以不
讲，而生产不可懈怠，发家致富第一：这很明显地代表了庶人阶级上
层的思想。

庶人阶级上层分子发家致富的方法之一，是增加劳动力。当时
旧的奴隶制度已衰亡了，新的蓄奴办法还没有兴起；雇佣劳动那时

候基本上还没有；租佃制度也还不曾兴起；庶人上层为了发家致富而增加劳动力的唯一办法，就是增加家属人口。同时那时候中原地区，也还土广人稀，各国统治者都要求增加人口，所以墨子在提倡"节用""节葬"的同时，教导统治者增加人口的办法说：

> 昔者圣王为法曰：丈夫年二十，毋敢不处家；女子年十五，毋敢不事人：此圣王之法也。(《节用上》)

墨子甚至用早婚的方法来增加人口（墨子又反对久丧说："此其为败男女之交多矣。"也可见出他的计较劳动人口多少的态度）。这也是庶人阶级上层分子的思想。后世富裕农民们不还是用早婚和童养媳、赘婿、养子等办法，来增加家中的劳动人口吗？

墨子的代表庶人阶级上层分子利益的思想，还有明显见于《节用》和《节葬》篇中的，《节葬下》篇认为"厚葬久丧"的结果之一：

> 是以僻淫邪行之民，出则无衣也，入则无食也，内续奚吾（续误诂），并为淫暴，而不可胜禁也。是故盗贼众而治者寡。……

这显然是新兴的庶人阶级上层分子要求保护私有财产的反映，他们把无衣无食的穷人认为是"僻淫邪行之民"，把穷人反对富人的行动认为是"淫暴"。在这里暴露出新兴富裕分子和穷苦人民之间的矛盾，这种矛盾进一步发展，就是阶级矛盾了。墨子认为这种反对富人的穷人是"盗贼"，应当禁止，然后能使天下太平。我们知道墨子是反对用兵的，但是在禁止所谓"寇乱盗贼"上，他却主张用兵，他说：

> 若有寇乱盗贼，有甲盾五兵者胜，无者不胜：是故圣人作为甲盾五兵。(《节用上》)

可见新兴的富裕分子和穷苦人民之间的矛盾，已具有若干阶级矛盾的性质了。

关于墨子的"天志""明鬼"和"非命"的学说，我们上面已经分析过。"天志""明鬼"主要是制裁统治阶级的工具，但它们也是墨子"上说下教"、调和阶级矛盾的工具：这里面自然有落后甚至反动的成分。"非命"的学说是进步的，它不但取消了统治阶级新造出来的麻醉人民比"天""鬼"还厉害的工具，同时也取消了贵族阶级与庶人阶级的"天定"的界限，就是说人没有生来就应当富贵或贫贱的，富贵和贫贱主要应看人们后天的努力而定。这显然是反贵族的思想，是为庶人阶级上层分子张目的，这是官僚政治代替贵族政治的理论根据。

最后我们说一说"非乐"。"非乐"实际是"节用"的引申。墨子反对贵族阶级的一切奢侈浪费，也反对庶人阶级的一切不必要的"浪费"。他认为音乐和一切文娱等都是没有必要的，都是没有用处的东西。他说：

> 且夫仁者之为天下度也，非为其目之所美，耳之所乐，口之所甘，身体之所安，以此亏夺民衣食之财，仁者弗为也。是故子墨子之所以非乐者，非以大钟、鸣鼓、琴瑟、竽笙之声，以为不乐也；非以刻镂、（华）文章之色，以为不美也，非以犓豢、煎炙之味，以为不甘也；非以高台、厚榭、邃野（宇）之居，以为不安也；……然上考之，不中圣王之事；下度之，不中万民之利。是故子墨子曰："为乐非也！"（《非乐上》）

可见墨子的"非乐"，主要是反对贵族阶级的奢侈浪费，要求他们考虑人民的利益，然后用财，这虽然只是空想，而且墨子的"非乐"也"非"得过分些，有许多表现社会文化的东西，也在他所反对之列。可是尽管"非乐"有很大的局限性，它也还具有一定的进步性。

以上就墨子的"十论"略论墨子的政治思想，即使还不很完备，但墨子政治思想的要义和阶级性，已显然可以看出了。

这里附带谈一谈墨子的教育思想。

墨子的重视教育（实是一种政治宣传）和孔子差不多，因为墨子也把教育看成是一种伦理、政治的手段。墨子教育思想的最主要目的，也和孔子一样，是宣传他的伦理、政治思想。我们已经说过：墨子的政治手段，不采取暴力革命的方法，而主要用"上说下教"的方法；"上说下教"的政治手段，就是一种教育。墨子所代表的阶层和墨家集团，是要求政权的；要求政权的重要资本之一，就是才能、学问；而才能、学问的获得，必须通过"学"和"教"，所以墨子也非常重视教育。

墨子和孔子差不多，也主张人人必须"学"，因此他也和孔子相近，主张"有教无类"一类的理论，墨子说：

> 翟以为不若诵先王之道，而求其说；通圣人之言，而察其辞；上说王公大人，次（说）匹夫徒步之士；王公大人用吾言，国必治；匹夫徒步之士用吾言，行必修。（《鲁问》）

"王公大人"和"匹夫徒步之士"，都须受墨子的教育，也就是人人都须受教育。自然，无论是孔子或墨子，这类议论都是空言，在封建社会里，是不可能人人都受到教育的。

墨家和儒家都宣传教育的重要作用，都重视后天的修为。《墨子》书载：

> 子墨子（言）见染丝者而叹曰："染于苍则苍，染于黄则黄，所入者变，其色亦变，五入必（毕），而已则为五色矣：故染不可不慎也。非独染丝然也，国亦有染；……非独国有染也，士亦有染。……"（《所染》）

《所染》篇本来晚出，此文大致亦见《吕氏春秋·当染》篇。《淮南子·说林》篇："墨子见练丝而泣之，为其可以黄，可以黑。"前人及近人多认为《墨子》书这段文字有可疑处。我们也有怀疑。如果我们还相信这段记载的话，则墨子似乎是主张人的本性是像一张白纸般的，可以染成各种颜色，也就是说：要它善就善，要它恶就恶；人的本性无所谓善恶，人的善恶，只是后天习染所造成的，而且可以随时改变，所以说"故染不可不慎也"。这似是孔子"性相近，习相远"思想的进一步发挥。孔子代表贵族阶级下层的开明分子，为他的"有教无类"说建立理论根据，所以说"性相近，习相远"。但这种理论还是不彻底的，因为既说"相近"，就还有差别，还不是天性平等论，《墨子》书这里的理论，才似乎是绝对的天性平等论，就是完全否定了贵族、庶人天性不平等的见解，也就是否定了孔子的"唯上知与下愚不移"的理论：这可能是墨家性论比孔子性论进步的地方。但据墨子整个思想体系看来，墨子显然还是个等级维持论者，并不完全否定等级，所以这种议论是否前期墨家所固有，很是可疑。

儒家是主张"君子如响"的教育方法的，孔子就说："不愤不启，不悱不发。"这是启发式的教育方法，实践起来，固然能发生一定的好效果；然而就儒家说来，这也是他们的贵族性的一种表现，因为贵族阶级的教育家，要保持一定的"尊严"的架子，所以才有这种"君子若钟，击之则鸣，弗击不鸣"的态度。墨家是反对这种态度的，他们说：

> 隐知豫（舍）力，恬漠待问而后对，虽有君亲之大利，弗问不言；……是夫大乱之贼也！……（《非儒下》）

这虽然是说的事君、亲之道，但墨家的教育方法，也是和儒家相反的。荀子并称墨翟、宋钘，认为一派，《庄子·天下》篇说宋钘、尹文："周行天下，上说下教，虽天下不取，强聒而不舍者也。故曰：'上下见厌而强见也。'"可见代表庶人阶级上层的墨家没有贵族阶级的架子，他们的教育方式，甚至到了"强聒而不舍"的程度。这种送上门的先生，是和儒家所谓"礼闻来学，不闻往教"的先生，完全不同的。

五 墨家和各家的思想斗争

墨子是孔子后学的学生，从学派渊源说，墨家是出于儒家的。但由于思想阶级性的不同和学派的不同，墨家从儒家分离出来以后，就成为儒家的对立物。儒、墨两家的思想斗争，是先秦各学派中思想斗争最激烈的。差不多整个战国时代，儒、墨两家并峙为两大学派，墨子脱离儒家创立自己的学派后，对于儒家就进行激烈的思想斗争。现传的《墨子》书中有《非儒》篇，从其内容来考察，是较晚时代墨家后学的作品，其中自然也记载着比较原始的墨家和墨子本人的对儒家的批判，但也有许多地方，是不太合事实的较晚时代人的附会，因此《非儒》篇的史料价值，远比不上上面的"十论"。墨子本人反对儒家的话，或比较原始可靠的墨家反儒言论是《公孟》篇的记载，现在先举一条如下：

> 子墨子谓程子曰："儒之道，足以丧天下者，四政焉：儒以天为不明，以鬼为不神，天鬼不说，此足以丧天下。又厚葬久丧，重为棺椁，多为衣衾，送死若徙，三年哭泣，扶后起，杖后行，耳无闻，目无见，此足以丧天下。又弦歌鼓舞，习为声乐，此足以丧天下。又以命为有，贫富寿夭，治乱安危，有极矣，不可损益也，为上者行之，必不听治矣，为下者行之，必不从事矣，此足以丧天下。"

这里攻击儒家四点：一、不信天鬼，二、厚葬久丧，三、弦歌鼓舞，四、以"命"为有。这四点中的第一点，就哲学观点来说，儒家是比较进步的，墨家是落后的，这是因为儒家代表贵族下层的开明分子，贵族阶级原掌握着学术文化，春秋时代生产力和科学水平的提高，使人们逐渐产生唯物思想，儒家是古代贵族文化的继承和发展者，他们也发展了唯物思想，在孔门后学的儒家中，有些人简直不信鬼神，例如公孟子就说"无鬼神"。到后来的荀子，就有整套的唯物的"天论"。墨家是代表庶人上层的知识分子的，庶人阶级原不掌握学术文化，他们长期受贵族阶级宗教的影响，正和后世农民中迷信思想比较流行一样，当时的庶人阶级是更难于摆脱宗教迷信的。

虽然墨子思想中也具有唯物论的因素，然而他们却想利用庶人阶级原有的宗教，把它改造成制裁统治阶级的工具，这样墨家就不能不用自己的天鬼论来批判儒家的无神论了。至于下面三点，正是新兴的开明贵族们的思想："礼""乐"是统治工具，"命"是比天鬼更厉害的统治工具，墨子反对这些，有很大的进步意义。所以单就这四点而论，已足以表现儒、墨的思想斗争主要是阶级斗争。此外在《公孟》篇里又记载着墨子反对儒家"扣则鸣，不扣则不鸣"的贵族态度和"君子必古言服"的贵族仪容。总之，都是庶人阶级反对贵族阶级的思想的表现。

《非儒下》篇指出："儒者曰：亲亲有术（杀），尊贤有等，言亲疏尊卑之异也。"墨家反对这种思想，是庶人阶级反对贵族阶级宗法的思想。墨家又指出儒家："繁饰礼乐以淫人，久丧伪哀以谩亲，立命缓贫而高浩居（傲倨），倍本弃事而安怠傲，贪于饮食，惰于作务；陷于饥寒，危于冻馁，无以违之。"这是反对儒家的贵族仪容和安居享受，不事生产，以至"陷于饥寒"，当然是庶人上层反对贵族下层的思想斗争。《非儒下》篇里还有一段记载：

> 儒者曰：君子必（古）服古言，然后仁。应之曰：所谓古之言服者，皆尝新矣，而古人言之服之，则非君子也。……又曰：君子循而不作。应之曰：……然则今之鲍函车匠皆君子也，而羿、仔、奚仲、巧垂皆小人邪？且其所循，人必或作之，然则其所循，皆小人道也。又曰：君子胜不逐奔，揜（掩）函（陷）弗射，施则助之胥车。应之曰：若皆仁人也，则无说而相与；……何故相（与）？若两暴交争，其胜者欲不逐奔，掩函弗射，施则助之胥车，虽尽能，犹且不得为君子也。意暴残之国也，圣（人）将为世除害，兴师诛罚，……暴乱之人（也）得活，天下害不除，是为群残父母，而深贱（贼）世也，不义莫大焉！

这段记载也明确地反映出儒、墨思想的阶级性来：儒家主张保守，墨家主张改革；儒家着重在"述"，墨家着重在作；儒家要讲假仁假义，墨家主张实事求是；儒家主张对于敌人也要讲"仁义"，墨家主张对于敌人应当竭力攻击，不除不止。在这里我们也可看出儒家似乎本没有明显的"征诛"论，"征诛"论倒是墨家先提出来，而儒家接受了的；儒家所代表的阶级、阶层，是在逐渐转化着的，当他由贵族阶级转向新兴地主阶级时，开始接受了庶人阶级上层提出来的制裁统治阶级的"征诛"论。

综合上面的叙述分析，我们就可得出如下的结论：早期墨家反对早期儒家的思想斗争，是庶人上层反对贵族下层的阶级斗争！

根据《淮南子·氾论》篇：孔子之后是墨子，墨子之后是杨子；墨子反对孔子所领导的儒家，杨子也反对墨子所领导的墨家。杨朱似乎是最早的道家，道家是"隐士"学派，所谓"隐士"，大体上说，就是没落的贵族下降而形成的小所有者，他们有严重的退守性，消极性，主张"为我"。他们的思想和庶人上层所形成的新兴小所有者的意识，是对立的。如果说墨家是左派，儒家是中派，那么道家就是右派。杨、朱之后的道家老子、庄子，也都反对墨家，不过《庄子·天下》篇的作者虽然批评了墨家，但也有一定的同情心。因为墨家的积极精神，是人人都看得到的，比较公平的学者，往往对他们有些同情心。《天下》篇说：

　　不侈于后世，不靡于万物，不晖于数度，以绳墨自矫，而备世之急，古之道术有在于是者，墨翟、禽滑厘闻其风而说之。为之大过，已之大循，作为"非乐"，命之曰"节用"；生无歌，死无服。墨子泛爱、兼利而非斗，其道不怒。又好学而博，不异，不与先王同。毁古之礼乐。……虽然，歌而非歌，哭而非哭，乐而非乐，是果类乎？其生也勤，其死也薄，其道大觳，使人忧，使人悲，其行难为也，恐其不可以为圣人之道；反天下之心，天下不堪，墨子虽独能任，奈天下何？离于天下，其去王也远矣。……使后世之墨者，多以裘褐为衣，以跂蹻为服，日夜不休，以自苦为极，曰："不能如此，非禹之道也，不足谓墨。"……以巨子为圣人，皆愿为之尸，冀得为其后世，至今不决。墨翟、禽滑厘之意则是，其行则非也。将使后世之墨者，必自苦，以腓无胈，胫无毛，相进而已矣。乱之上也，治之下也。虽然，墨子真天下之好也，将求之不得也，虽枯槁不舍也，才士也夫！

这段话说明了墨学的要义。便是俭朴耐劳，不讲享受和虚文，有入世、救世的精神，"泛爱、兼利而非斗"。墨家也"好学而博"，但"不与先王同"。墨家生勤死薄，"其道大觳"，"其行难为"。墨家"反天下之心，天下不堪"，《天下》篇的作者总评说："墨翟、禽滑厘之意则是，其行则非也。""虽然，墨子真天下之好也"，乃是"才士"。在"为我"主义、消极主义的道家看来，墨家虽有可取之处，然而他们的道理是行不通的。这种看法，是没落贵族所形成的小所有者对庶人阶级上升分子的不满和惊佩。

代表由贵族下层向新兴地主转化的后期儒家，对于墨家的学说，更是严厉地攻击。孟子认为墨子"兼爱"是"无父"，虽然"摩顶放踵，利天下为之"，也不足取。荀子认为墨子的"忧不足"，只是那些"贱人"的"私忧过计"，"不足"并不是"天下之公患"，墨子的"非乐"会使"天下乱"，墨子的"节用"会使"天下贫"，墨家"劳苦顿萃而愈无功"。又说墨家"谩差等"，"不足以容辩异，县君臣"；"有见于齐无见于畸"；"蔽于用而不知文"。这些显然都是带有贵族性的富人、地主们看不起新兴小所有者的反映。贵族要求保守宗法，新兴的庶人上层则在一定程度上反对宗法；贵族的利己主义，和新兴的庶人上层分子的朝气——"利人"学说，也是相反的。带有贵族性的地主阶级，虽然要改革古代贵族的繁文琐节，但在很大程度上，还要维持古代的旧等级和仪文等等；更要维持新兴的统治者的地位和势力。他们的思想，和庶人上层的要求完全废除贵族制度的一切，当然是不同的。孟、荀等儒家的反对墨家，反映了新兴的统治阶级和过去的被压迫阶级的上层分子间的矛盾。

法家主要代表新兴的官僚地主阶层，他们的反对墨家，和儒家的荀子差不多，便是站在新兴地主阶级的立场上，反对庶人阶级上层分子的要求。无论是儒家孟、荀等人，法家的韩非、李斯等人，都要求统一思想，以便中央集权专制主义的封建制度的确立和巩固。墨家的学说是当时最突出的"私学"，在统一思想的政策下，它自然是首先被禁止的对象。墨学的中绝，固然原因很多，但是它不适合新兴的地主阶级和地主政权的要求，是最主要的原因。然而墨学中的比较有利于地主阶级和地主政权的东西，也已被吸收到汉代新儒家的思想中去了。

孟子思想研究

一 前论

孟子名轲，战国中叶邹人，他是孔子后的儒家最著名的一个大师，在过去，他的地位甚至和孔子并驾齐驱。

他是孔门后学，属于子思一派，荀子并称"子思孟轲"，后来他自成一派，称为"孟氏之儒"。他博学儒学，精通诗书，曾游历齐、梁等国，游说各国君主，虽然常被尊重、奉养，然而没有一国的君主能真正地任用他，听他的话去治理国家。他也只好同孔子一样，退而以讲学为业，不得志而死。

孟子的时代，正当战国中叶，这是关东各国农村公社开始普遍解体，贫富大分化，土地问题开始严重化的时候。在这个时候，贵族领主的经济已经趋于崩溃，地主经济正在萌芽并发展，正是个新旧制度交替的关键。这时候，新兴的地主阶级虽在经济上逐渐上升，但在关东各国的政治上，还没有取得真正的胜利。关东各国的最高政权，仍掌握在贵族阶级的手里。六国的国王，就其性质说，还属于贵族领主阶级，许多贵族领主还在政治上占有很大的势力，这些国家，不能算是真正的新兴地主阶级的国家。

正在没落的贵族政权特别残暴，对于人民的剥削、压迫，分外严重，再加上当时连年不断的大规模的战争，弄得人民走投无路。

孟子说:"民之憔悴于虐政,未有甚于此时者也。"(《孟子·公孙丑上》)这话深刻地反映了当时的真实情况。这样,人民(包括新兴地主、富人在内)和贵族政权之间,自然不能不发生极严重的矛盾,大规模的激烈的阶级斗争就将起来了。这种情况,不能不使统治、剥削阶级的学者孟子千方百计地想应付的办法。

儒家本是代表新兴的士夫阶层的,这士夫阶层由过去的贵族下层士和上升的庶人分子所构成,所以它既有贵族的性质,又有新兴地主的性质,是个贵族领主阶级和新兴地主阶级之间的中间集团。但从春秋以来,这个集团的贵族性不断在削弱,不断向地主阶级转化,孟子基本上已站在新兴地主阶级的立场上,但同时还带有浓重的贵族色彩。所以他仍具有两面性,不过主要一面是新兴地主阶级的立场罢了。由于这样,所以他的思想中具有较大的开明成分。他固然多为新兴地主阶级打算,然也为贵族阶级想出路,使他与新兴地主阶级的利益调和起来,共同来统治人民。

研究孟子思想最主要的史料,是现在还保存着的《孟子》七篇,这是一部没有多大著作时代问题的书,它是孟子弟子们所记,我们可以根据它来叙述孟子的思想。

孟子的思想主要是代表他的阶级利益的,但他的思想有所继承,主要是继承孔子的思想,而加以发挥、改造,使它更适合当时的时势。同时他也吸收当时盛行着的杨、墨等学派的某些思想,再加上他自己的创造,这样,他就构成了一个伟大的思想体系。

二 政治思想

孟子和孔子差不多,不大谈宇宙观和方法论,他的宇宙观是不很清楚的。他的方法论也没有什么突出的成绩。便是他的伦理思想和教育思想,也多继承孔子,除了"性善"论以外,没有多少特别的东西。他的教育思想,实是他的政治思想和伦理思想的一部分,而他的伦理思想，也附属于他的政治思想。他的宇宙观，又是他的伦理思想和"性善"论的引申，所以孟子的中心思想乃是政治思想，在这方面，他有突出的贡献。

孟子政治思想的核心是"王道"论。"王道"就是"圣王之道"。所谓"圣王"，是孟子理想中的"善良统治者"，他能实行孟子的理想，解救人民的痛苦。孟子是有一整套的政治理想的。他首先认识当时最严重的社会问题是土地问题，他认为一切社会、政治问题的发生都由于此，解决了这个问题，就可以"王天下"。他对当时的君主说：

> 无恒产而有恒心者，惟士为能。若民，则无恒产，因无恒心；苟无恒心，放辟邪侈，无不为已。及陷于罪，然后从而刑之，是罔民也。焉有仁人在位，罔民而可为也！是故明君制民之产，必使仰足以事父母，俯足以畜妻子，乐岁终身饱，凶年免于死亡，然后驱而之善，故民之从之也轻。今也制民之产，仰不足以事父母，俯不足以畜妻子，乐岁终身苦，凶年不免于死亡，此惟救死而恐不赡，奚暇治礼义哉！（《梁惠王上》）

这就是说：政治上最重要的事，就是给人民以足够的土地，使他除养活自己外，还可以养活父母、妻子，这样统治人民起来就很方便，所谓"驱而之善，故民之从之也轻"。换句话说，就是人民服从统治。如果人民的土地不足，那就不能生活下去，"救死而恐不赡"，因此失去"恒心"，就要"放辟邪侈"，甚至"犯上作乱"，统治者加以镇压，阶级斗争起来，天下就"大乱"了。我们可以说：孟子的"王道"论是很实际的。它的根本条件，就是解决土地问题，使人民有饭吃，有衣穿，以免他们"犯上作乱"，进行阶级斗争。在这里，粗看似乎孟子在替整个人民说话，特别是替农民说话，实际上他的目的是消灭阶级斗争，使人民服从统治。"王道"论实在是孟子的缓和阶级矛盾、调和阶级利益的一种空想！

除了解决土地问题以外，还要"省刑罚，薄税敛"，就是减轻剥削，压迫。再能发展生产，所谓"深耕易耨"，并加强教育，也就是实行孔子"富之""教之"的政策，便能"制梃以挞秦楚之坚甲利兵"，而统一天下了。

孟子也知道单纯谈"制民之产"，是没有多大效果的，给人民以土地，土地仍可能失去，仍就会产生贫富分化的现象，他企图把他的土地政策法定化，这就是恢复农村公社的"井田"制度。这种办法，他知道在齐、梁等大国，一时不容易行通，所似他想在一个五十里的小国——滕国来实行一下。农村公社的"井田"制度，当然是古代存在过的，不过孟子把它理想化了，孟子按照他的"制民之产"的理想来确定"井田"制度。他的"制民之产"的理想是：

> 五亩之宅，树之以桑，五十者可以衣帛矣；鸡豚狗彘之畜无失其时，七十者可以食肉矣；百亩之田，勿夺其时，数口之家，可以无饥矣。……七十者衣帛食肉，黎民不饥不寒，然而不王者，未之有也！（《梁惠王上》）

这个理想是有事实根据的，当时一般自耕小农的财产，大概就是"五亩之宅"和"百亩之田"，直到汉代，"百亩之田"还是一个自耕农民的土地。孟子认为"五亩之宅"和"百亩之田"，就可以温饱过活，农民们只要拥有这样的"恒产"，就不会起来反对统治者而服从统治者了。但是事实上当时的一般农民，恐怕多数都不能有这样数额的土地，孟子企图使统治者分给农民以这样数额的土地，而且要使他们永守勿失，这样就不能不恢复"井田"制度。他企图把他的理想中的农民的"恒产"，用公社制度巩固下来，当然不能买卖、转让，这就是恢复"井田"制度。他的"井田"的理想是：

> 死徙无出乡，乡田同井，出入相友，守望相助，疾病相扶持，则百姓亲睦。方里而井，井九百亩，其中为公田，八家皆私百亩，同养公田，公事毕，然后敢治私事，所以别野人也。（《滕文公上》）

古代实际的农村公社制度当然比较复杂，也不能这样整齐，同时还有"换田"的制度。孟子所说是根据当时小农农村的情况，而加以理想化，正和老子的"小国寡民"理想差不多，所说的是农村公社，实际上是小农农村，这是公社化的小农农村。土地的绝大部分是归私人占有的，所谓"八家皆私百亩"；九分之一的土地是"公田"，由八家共同耕种，收入就充当租税，即所谓"九一而助"。要先保证了公家的租税，"然后敢治私事"。这种农民是"死徙无出乡"的，公社成员互相帮助，结成一个经济团体；土地当然不能自由买卖和转让。人人有固定数额的土地耕种，"私田"上的收入全归自己（另有布帛、力役等赋税），而以耕种"公田"的劳役当作租税，这种制度乃是理想化的殷周制度，在当时当然是不可能实行的。不但齐、梁等大国不能实行，就是像滕那样的小国，实行起来也有困难。因为社会经济是向前发展的，那时由于生产力的提高，农村公社的制度已不能维持，连它的残余——授田制度都在消亡之中，私有土地制度和地主经济正在发展着，孟子要倒退到公社制度去，这只有和王莽一样，必然失败。但孟子这种思想，也正是私有土地制度发展，贫富分化的反映，孟子的理想，只是解决私有土地发展后土地不均的问题的方案。

"井田"制度是西周时代经济、政治制度的一个中心，既实行"井田"制度，就必须也恢复其他的周制，所以《孟子》书中也常常谈到周制，因为那些制度比较繁琐，姑且从略，这里只谈一谈孟子所认为周代"仁政"的纲领。孟子说：

> 昔者文王之治岐也，耕者九一，仕者世禄，关市讥而不征，泽梁无禁，罪人不孥。老而无妻曰鳏，老而无夫曰寡，老而无子曰独，幼而无父曰孤：此四者，天下之穷民而无告者，文王发政施仁，必先斯四者。（《梁惠王下》）

孟子的眼光始终集中在人民的生活上，他认为只要解决了人民的生活，也就是解决了经济问题，政治问题自然随之而解决，这是孟子思想的切合实际处，也是他的思想中的唯物论因素。孟子理想的周制，也就是所谓"王道"，主要是"井田"制度、九一之税和贵族领主分土世禄的制度。在这里面，有进步和落后的两面：注意人民的生活，减轻剥削、压迫，是进步的；恢复旧制度（虽然这种旧制度已经过孟子的理想化），是落后的，而且是空想不能实行的。由于孟子不懂得社会经济发展的原理，所以他认为旧制度可以永垂不朽，而旧制度的所以崩溃，只是由于暴君、污吏的破坏。他说：

> 夫仁政必自经界始，经界不正，井地不均，谷禄不平。是故暴君污吏必慢其经界。经界既正，分田制禄，可坐而定也。(《滕文公上》)

王道的根本——"井田"制度，最重要的是"经界"，便是分划疆界，农民的土地归农民，公家的土地归公家，贵族的土地归贵族，用"经界"来保持公社和领地的制度。"经界既正"，就"井地均，谷禄平"了。但是这种制度已被"暴君、污吏"所破坏，现在只能由"圣君，贤相"来"正经界"，恢复古代的良制：这就是实行"王道"。

照孟子看来，政治的好不好，完全决定于统治者的好坏，所以要搞好政治，必须先正统治者的心，使统治者都变成"仁人"，那么他们所行的政治，自然就是"仁政"。在孟子看来，政治和道德是合一的，有好的道德，才能有好的政治，所以孟子的政治是道德政治。从表面上看，他的政治归本于伦理，伦理是根本；实际上，他的伦理也就是政治，是为政治服务的。

因为孟子的政治是道德政治，道德政治也就是贤人政治，所以他不可能不提倡"尚贤"。"尚贤"的极致就是"禅让"，所以孟子大肆鼓吹禅让传说。我们知道，儒家本是主张贵族世袭制度的，他们对于周制的拥护，本来和禅让传说不能相容。但是由于儒家主张道德政治，所以也主张贤人政治，这样就不能不容纳禅让说：于是形成了儒家政治思想的内部矛盾。孔子还不曾明白提倡禅让制度，到墨家极力主张"尚贤"，才大肆鼓吹禅让传说。孟子接受了古代和墨家的遗产，便把它和儒家的政治理想结合起来，这样就形成了矛盾。孟子一面说：

> 所谓故国者，非谓有乔木之谓也，有世臣之谓也。……国君进
> 贤，如不得已，将使卑逾尊，疏逾戚，可不慎与！(《梁惠王下》)

一面又说：

> 莫如贵德而尊士，贤者在位，能者在职，国家闲暇，及是时明
> 其政刑，虽大国必畏之矣。(《公孙丑上》)

"世卿"制度和"尚贤"制度本来是相矛盾的，孟子却把它们调和起
来，一方面保持"世卿"制度，一方面也适当地"进贤"，以修明
政、刑，使国家强盛。但"进贤"必须"如不得已"，即有一定的限
度，不能像墨家那样无限度地"尚贤"：这就是孟、墨的不同！

在"禅让"论上，孟子的儒家态度也表示得非常明显。孟子是
承认有"禅让"的历史事实的，但他不承认天子可以以天下与人，
因为天子的位子是从祖先传下来的，是世袭的，有宗法制度的约束，
不能轻易转让。无论是天子或国君，如果以天下或国与人，那就要
违反宗法。所以当燕王哙让位给他的国相子之的时候，孟子就说：
"子哙不得与人燕，子之不得受燕于子哙。"齐国要去伐燕，孟子予
以赞成。孟子说：

> 匹夫而有天下者，德必若舜、禹，而又有天子荐之者，故仲尼
> 不有天下。继世而有天下，天之所废，必若桀、纣者也；故益、伊
> 尹、周公不有天下。(《万章上》)

这实际上是取消了禅让制度。因为禅让太难了，它需要三个很难的条
件：第一，继世而有天下者，必须坏到像桀、纣那样；第二，受禅
让的人，道德必须好到像舜、禹那样；第三，还要有天子的推荐。
这样的巧事，真是万载难遇，千世难逢。可见孟子虽承认禅让的历
史，但只是把它当做故事称引，当做原理阐述，实际上他是不大赞
成禅让制度的。这是孟子禅让论的落后面，也就是他的儒家传统的

一面。另外的一面，孟子的禅让论却又有进步的因素。他说：舜有天下，不是尧给他的，是天给他的，所谓天给他的，并不是天对他说话、下命令，而是"以行与事示之"，怎样"示之"呢？孟子说："昔者尧荐舜于天，而天受之；暴之于民，而民受之。"因为："使之主祭，而百神享之，是天受之；使之主事而事治，百姓安之，是民受之也。""百神享之"是一句空话，谁都没法证明，主要是在"百姓安之"。所谓"天与之，人与之"，实际上只是"人与之"而已。孟子说：

> 舜相尧，二十有八载……尧崩，三年之丧毕，舜避尧之子于南河之南。天下诸侯朝觐者，不之尧之子而之舜；讼狱者，不之尧之子而之舜；讴歌者，不讴歌尧之子而讴歌舜：故曰，天也。夫然后之中国践天子位焉。而居尧之宫，逼尧之子，是篡也，非天与也。《泰誓》曰："天视自我民视，天听自我民听。"此之谓也！（《万章上》）

据此：尧、舜禅让，实际上并不是尧禅给舜，而是人民拥戴舜做天子，这就是墨子所谓"选择天下之贤可者，立以为天子"的理论。孟子怕人说他破坏儒家的宗法，所以抬出"天"来，说这是"天与之"。而根据他的话分析起来，所谓"天"就是人，孟子说得好：天不会说话，能说话和做事的是人。孟子理想中的天的意志，实际上是人民的意志，天是依赖人民来说话和行事的，即所谓："天视自我民视，天听自我民听。"所以孟子的禅让制度，实际上是选举制度，就是人民选举天子的制度。这种思想是从墨家来的，这是孟子禅让论的进步一面，也是非儒家传统的一面。孟子禅让论的落后一面，代表他的贵族阶级的意识；它的进步一面，则代表了人民的意愿（包括新兴地主、富人的意愿在内）。当时被贵族统治的"庶人"之中的上层分子，正在要求政权，到孟子时代，不但要求做官，而且已要求最高的政权了。孟子的禅让论，反映了他们的意愿。

在孟子看来，君位的继承制度，一般是世袭，偶然可以采用禅让的办法。禅让的机会太少，很难实现。但是世袭的君主至少有些是很坏的，太坏的君主，人民受不了，怎么办呢？在这里，实行禅让，是绝对做不到的，只有实行"征诛"，便是用暴力推翻暴君的统治。征诛的办法，根据孟子的理论说来，最后的决定力量也是人民。但是人民没有武力和权势，所以可由诸侯、大夫来执行。所谓"诸侯危社稷，则变置"，或由天子削夺他的爵位，或由大臣起来"易位"。至于像西周末年以来由国人起义来变易君位，孟子是否赞成呢？没有明文可据。照孟子的理论说来，他似乎是不会十分反对的。天子如果暴虐，则由诸侯起来"革命"，像"汤放桀，武王伐纣"那样。孟子认为这是很合道义的，他说：

> 贼仁者谓之贼，贼义者谓之残，残贼之人谓之一夫，闻诛一夫纣矣，未闻弑君也！（《梁惠王下》）

在孟子看来，像桀纣那样的暴君，是人人得而诛之的。孟子说：

> 民为贵，社稷次之，君为轻。（《尽心下》）

这种"民贵、君轻"论，在当时有巨大的进步意义。这种理论和征诛论结合起来，简直是为秦末人民共同起义反对暴秦奠定了理论基础。但是必须指出：孟子这种理论，不是农民阶级的思想，它是当时庶人中上层分子的理论。但对于秦末反秦大起义，是不无帮助的。

由于孟子主张"民贵君轻"，所以他的君臣伦理也比较特殊，孟子曾对齐宣王说：

> 君之视臣如手足，则臣视君如腹心；君之视臣如犬马，则臣视君如国人；君之视臣如土芥，则臣视君如寇雠。（《离娄下》）

这种理论，连明代朱元璋看了，都大吃一惊，发起怒来，要把孟子的神位撤出圣庙，删改《孟子》的书。则在当时，其进步意义自然更为巨大。总之：孟子认为政治的基础是人民（主要是庶人中的上层分子），一切事情，最后决定于人民，所以说"得乎丘民而为天子"；"国人皆曰贤，然后察之，见贤焉，然后用之"；"国人皆曰不可，然后察之，见不可焉，然后去之"；"国人皆曰可杀，然后察之，见可杀焉，然后杀之"：这是很明显的原始民主主义！

此外，孟子又和墨家一样，反对兼并战争，他说：

> 争地以战，杀人盈野；争城以战，杀人盈城；此所谓率土地而食人肉，罪不容于死！故善战者服上刑，连诸侯者次之，辟草莱、任土地者次之。（《离娄上》）

孟子的攻击兼并战争，比墨子还厉害，这是由于孟子时代，兼并战争的规模更大，人民所受的痛苦更厉害，孟子亲眼看见无数人民的生命财产遭受损失，所以这样大声疾呼反对兼并战争。但是孟子连"辟草莱，任土地"都反对，这就不对了，开荒尽地力以发展生产和兼并战争并不是一回事。

孟子虽然反对兼并战争，但他赞成统一。梁襄王问他："天下恶乎定？"他答说："定于一。"襄王又问："孰能一之？"答说："不嗜杀人者能一之。"孟子主张用"王道"政策来统一天下，而不经过兼并战争的道路（但似乎要经过"征诛"的道路），这在当时说来，自然是空想。但是减少些战争，战争时候比较照顾到人民的生命、财产，也还是能统一的。孟子的思想，多少反映了一些人民的意愿。

三　伦理思想

孟子的政治思想，大致如上所说。他的政治思想的中心就是"王道"论。上面说过，实行"王道"的必须是"仁人"，"王道政治"就是"贤人政治"。这样，孟子的政治思想就和伦理思想结合起来。

孟子的伦理思想，大体继承孔子，而加以发挥。最主要的概念，是所谓"仁义"。孟子说：

> 仁，人心也；义，人路也。舍其路而弗由，放其心而不知求，哀哉！（《告子上》）

"仁"就是良心，"义"就是正路，存心良而做事正，就是"仁义"。孟子又说：

> 人皆有所不忍，达之于其所忍，仁也；人皆有所不为，达之于其所为，义也。人能充无欲害人之心，而仁不可胜用也；人能充无穿窬之心，而义不可胜用也。人能充无受尔汝之实，无所往而不为义也。（《尽心下》）

参看"恻隐之心，仁之端也；羞恶之心，义之端也"的话，"仁义"的定义已很清楚了。

孟子也和孔子一样，以行"恕"为求"仁"之方，他说：

> 强恕而行，求仁莫近焉。（《尽心上》）

"恕"也就是"仁"。但是孟子似乎比孔子更进一步地以"孝弟"为"仁"之本，他说：

> 君子之于物也，爱之而弗仁；于民也，仁之而弗亲；亲亲而仁民，仁民而爱物。（《尽心上》）

这段文字很是重要，它区别了儒家的"仁"和墨家的"兼爱"的不同。儒家的"仁"是有等差的爱；以"亲亲"为主，从"亲亲"推到"仁民"，从"仁民"推到"爱物"，所以"仁"以孝弟为本。孟子说：

> 亲亲，仁也；敬长，义也：无他，达之天下也。（同上）

不但"仁"以孝弟为本，"义"也以"孝弟"为本，说得更具体些，就是：

> 仁之实，事亲是也；义之实，从兄是也。(《离娄上》)

从这里看，似乎孟子的"仁义"，宗法性比孔子的"仁"还强，这大概是学派的关系。孟子是子思一派的学者，传说子思之学出于曾子，曾子就是最讲"孝"道的人。所以这类理论，实是孟子思想的继承前人的部分，而不是他的创造的部分。然而这种宗法思想，却大大地限制了孟子伦理思想的进步性，孟子坚决反对墨家的无等差的爱，说"兼爱"是"无父"，从而骂墨子是"禽兽"。我们知道："兼爱"是"仁"的进一步发展，孔子的"仁"还有宗法性，而墨子的"兼爱"已经没有宗法性。现在孟子的"仁义"，其宗法性比孔子的"仁"还强，当然比"兼爱"落后多了。

孟子在伦理思想上是动机论者；所以他和墨家相反，反对功利——效果。《孟子》书的第一章记载孟子见梁惠王，王问他："叟！不远千里而来，亦将有以利吾国乎？"孟子对说：

> 王何必曰利，亦有仁义而已矣。王曰何以利吾国，大夫曰何以利吾家，士庶人曰何以利吾身，上下交征利，而国危矣。……未有仁而遗其亲者也，未有义而后其君者也；王亦曰仁义而已矣，何必曰利？(《梁惠王上》)

孟子这种反功利主义，其实也是当时时势的反映。因为当时的国君和大臣们，都讲究开疆辟土，追求功利，这样弄得你争我夺，兼并战争盛行，使人民痛苦不堪，孟子提倡"王道"，讲究"仁义"，就不能不反对战争的策源地——统治阶级的功利主义。孟子的反对功利主义是最彻底的，但是他反对功利主义仍旧从功利主义出发，因为功利主义实际上不利，所以不能行，这是为了对当时的国君们说法，不能不如此。

孟子的伦理概念，虽然主要是"仁义"，但"仁义"之外，还有"礼智"，礼是行为的准则，智是辨察是非的智慧。"仁、义、礼、智"合起来，大体上就是孟子伦理概念的完整体系，而其中以"仁"

为主。孟子说：

> 不仁、不智，无礼、无义，人役也。……如耻之，莫如为仁。
> （《公孙丑上》）

可见"仁"可以包括"仁、义，礼、智"，所以说：

> 仁也者，人也；合而言之，道也。（《尽心下》）

"仁"就是人道，也就是道德的全体。这个"仁"的定义和孔子的完全相同。

此外，孟子也讲"中"，但反对"执中无权"。他认为最好的人，是所谓"中行"的人，就是像孔子那样"时中"的人。其次是狂者，是积极得过分的人，又其次是狷者，是消极得过分的人；前者进取有为，而后者有所不为。最坏的是"乡原"，貌似"中"而伪，是一种欺世盗名的人，是"德之贼"。这类思想，也和孔子相近。

总的说来：孟子的伦理思想虽和孔子有些出入，但基本上是相同的。可是孟子的"性"论，却和孔子颇有距离。

四 "性善"论与教育思想

由于孟子主张"王道"政治，即所谓"仁政"，所以不能不主张"性善"。孟子认为要有"仁政"，必须先有"仁心"，他说：

> 人皆有不忍人之心，先王有不忍人之心，斯有不忍人之政矣。
> 以不忍人之心，行不忍人之政，治天下可运之掌上。（《公孙丑上》）

这样"仁政"就有了天性的根据。"人皆有不忍人之心"就是"性善"。孔子主张普通人的性是"相近"的，由于习染的不同才"相远"了，只有上智和下愚的人是"不移"的，他没有说明性是善的还是恶的。孟子主张"性善"，他说：

> 所以谓人皆有不忍人之心者，今人乍见孺子将入于井，皆有怵惕恻隐之心，非所以内交于孺子之父母也，非所以要誉于乡党朋友也，非恶其声而然也。由是观之：无恻隐之心，非人也；无羞恶之心，非人也；无辞让之心，非人也；无是非之心，非人也。恻隐之心，仁之端也；羞恶之心，义之端也；辞让之心，礼之端也；是非之心，智之端也。人之有是四端也，犹其有四体也；有是四端而自谓不能者，自贼者也；谓其君不能者，贼其君者也。凡有四端于我者，知皆扩而充之矣，若火之始然，泉之始达；苟能充之，足以保四海；苟不充之，不足以事父母。（同上）

孟子从"人皆有不忍人之心"推论人的性都是善的。但孟子所谓"性善"，只是说性有善端，即所谓"四端"，并不是说人的性已是纯然善的，不需要修养了。如果能对善端加以扩充，就能成为圣人，而可以"王天下"。那么人何以有恶呢？孟子说：

> 富岁子弟多赖，凶岁子弟多暴，非天之降才尔殊也，其所以陷溺其心者然也。……（《告子上》）

人的所以有不善，并不是性里头本来有恶，这是由于外物的引诱、陷溺的结果。孟子又说：

> 虽存乎人者，岂无仁义之心哉。其所以放其良心者，亦犹斧斤之于木也，旦旦而伐之，可以为美乎？其日夜之所息，平旦之气，其好恶与人相近也者几希，则其旦昼之所为，有梏亡之矣。梏之反复，则其夜气不足以存，夜气不足以存，则其违禽兽不远矣。人见其禽兽也，而以为未尝有才焉者，是岂人之情也哉！……（《告子上》）

这就是说：人的性之中本来是有善端的，即所谓"良心"。放弃良心，是教养不善的结果，好像斧斤的伐木，天天伐下去，把善性都伐完了。一个人经过夜间休息之后，"平旦之气"本来与善端相去不远，但是一天之中，接触许多事情，受到外物的引诱、陷溺，"夜气"就不足以保存，恶心滋长起来，便"违禽兽不远"了。照这样说来，孟子虽然主张"性善"，但很注重教养，所以说：

> 苟得其养，无物不长；苟失其养，无物不消。（同上）

注重教养，本来是儒家思想的传统。教养的方法，除了外界的教养外，自己的内心修养最重要。修养中最重要的是"寡欲"。孟子说：

> 养心莫善于寡欲，其为人也寡欲，虽有不存焉者寡矣；其为人也多欲，虽有存焉者寡矣。（《尽心下》）

据此孟子认为欲望是恶的，大概他认为人如果多欲，就要争夺，求利不求义，善性便要消失了。只有"寡欲"，才能保持善性，不为外物所引诱、陷溺。但是应该注意的是："寡欲"不等于"无欲"。孟子主张"寡欲"，道家主张"无欲"，这是孟子和道家不同的地方。（案：孟子"寡欲"之说，似乎来自宋轻一派学说。）

孟子注重教养，当然有教育学说。孟子的教育思想，大体继承孔子。他的教育主要是道德教育，首先要自己修养，也就是"学"。孟子说：

> 学问之道无他，求其放心而已矣。（《告子上》）

"求其放心"也就是恢复善性——追求失去的良心。因此孟子很注重"思"。他说：

> 耳目之官，不思而蔽于物，物交物，则引之而已矣。心之官则思，思则得之，不思则不得也。此天之所与我者。先立乎其大者，则其小者不能夺也，此为大人而已矣！（同上）

孟子认为不思，就要为外物所蔽，逐渐走上坏路。只有思，才能"得之"（良心、道德）。孟子主张"先立乎其大者"，所谓"大者"自然就是"仁义"。大的立住了，小的就没有什么关系。所以说：

> 博学而详说之，将以反说约也。（《离娄下》）

"约"也就是"大者"——主要的东西。

至于"教"，孟子和孔子一样，也着重启示，所谓"君子引而不发"（《尽心上》），"欲其自得之也"（《离娄下》）。他的教育，也是"往者不追，来者不拒"的，所以弟子很多。他说：

> 君子之所以教者五：有如时雨化之者，有成德者，有达财者，有答问者，有私淑艾者：此五者，君子之所以教也。（《尽心上》）

这里最重要的还是"如时雨化之"的方法，就是感化，这也和孔子相同。

以上是私人教育，即所谓"私学"的办法，官家对于一般人民也需教育。孟子说：

> 设为庠、序、学、校以教之。庠者，养也；校者，教也；序者，射也。夏曰校，殷曰序，周曰庠，学则三代共之，皆所以明人伦也。人伦明于上，小民亲于下。（《滕文公上》）

官家学校的教育目的，也是"明人伦"。封建时代的"人伦"，自然是维持封建统治的，大家都明白，无用多说了。

五　宇宙观

孟子既然主张人的天性是善的，人出于天，那么天道自然也是善的了。孟子似乎认为人的性善就是天道的表现，这样就产生了他的天人合一论。孟子说：

> 是故诚者，天之道也；思诚者，人之道也。(《离娄上》)
> 万物皆备于我矣，反身而诚，乐莫大焉。(《尽心上》)
> 夫君子所过者化，所存者神，上下与天地同流，岂曰小补之哉。
> (同上)

"天之道"是"诚"，诚是善的，因此天道是善的。而"思诚"则是"人之道"，所谓"思诚"，就是人的善性的表现。在孟子看来，天人是合一的，人身就是一个小天地，所以说"万物皆备于我"。如果"反身而诚"，那就是尽了人道，也就是体现了天道；这样就能"上下与天地同流"，成为"圣人"了。在这里，孟子的思想表现了一种"神秘主义"。从这里，我们可以断言：孟子的宇宙观是唯心论的！

孟子的宇宙观是和他的性善论和伦理观念相联系着的，由于人的善性出于天道，而伦理又是善性的表现，所以孟子的修养论，就也显出一种"神秘主义"。孟子从"不动心"说起，说到"养气"。他说：

> 我善养吾浩然之气，……其为气也，至大至刚，以直养而无害，则塞于天地之间。其为气也，配义与道，无是馁也，是集义所生者，非义袭而取之也。行有不慊于心，则馁矣。我故曰：告子未尝知义，以其外之也。必有事焉而勿正，心勿忘，勿助长也。(《公孙丑上》)

"浩然之气"就是正气，它是从人的善性出发的，这个气如果"直养而无害"，就能"塞于天地之间"，"与天地同流"。换句话说：宇宙就是我心了。这种"浩然之气"是"集义所生者"，义就在性之内，不在性之外，"养性"就能尽义，就能使"浩然之气"充塞天地之间。但要听其自然，存心而已，不要"助长"。孟子这段话很不好懂，是他的性论和修养论里的神秘主义。大概他认为人性本有善端，只需修养、扩充，就能与天道合一，"与天地同流"，成为"圣人""神人"。在孟子这种思想里，似乎受了道家的影响。孟子的"天""命"观，粗浅的地方和孔子差不多，一方面承认有"主宰的天"，一方面又有泛神论或自然主义的倾向。孟子的宇宙观是复杂的，也和孔子一样，宇宙观本身具有矛盾。孟子说：

> 尽其心者，知其性也；知其性，则知天矣。存其心，养其性，所以事天也；夭寿不贰，修身以俟之，所以立命也。（《尽心上》）

这样，孟子的"天""命"观就和他的"心""性"论联系起来。在孟子看来，"心""性"和"天""命"只是一回事：在自然为"天""命"，在人身为"心""性"，"心""性"出于"天""命"。所以说："知其性，则知天矣。""事天"之道，就是"存心""养性"；修身以待天命，这就是人对于天的态度。这种"天人合一"的世界观，是孔子思想里所没有的，至少是不明显的。孟子融合了道家的思想，形成了儒家的"神秘主义"的天道观。孟子这种思想又下开汉代董仲舒一派思想的先河。不过汉儒的思想夹杂着迷信，哲学的价值，比孟子的思想要下一等。

在这里附带说一件事，就是孟子所说的"性"，并不完全是伦理的，他所说的"性"有时候是指人的情欲本能，而把伦理的"性"称为"命"。如他说：

> 口之于味也，目之于色也，耳之于声也，鼻之于臭也，四肢之于安佚也，性也，有命焉，君子不谓性也。仁之于父子也，义之于君臣也，礼之于宾主也，知之于贤者也，圣人之于天道也，命也，有性焉，君子不谓命也。（《尽心下》）

在这里可以证明孟子的性善论只是说性有善端，并不是说整个的"性"都是善的。"性"有情欲，有伦理，这就是宋儒"气质之性""义理之性"之说的根据。但孟子认为"气质之性"不算"性"只算"命"，"义理之性"虽是"命"，却应算作"性"："性"就是"命"的体现，而"命"的根本则是"义理之天"。

六 余 论

在孟子和各家的辩论里，很可以看出孟子思想的某些特点。如孟子和杨、墨辩论，说："杨氏为我，是无君也；墨氏兼爱，是无父也。"可见孟子的反对杨、墨，主要是因为杨、墨之道和儒家所主张的宗法封建的伦常不合。孟子是坚持儒家的伦常的。儒家的伦理思想，本来有新旧两面：新的一面，是适应社会的发展的；旧的一面，是阻碍社会的发展的。孟子的反对杨、墨，是拿旧的伦理来反对新的伦理，因此主要是表现了他的落后一面。但是儒家主张"用世"，反对"独善其身"，在这方面，孟子又比杨朱进步。又如孟子的驳告子，是反对他的"性无善无不善"论和"仁内义外"说。告子的"性无善无不善"论，是由于他认"食""色"为"性"，即所谓"生之为性"：这种性论是唯物论的。孟子的"性善"论则是唯心论的。孟子在这方面和告子的斗争，是唯心论和唯物论的斗争。孟子的反对"仁内义外"说，也是为他的"性善"论辩护，这也就是孟子的性论和告子的性论的斗争。至于孟子和许行一派的辩论，更表现了代表统治剥削阶级思想的儒家理论和代表农民阶级思想的农家理论的斗争。许行的思想虽有较大的缺点，但从阶级立场来说，许行是站在被剥削、被压迫阶级的立场上的。读了孟子和许行一派的辩论，使得我们进一步认识孟子的思想是统治剥削阶级的思想。所以孟子虽然有若干原始民主主义的思想，对于封建统治阶级不利，然而孟子毕竟还是被后世封建统治阶级所尊崇，他的思想也还是被后世封建统治阶级所宣扬的。

（《山东大学学报》历史版 1961 年第 3 期）

老子思想研究

一　前论

　　道家的正式起源，是在墨家之后，它的创立人是杨朱。杨朱似乎是个隐士，没有著作流传于后世。在《论语》里，我们已经看到春秋后期有许多隐士出现（其实春秋前期已有隐士，如介之推），这些隐士多是自食其力者，帮助他们生产的，似乎只有家族成员。他们多享有小块土地，和自耕农民差不多。在那时候，还没有地主经济，更没有雇工、佃农等等，这些隐士从生活上看，和一般庶人并无甚差异。但是他们的出身大概多是没落的贵族，因此他们的思想和态度，和一般庶人是很不相同的。他们似乎只是寄居在庶人中的贵族，他们对于在朝的贵族当然很不满意，可是他们也看不起一般庶人，他们自视清高，觉得当时的世界是"乱世"，他们因为要避开这"乱世"，所以隐居在乡野。他们觉得自己的隐居生活是最高尚的，他们要拉其他不得志的贵族到他们行列中去，例如他们对于孔子，就是如此。他们的思想和儒家的思想的不同，主要在于代表儒家的那些不得志的下层贵族，还要挣扎，还希望贵族统治者信任他们，使他们钻入政权中去，而进行改良性的改革，以挽救所谓"乱世"；隐士们则认为当时的时势一无希望，不可挽救，只能"独善其身"，做个自乐其乐的"清高之士"。儒家的态度基本上是积极的，而隐士的态度则基本上是消极的。这积极和消极的不同，就决定了后来的儒家和道家的不同的思想基础。

春秋后期的隐士们，虽然有他们的特殊思想，但没有构成思想体系，没有形成学派。到了杨朱，才形成了思想体系，创立了一个隐士学派，这就是道家的起源。孟子说在他的时代："天下之言不归杨，则归墨"，可见杨朱学派曾经一度势力很大，和儒、墨三分天下。但是后来杨朱的地位被老聃、庄周们所代替了。老聃、庄周们实际上都是杨朱的后学，他们是杨朱学派的发展者，后来他们就成为道家的师祖，杨朱的地位被他们篡夺了。为了说明道家学说的渊源，我们不能放弃杨朱的思想不谈。

如上所说，道家学派的阶级基础是没落贵族下降而形成的隐士集团。这些隐士之中也有贫有富，当春秋后期，还不曾形成农民中的新兴富有阶层，所以当时的隐士似乎一般还不能脱离生产，至多只能出现像陶渊明这类的半生产者。到了战国前期，庶人中已比较普遍地出现了新兴的富裕分子，没落贵族下降而形成的隐士们，也可以逐渐脱离生产，而成为富有者，他们就是后来地主阶级的一部分来源。这时候虽还没有雇工、佃农等，但是在农村公社逐渐解体的过程中，一部分破产的农民依附于新兴富有者，为他们生产，这似乎是可能的。这些新兴的富有者，拥有家族成员、依附人等较多的劳动人口，他们就可以脱离生产，从事文化教育，这样便能形成新的私家学派。代表原来庶人阶级中上升的富有分子的学派是墨家，而代表富裕的隐士们的学派就是道家。

道家始祖杨朱没有留下著作，现在《列子》书中的《杨朱》篇是魏晋时代人的作品，篇中所记载的思想，基本上不能代表杨朱的思想。杨朱学派的思想，只在先秦、汉初若干子书中保存了一些片段，为了谨慎起见，我们只敢根据这些片段来大略叙述一下杨朱的思想。《孟子》说：

> 杨子取为我，拔一毛而利天下不为也。（《尽心上》）

《吕氏春秋》说：

> 阳生贵己。(《不二》)

"为我"的思想，归根结蒂说来，是一种利己主义。但是杨朱的"为我"，还与一般的利己主义有所不同，他主要是不肯利人，只顾自己的意思，即所谓"拔一毛而利天下不为"。至于侵夺别人以利自己，杨朱也还未必主张，杨朱的"为我""贵己"，只是"独善其身"的意思。怎样"独善其身"呢？《淮南子》说：

> 全性保真，不以物累形，杨子之所立也，而孟子非之。(《汜论》)

"全性保真"就是保持自然赋予的生命，使得"天真"不失。"不以物累形"，就是不拿外界的事物来劳累自己的形体。这就是"为我""贵己"。以上所说，就是杨朱学说的要义。这种"为我"思想，是隐士生活的反映。隐士们厌弃社会，逃避现实，只希图保全自己，所以形成了"为我"主义的思想体系，这种"为我"主义，就成为道家的思想基础之一。

老聃称为老子，楚人，传说他是传世的《道德经》的作者，也是道家的初祖。关于老子人和《老子》书的问题，过去有很多的争论，这里不能详谈这些考据。我的看法：如果承认有老聃这个人的话，他应该生于杨朱之后，是个比孟子年辈略高的人；他的生存年代，应当是战国中叶。他大概是个南方的隐士。至于《老子》书，根据内容看来，应当是编成于战国晚期的，可能还经过更后的人的修改，但这部书里所表现的思想，主要还是战国中叶道家的思想。

战国中、晚期，是个生产力继续发展，生产关系有较显著的变化的时代。这个时候，农村公社的制度，在全国范围内，逐渐趋于崩溃，土地私有制度，在全国范围内逐渐树立起来；宗法贵族的残余势力，虽还把持着秦以外的六国的政权，然而由于他们的经济基础的解体，他们在政治上也逐渐垮台下去，终于被代表新兴的富人、地主利益的秦国政权所打败，战国的七国也就合并而为统一的中国。

在这时候，隐士集团虽已逐渐转化为中、小土地所有者——地主，但其中有些人还保持着原来小所有者的地位，有时做个小官，生活还相当清苦。代表比较富裕近乎中、小地主的农业上富人的，就是老子；代表比较清寒的小土地所有者、小官僚的，就是庄子。但无论是老子或庄子，都是所谓"隐士"，他们的阶级成分实在还脱离不了没落贵族的成分。《老子》书典型地反映了高级隐士的思想，它和后来《庄子》书里的思想，固然有许多相同之点，但也有很显著的异点。

《史记·老子列传》记载老子的身世说：

> 老子者，楚苦县（今河南鹿邑东）厉乡曲仁里人也，姓李，名耳，字伯阳，谥曰聃。周守藏室之史也。……老子修道德，其学以自隐无名为务。居周久之，见周之衰，乃西去至关。关令尹喜曰："子将隐矣，强为我著书。"于是老子乃著书上下篇，言道德之意五千余言而去，莫知其所终。

据此，老子是周朝的史官，后来做了隐士，其人不知结局，他本人似乎没有聚徒讲学，他的学说可能是他的唯一弟子关尹传下来的；关尹似乎是老子学派的建立者，所以《庄子·天下》篇并称老聃、关尹。

《庄子·天下》篇说：

> 以本为精，以物为粗，以有积为不足，澹然独与神明居，古之道术有在于是者，关尹、老聃闻其风而悦之，建之以常无有，主之以太一；以濡弱谦下为表，以空虚不毁万物为实。关尹曰："在己无居，形物自著；其动若水，其静若镜，其应若响；芴乎若亡，寂乎若清；同焉者和，得焉者失；未尝先人而常随人。"老聃曰："知其雄，守其雌，为天下谿；知其白，守其辱，为天下谷。"人皆取先，己独取后，曰："受天下之垢。"人皆取实，己独取虚；无藏也，故有余，岿然而有余。其行身也，徐而不费，无为也而笑巧。人皆求福，

己独曲全，曰："苟免于咎。"以深为根，以约为纪，曰："坚则毁矣，锐则挫矣。"常宽容于物，不削于人，可谓至极。关尹、老聃乎，古之博大真人哉！

《庄子·天下》篇的作者以较早时期的道家来叙述早期道家的思想，自能得其要义。比较原始的老聃、关尹学说，在这里可以清楚地认识个大概。不过有一个问题，值得研究一下：根据《史记》，关尹应当是老聃的学生，可是在这里，却把关尹放在老聃的前面，似乎老聃是关尹的后学，那么老聃之学不是关尹所传，传老聃之学的，别有其人。关于这个问题，应当继续研究，现在还不能作出结论。根据《天下》篇的评述，关、老学派的要义，约有如下几点：一、他们以抽象的"本"为宇宙的根源，以具体的"物"为次生物。二、他们建立了"常无有"的道理，以混沌不分的"太一"为主。三、外表"濡弱谦下"，而以"空虚"为实。四、知雄守雌，知白守辱；以后为先，以虚为实，"无为而笑巧"，以"曲全"为保身之道，以"宽容"为处世之术。至于关尹，似乎对于心理有些研究，他认为心要静若镜，动若水，应若响。其处世之术是"未尝先人而常随人"。关尹、老聃的学说基本相同，所以成为一派。看《天下》篇的记述，传世《老子》书的主要学说，是和原始关、老学派的学说大致相符合的，应当可信为老聃的思想。现在就根据《老子》书，来分析老子的思想。

二　宇宙观与方法论

老子天道观的根本概念是自然主义。《老子》书说：

人法地，地法天，天法道，道法自然。（二十五章。据王弼本，下同。）

连"道"都要法"自然"，那么"自然"当然是最根本的东西。在这里需要分析一下：就是《老子》书里的"自然"，和现在一般所说的"自然"，是否一件事？我们认为：《老子》书里的所谓"自然"，就是自然而然的意思，自然而然就是天然，没有人为的成分。那么《老子》书里的所谓"自然"，和现在一般所说的"自然主义"的"自然"，大体上尚相符合。所谓"道法自然"就是说"道"的本质是自然的，"自然"也就是"道"，而"道"是天地万物的根源，宇宙的本体。《老子》书说：

> 有物混成，先天地生，寂兮寥兮，独立而不改，周行而不殆，可以为天下母，吾不知其名，字之曰道，强为之名曰大，大曰逝，逝曰远，远曰反。（同上）
>
> 道之为物，惟恍惟惚；惚兮恍兮，其中有象；恍兮惚兮，其中有物；窈兮冥兮，其中有精；其精甚真，其中有信。自古及今，其名不去，以阅众甫（父），吾何以知众甫之状哉，以此。（二十一章）
>
> 大道泛兮，其可左右，万物恃之而生而不辞，功成不名有，衣养万物而不为主；常无欲，可名于小；万物归焉而不为主，可名为大；以其终不自为大，故能成其大。（三十四章）
>
> 道生一，一生二，二生三，三生万物。（四十二章）

归纳上面的话看起来，所谓"道"是一个概念，并不是所谓"物"。它先天地万物而存在，是不可捉摸的东西；它是抽象的，不是具体的。虽然"其中有象"，"其中有物"，"其中有精"，"其中有信"，可是它是"惟恍惟惚"的，实际上是不可见、不可闻的。从它生出"一"来，这"一"是绝对的一，即是没有二的"一"，也就是所谓"太一"。从"一"生出"二"来，二是相对的开始，既有"二"就有"三"，有"三"就有"万物"。所以作为物质的"万物"，是由抽象的概念"道"派生出来的；概念是第一性的，而物质是第二性的。显然可见：老子的宇宙观是概念产生物质的唯心论；不过是客观唯心论，而不是主观唯心论。因为"道"是客观的存在，不是由我心而生的。老子认为具体的物质世界是抽象的概念的产物，概念是"本"而物质是"末",这就是老子的"道"论。

"道"是宇宙的本体,它体现于万事、万物之中,体现于具体事物中的道,称为"德"。《老子》书说:

> 道生之,德畜之,物形之,势成之。(五十一章)

"道生之",就是"道"生万物;"德畜之",就是"德"畜万物。"德"就是含在具体事物中的"道"。"物"是抽象的"物质",万物的形体是抽象的物质构成的。"物形之"的"物"和所谓"气"差不多。"势"似乎是指抽象的形势,抽象的形势形成具体的物的形状,这样,"万物"就造成了。从这里我们可以更明显地看出:老子的宇宙观,是客观唯心主义的宇宙观,就是认为客观存在的抽象概念造成了具体的"万物"。

老子有时候又把"无"和"有"来代表"道"和"物"。他说:

> 天下万物生于有,有生于无。(四十章)

"有"就是我们感觉到的存在,"无"就是我们感觉不到的存在。既然感觉到有,那就是一般的存在;既然感觉到无而又存在,那就是绝对的存在,也就是"道"。存在是物的性质,不存在的存在——绝对的存在,那自然就是类乎"绝对精神"的本体了。所以我认为老子的宇宙观主要是客观唯心论,而不是什么"唯物主义"。老子又说:

> 三十辐共一毂,当其无,有车之用;埏埴以为器,当其无,有器之用;凿户牖以为室,当其无,有室之用。故有之以为利,无之以为用。(十一章)

从这段话看来,老子的所谓"无"实际上是一种"用"。这"无"和"有"是相反相成的,所以说:"有无相生。"拿车子为例:那车子的本身就是"有",但是光是"有",是不能发生作用的,一定要有空虚的部分,也就是所谓"无"的部分,才能发生车的作用。又如制造一件陶器，有陶土的部分，并没有什么用处，只有那空虚的部分，才能装盛东西。又如造一间房屋，那房屋的墙壁、屋顶、地下等有物质的部分，是不能发生房屋的作用的，只有那空虚的部分，才能发生屋的作用。但是如果只有空虚的部分——"无"的部分，而没有物质的部分——"有"的部分，那么空虚的部分也就不能发生作用。"无"所以能发生作用，还是因为"有"。这样"无"就必须等待"有"，所以说："有之以为利，无之以为用。"照这样说来，老子的客观唯心论还不是绝对性的，因为"无"必须要有"有"，才能相对地存在。这样老子的宇宙观又有二元论的倾向。可是"无"和"有"的矛盾的统一，其矛盾的主要方面还是"无"。这样老子的二元论就依然还是客观唯心论。相对中的绝对，还是概念而不是物质。

　　老子固然是承认相对的，但是相对中有绝对，那绝对的存在，就是所谓"道"或"无"。因为它是绝对的绝对，有一无二，所以老子又把它叫做"一"。老子说：

　　　　视之不见名曰夷，听之不闻名曰希，搏之不得名曰微，此三者
　　　　不可致诘，故混而为一。（十四章）
　　　　昔之得一者：天得一以清，地得一以宁，神得一以灵，谷得一
　　　　以盈，万物得一以生，侯王得一以为天下贞。（三十九章）

《庄子·天下》篇叙述关尹、老聃的学说说："主之以太一。""太一"就是这里所说的"一"，也就是"道生一"的"一"。这个"一"或"太一"大体上相当于后世理学家所说的"太极"。所谓"无极而太极"，"无极"相当于"道"，"太极"相当于"一"。"道"和"一"实际是一件东西，不过道体虚无，从无到有，最先出现的就是"一"，"一"是唯一的绝对的存在，是概念世界到现实世界当中的过渡物。有了绝对的"一"，就有许多相对的存在。相对的存在，也就是现实世界里的存在，它们是绝对的存在派生出来的，而绝对的存在，又是从虚无的本体中产生出来的。这就是所谓："道生一，一生二，二生三，三生万物。"照这样看来，老子的客观唯心论类似柏拉图的"概念"

学说和黑格尔的"绝对精神"学说而又有所不同。

我个人认为：老子的"道"的观念，是从春秋以来泛神论的"命"的观念发展来的，而"命"的学说，则是过去的宗教唯心论"天""鬼"思想的否定。因为不承认有有意志、人格的上帝和神、鬼、灵魂等存在，于是宇宙的主宰就没有了。古代的思想家不能不在"天""鬼"之外寻找出一个宇宙的主宰来决定世界特别是人的一切变化，这样就产生泛神论的"命"论。再进一步把"命"抽象化，就产生了"道"的观念，这是古代思想家思维发展过程中的必然产物。但是"道"是虚无的本体，这种虚无主义的世界观，不能没有阶级基础。我认为它是没落贵族的隐士对于正在发展的现实世界形势的一种否定。没落贵族出身的隐士，对于当时现实的社会、政治形势的发展，是不会满意的，因此他们就产生了否定一切的虚无主义的态度。可是老子似乎是一位比较富裕的小所有者，因此他的思想中不能没有一定的积极性，和比较贫困的隐士庄子的绝对消极态度，还有所不同。

如上所说，老子的"道"的观念是从泛神论的"命"的观念发展来的，泛神论在反对上帝、鬼神的意义上，有唯物论的因素，所以老子的宇宙观虽以客观唯心论为主，但其中也杂有某种唯物论的成分，例如他的自然主义，就带有一定的唯物色彩。他说：

> 天地不仁，以万物为刍狗（结刍为狗，用之祭祀）；圣人不仁，以百姓为刍狗。（五章）

"不仁"就是没有"人心"，这里面含有自然的天地是没有人格的意味。这就是说：自然对于万物是冷酷的，新陈代谢，没有留情的余地。圣人法天地，所以也"不仁"，这种圣人的统治，完全是自然而然的，对于百姓，听其生死存亡，也没有情感。这种"不仁"是自然主义的"不仁"，与一般所说的"不仁"不同。这种"不仁"，据老子看来，是合理的。从此可见：老子的自然主义是有唯物的倾向的。（四十二章说："万物负阴而抱阳，冲气以为和。"这是说万物中

有"阴""阳"两种"气","气"似乎是一种抽象的物质，这种话也
有唯物论的倾向。）

无论是老子的自然主义，或他的道的观念，对古代的宗教来说，
都是新的东西。可是在老子世界观里，也还保留些旧的宗教观念的
残余，例如他说：

> 天网恢恢，疏而不失。（七十三章）
> 天道无亲，常与善人。（七十九章）

上引的前两句话，还似乎有自然主义的色彩，就是说：自然的天道
是这样周密的。但这两句话也可以解释成天对人的统治是这样周密
的。这样，就带有宗教的意味，后世人引这两句话，往往用以说明
上天的可怕，可见这两句话之中，旧的宗教意味是较多的。后两句
话就很明显地有"天志"论的倾向。"天道无亲"还与"天地不仁"
相类似，"常与善人"一句话，那就是赏善罚恶的"天志"论了。
老子又说：

> 以道莅天下，其鬼不神；非其鬼不神，其神不伤
> 人，圣人亦不伤人。（六十章）

这段话也有两面性。从一面看，这是说在自然主义临照之下，鬼神都
失去作用了，连圣人也失去作用。从另一面看，老子还是承认有鬼
神的，不过只要掌握了"道"，鬼神就对我们失去威权了。在古代思
想家的思想体系中往往有些杂凑的成分，古代思想家的思想，不能
具有很纯粹的体系。

总的看来：老子的宇宙观，对于过去的宇宙观来说，虽有一定
的进步意义，然而基本上是客观唯心论；唯物主义的成分，是很少
的。若从他的方法论来看，进步意义就相当大了。

在老子的方法论中，辩证法的因素是比较显著的，不过也不能
过分夸大它的作用。老子说：

> 天下皆知美之为美，斯恶已；皆知善之为善，斯不善已。故有无相生，难易相成，长短相较，高下相倾，音声相和，前后相随。（二章）

> 祸兮福之所倚，福兮祸之所伏，孰知其极。其无正，正复为奇，善复为妖。（五十八章）

老子至少已经知道矛盾统一的规律，相反的东西是可以相成的，例如没有"有"，也就没有"无"；没有"难"，也就没有"易"；没有"长"，也就没有"短"等等。同时他又知道相反的东西可以互相转化，例如"美"可以转成"恶"，"善"可以转成"不善"。因为每件事物之中，都包含有否定本身的因素，例如"祸"是"福之所倚"，"福"是"祸之所伏"；相反相成，变化发展，所以说"孰知其极"。"正"可以变成"奇"，"善"可以变成"妖"。这种观察事物的辩证方法，是老子哲学上的最大成就。

老子的名学是和他的"道"论相联系着的。《老子》书第一章就说：

> 道可道，非常道；名可名，非常名。无名天地之始，有名万物之母。故常无欲以观其妙，常有欲以观其徼。此两者同出而异名，同谓之玄，玄之又玄，众妙之门。

这里主要是说绝对的"名"，也连带说到相对的"名"。绝对的名（常名）是不可名的，"名"可名，就不是"常名"了。天地之始是"无名"的，"无名"也就是绝对的"名"；所谓"有名"，就是相对的"名"。老子认为这相对的"名"是万物之母，也就是说先有抽象的概念，然后有具体的事物。观察"道""名"和事物等，应当先虚心观察它的开始（"妙"——杪），再有意识地观察它的终结（徼）。"无"和"有"或"杪"和"徼"，这是"同出而异名"的。从"同"的方面看，混沌而不分，所以称之为"玄"；"玄之又玄"的地方，就是"众妙（杪）之门"。这分明是客观唯心论者的名学。但是绝对的"名"和相对的"名"也是相对的，相对之中有绝对，绝对的"名"是矛盾的主要方面。老子又说：

> 始制有名，名亦既有，夫亦将知止，知止可以不殆。（三十二章）

"始制有名"是说人赋予事物以"名"。照老子的哲学体系看来，这人为的"名"似乎是事物本来就具有的，因为"名"就是概念，概念是产生事物的母体，所以事物之中本来就具有"名"。"制名"的人不过用名词从事物中把"名"体现出来而已。然而既制造出"名"来，就应当"知止"，如果追逐于"名"，那就流连忘返，失去根本，就要"殆"了。只有"知止"才"可以不殆"。

老子的名学只是他的道论的发展，简直可以说老子的名学和他的道论乃是一件事。这种客观唯心论的思想体系，它的来源，我们已经分析过。至于老子方法论中的辩证法因素，也是发展过去的朴素的辩证法而形成的。中国古代的朴素辩证法，是很早就有的，例如《周易》中就有比较显著的辩证法因素，阴阳的概念，可能就是最早的辩证方法论。老子是个史官，古代"史""巫"不分，《周易》是一部卜筮书，本来掌握在史官手里，作为史官的老子，一面掌握着古代巫书中的朴素辩证观点，把它发展起来。他又熟悉史事，知道历史上许多成败兴亡的事件，从里面也可以体会出辩证法的道理来，所以老子的辩证法，是有继承、发展前人遗产的成分的。就阶级根源上说，老子是个没落贵族变成的隐士——小所有者，他体会到当时社会的变化和他本身阶级的转化，从变的现实中体会出变的道理来，这自然是很可能的事。

三　处世之道——伦理思想

老子实际上没有什么伦理思想，如果说他也有伦理思想的话，那就是反伦理的思想。如上所说，道家学派出于隐士，他的开山祖是杨朱，老子也是杨朱的后学，所以他的处世哲学，归根结蒂，也是"为我"。他是怎样"为我"呢？老子比杨朱更进一步，以不"为我"来"为我"。因为老子懂得些辩证法的原理，他知道"为我"的极点，会得到"为我"的反面，只有不"为我"，才能真正地"为我"。老子说：

> 天长地久，天地所以能长且久者，以其不自生，故能长生。是以圣人后其身而身先，外其身而身存；非以其无私邪？故能成其私。（七章）

老子认为天地所以能"长生"，是由于"不自生"。根据这种道理，那么只有"无私"（无我）才能成就"私"（我），这是老子处世哲学的根本出发点。从阶级观点方面说来，老子这种思想，也是有它的阶级根源的。没落贵族是从统治阶级下降的人，这种人自然害怕更下降，为了保持他们当前的地位，再图进取，那么只有暂时安分守己，进一步以退为进，然后恢复他们原来的上层地位。老子认为如果急图进取，而向前的结果，会更趋于没落，甚至于破产亡身，非常危险。他说：

> 民不畏威，则大威至。……是以圣人自知不自见，自爱不自贵。（七十二章）
> 持而盈之，不如其已；揣而棁（锐）之，不可长保；金玉满堂，莫之能守；富贵而骄，自遗其咎。功遂身退，天之道。（九章）
> 名与身孰亲？身与货孰多？得与亡孰病？是故甚爱必大费，多藏必厚亡。知足不辱，知止不殆，可以长久。（四十四章）

在这三段话里，充满了恐惧的情绪。老子认为一个人要"知足"，"知止"，"不自见"，"不自贵"，万万不能"盈"，有了财产就有"不可长保"的忧虑，如果"富贵而骄"，就要"自遗其咎"。假使有了成功，便应当"身退"，这是"天之道"。这种思想，显然是没落贵族患得患失心理的表现。

老子理想中的"士"是这样的：

> 古之善为士者，微妙玄通，深不可识。夫唯不可识，故强为之容：豫焉若冬涉川，犹兮若畏四邻，俨兮其若容，涣兮若冰之将释，敦兮其若朴，旷兮其若谷，混兮其若浊。孰能浊以静之徐清，孰能安以动之徐生。保此道者不欲盈，夫唯不盈，故能蔽不新成。（十五章）

这是老子描写的一个善于处世的典型。这样的人"豫焉若冬涉川，犹兮若畏四邻"，就是保持着一种警惕、恐惧的态度，来保全自己。处世的方法，就是所谓"保此道者不欲盈"，"不欲盈"就不会出乱子。

但是老子不是完全退守的，他是以退为进。他说：

> 知其雄，守其雌，为天下谿；为天下谿，常德不离，复归于婴儿。知其白，守其黑，为天下式；为天下式，常德不忒，复归于无极。知其荣，守其辱，为天下谷；为天下谷，常德乃足，复归于朴。朴散则为器，圣人用之，则为官长，故大制不割。（二十八章）
>
> 大成若缺，其用不弊；大盈若冲（虚），其用不穷；大直若屈，大巧若拙，大辩若讷。……清静为天下正。（四十五章）

"知其雄"的人不应当守其雄，而应当"守其雌"；"知其白"的人不应当守其白，而应当"守其黑"，亦即所谓"大直若屈"等等。这样就能"复归于朴"，也就是"清静为天下正"，这是完全的人格。如果"朴"散了，那就变成"器"，这个"器"就是《论语》上所说的"汝器也"的"器"，即具有一种偏长的人，好像"器"一样，能够为人所用，所以说："圣人用之，则为官长。"做官的人只是圣人的"器"，为圣人所用。圣人则是"朴"，"朴"是不能分散的。所以老子理想中的"圣人"，也是可以为君主的人。在这里，老子的"圣人"论，仍不能脱离儒、墨的范畴。

老子思想中有积极性，还有下面一段文字可以证明：

> 知人者智，自知者明；胜人者有力，自胜者强；知足者富，强行者有志，不失其所者久，死而不亡者寿。（三十三章）

从这段话里可以看出：老子不是不要"智"的，他要"知人"，更要

"自知"；他要"胜人"，更要"自胜"；他要"富"，要"有志"，要"久"，要"死而不亡"。老子要的东西很多，不过他以不要为要而已。

老子所要的"知"是大知，所谓"大知"，就是：

> 致虚极，守静笃，万物并作，吾以观复。夫物芸芸，各复归其根，归根曰静，是谓复命。复命曰常，知常曰明。不知常，妄作凶；知常容，容乃公，公乃王，王乃天，天乃道，道乃久，没身不殆。（十六章）
>
> 不出户，知天下；不窥牖，见天道。（四十七章）

他先观察事物，观察的方法是"致虚极，守静笃"，以观万物的"作"和"复"，主要是"观复"。他认为万物都要"复归其根"，归根乃"静"，万物"静"了，就能够"复命"，这里有复归于自然的意味。"复命"了就可以"常"，"常"就是绝对的存在。人能够知"常"了就"明"，便能"不出户，知天下；不窥牖，见天道"，这就是所谓"得道"。不知"常"就会"妄作"，知"常"就能容受万物，能"容"就能"公"（作诸侯），能"公"就能"王"（作天子），能够真正地"王"，就能合乎"天"，合乎"天"就合乎"道"，合乎"道"就可以"久"，这样，老子就把他的处世哲学和政治哲学贯通起来了。

老子虽然要"知"，但他认为要"知"，必先要"愚"，"愚"就是求"知"的手段。他说：

> 我愚人之心也哉！沌沌兮！俗人昭昭，我独昏昏；俗人察察，我独闷闷；澹兮其若海，飂兮若无止；众人皆有以，而我独顽似鄙。我独异于人，而贵食母。（二十章）

他要"昏昏""闷闷""独顽似鄙"，这是至愚，也是至智。作为隐士的老子，他要人不知，而他能知人，知人的手段就是"愚"。不容易理解的是"食母"一个名词，我们必须参看他的另一段话：

> 五色令人目盲，五音令人耳聋，五味令人口爽，驰骋畋猎令人
> 心发狂，难得之货令人行妨。是以圣人为腹不为目，故去彼取此。
> （十二章）

从贵族下降的小私有者老子的思想，在这里，和代表从庶人上升的小
私有者墨子，有共同点，也有相异之点。老子反对一切文化事物，
这和墨子的"非乐"思想有接近处。但是老子主张要最实惠的享受，
就是"为腹不为目"。前引一段文字中所谓"贵食母"，大概就是这
个意思。这种"为腹不为目"实际享受的思想，是和墨子的"刻苦
耐劳"的思想相违背的。

老子的处世思想和墨子不同，也和杨朱有不同处。老子说：

> 吾所以有大患者，为吾有身；及吾无身，吾有何患？（十三章）

"阳生贵己"，老子也"贵己"，但是他们的方法似乎不同，杨朱一味
"贵己"，所以结果造成："知而不知命，故其知多疑。""多疑"是痛
苦的，所以老子进一步要打破这种"多疑"。打破"疑"的方法就
是"无身"，因为"无身"就没有顾虑，如果"有身"了，就有"大
患"，这"大患"就是终日顾虑自己的身体，怕丧失生命，这样就非
常痛苦。所以老子用"无身"的方法来消除这种痛苦，于是便合乎
"深根固柢，长生久视之道"（五十九章），这是彻底的"为我""贵
己"。"夫唯无以生为者，是贤于贵生"（七十五章），老子的确发展
了杨朱的思想。

作为"为我"主义者的老子，是反对一般所说的道德伦常的。
他认为只须各人都"独善其身"，"清净无为"，天下就可太平，道德
伦常都是"乱世"之物，应当把它毁弃，才能"复归自然"，天下无
事。他说：

> 大道废，有仁义；慧智出，有大伪；六亲不和，有孝慈；国家
> 昏乱，有忠臣。（十八章）

这是利用辩证观点来批判传统的道德伦常，连智慧也反对掉。因为这样，所以他说：

> 绝圣弃智，民利百倍；绝仁弃义，民复孝慈；绝巧弃利，盗贼无有：此三者以为文不足，故令有所属；见素抱朴，少私寡欲。（十九章）

老子要毁弃圣智、仁义、巧利等"文明社会"的东西，而掌握自然的"道德"："见素抱朴，少私寡欲。"他认为"文明社会"的文明，实际上是"以为文不足"的。但是老子不排斥真正的"民利""孝慈"，并反对"盗贼"，这里也反映了小私有者的要实利，要保卫私有财产，也还要维持宗法性的道德——"孝慈"（"六亲和"）。这正是小土地所有者的隐士的态度。他们虽要"独善其身"，也要家族、私产，甚至于还要国家，因为没有国家，就不能保卫他们的家族和财产。作为隐士的老子的思想，所以在当时还有一定的积极性，其故在此。

老子又说：

> 上德不德，是以有德；下德不失德，是以无德；上德无为而无以为，下德为之而有以为；上仁为之而无以为，上义为之而有以为，上礼为之而莫之应，则攘臂而扔之。故失道而后德，失德而后仁，失仁而后义，失义而后礼。夫礼者，忠信之薄，而乱之首。前识者，道之华，而愚之始。（三十八章）

老子认为真正的"道德"乃是一般所说的"道德"的反面，所以说"上德不德"，"上德无为而无以为"。"下德"不如"上德"。"上仁"高明些："为之而无以为。""上义"不如上仁，"上礼"更差了，"上礼"的结果就是"争"。反转来，最高明的是"道"，"道"就是自然而然。道、德、仁、义、礼，是每降愈下的。最要不得的是"礼"，因为它是"忠信之薄，而乱之首"。智慧也要不得，因为它是"道之华，而愚之始"。总之，真正的"道德""智慧"，就是一般所说的"道德""智慧"的反面。其中最坏的是"礼"，没有"礼"就没有"乱"。墨子也反对"礼"，但他却要仁义和智慧。不要"礼"，是小所有者不爱虚文的共同反映；要不要仁义和智慧，则是两种小所有者（庶人阶级上升成的和贵族阶级下降成的）的积极和消极的不同反映。老子的反对道德伦常，也有其进步的和落后的两面：进步在反对宗法封建的传统礼教，落后在忽视人与人之间的关系。至于反对智慧，则是完全反动的思想，这是反对文明的虚无主义的隐士态度。

老子又说：

> 我有三宝，持而保之：一曰慈，二曰俭，三曰不敢为天下先。慈故能勇，俭故能广，不敢为天下先故能成器长。（六十七章）

在这里老子提出三项道德标准：慈、俭、不敢为天下先，称为"三宝"。慈是慈爱，与墨子的"兼爱"相近，"慈爱"的人能够勇敢，所以说："慈故能勇。"俭是俭朴，与墨子的"节用"相近，"节用"的人能够富足，所以说："俭故能广。"这些都是小所有者共同的积极态度。至于"不敢为天下先"，则是隐士的退守态度。但是老子实际上是以"不敢为天下先"来"为天下先"的，所以"能成器长"（成为统治者），这又是比较富有的隐士的比较积极的态度。

老子思想的有积极、消极两面，最显著的是一面讲"利"，一面又讲"不争"，但是"不争"是主要的一面：

> 上善若水，水善利万物而不争，处众人之所恶，故几于道。（八章）
> 圣人不积，既以为人，已愈有；既以与人，已愈多。天之道，利而不害；圣人之道，为而不争。（八十一章）

以"善利万物"为"上善"，也与墨子的思想相近。这种重"利"的思想，确是小所有者所共有的。"不争"却是老子特有的思想（儒家也讲"不争"，但是儒家的"不争"，是礼文的表现，和老子的"不

争"不同），"不争""几于道"，可见"不争"的重要。老子认为
"利而不害"是"天之道"，而"圣人之道"则是"为而不争"。这里
所说的"为"是"无为"的"为"，即所谓"无为而无不为"。墨子
讲究"利人"，老子也讲究"利人"，但是老子的"利人"的目的，
却是"既以为人，己愈有；既以与人，己愈多"。归根结蒂，还是
"为我"，还是杨朱信徒的思想。

老子的处世哲学的特点，就是与辩证观点相结合。关于这一点，
上面已分析过一些，这里再总结一下：由于老子懂得些辩证法的原
理，他知道事物是变化、发展的，一件事物发展到极点，就会变成
它的反面。老子是个没落贵族下降成的小所有者隐士，他害怕再下
降，要想再上升或停住不动。他模糊地认识到他的地位的下降，是
社会发展的结果，因此他比儒家更仇视社会的变化，但他比儒家聪
明，知道社会发展的趋势是不可遏止的。他认为要使社会不再发展，
用止住不动的方法是不行的，唯一的方法就是退步，退步的结果就
是不动，这是他利用辩证法来达到反辩证法的目的，也是他的出于
阶级立场的根本观点。这一观点应用到处世哲学上，就是以退为进，
以不争为争，积极地"为我"，这是没落贵族变成的小所有者隐士的
态度的基本反映。

四　政治思想

老子的政治思想，是从他的基本哲学观点出发的。他要法
"道"，法"自然"，他认为自然的天道是"无为"的。这种思想，在
孔子时代已经萌芽，孔子曾说："天何言哉！四时行焉，百物生焉。"
老子发展这种思想，把它应用到政治上，就产生了"清净无为"的
理论。政治上的"无为"思想，也是孔子时代就有的，孔子曾说：
"无为而治者，其舜也与！"老子进一步阐发"无为"的理论，他用
辩证的观点来解释他的"无为"的作用，于是就产生"无为而无不

为"和"为无为"的思想：

> 道常无为而无不为，侯王若能守之，万物将自化；化而欲作，
> 吾将镇之以无名之朴；无名之朴，夫亦将无欲；不欲以静，天下将
> 自定。（三十七章）
> 不尚贤，使民不争；不贵难得之货，使民不为盗；不见可欲，
> 使民心不乱。是以圣人之治：虚其心，实其腹；弱其志，强其骨；
> 常使民无知无欲。使夫智者不敢为也；为无为，则无不治。（三章）
> 天下神器，不可为也；为者败之，执者失之。（二十九章）

所谓"无为而无不为"，就是说"无为"本身就是一种"为"，所以说
"为无为"。老子认为这是君主"治国之道"。君主如果能这样，人民
就受"化"，天下太平无事。如果"化而欲作"，就"镇之以无名之
朴"；"无名之朴"就是"道"。"道"不但"无为"，而且"无欲"。
老子要使统治者"无为""无欲"，并要使人民"无知无欲"。这样，
"智者"就不敢为，天下便太平了。"无为"的内容包括："不尚贤"，
"不贵难得之货"，"不见可欲"等等。至于所谓"虚其心，实其腹；
弱其志，强其骨"，还是他的处世哲学的一套。

老子的"无为"思想，也是从春秋时代的自然主义思潮来的。
在春秋时，已有"无为"思想的萌芽，老子发展了这种思想，把
"无为"思想作为他的政治理论的核心，这是和他的处世哲学相联
系着的。他的处世哲学以退为进，以后为先，应用到政治上，就是
"清净无为"。这种"无为"思想反映的阶级性，自然是小所有者的
利益。小所有者隐士反对统治者的作为，他们认为统治者的一切作
为，都是扰乱天下，使百姓不安的。他们要求统治者无所作为，效
法自然，让百姓自生自长，自由发展，各适其愿，这样天下就永远
太平了。在这种思想中，并无发展生产的明显要求，可是汉初实行
这种思想的结果，得到了"休养生息"、发展生产的好处。评价一个
人的思想，不能不主要从它的客观效果来看；古代人不能有明确的
阶级意识，但是他们的思想往往反映了他们的阶级要求。小所有者
隐士也是一种新兴富人，就是新兴地主阶级的来源之一。他们的思

想，在一定程度上，也反映了新兴富人和地主的要求。在战国、汉初的时代，新兴富人和地主，正是要求统治者少有动作，不要干扰百姓的生产，这样可使小所有者变成富人、地主，富人、地主更可以发家致富。汉初的地主政府适应了这种要求，便出现了所谓"文景之治"。从汉初实行"黄老之治"（黄帝就是老子的化身）得到的效果看，我们就可以认识"无为"思想的阶级性。

老子在处世哲学上，是以消极为积极的，在政治思想上，也是如此。老子要统治者"为无为"，反对他们的苛征暴敛。他先比较"天道"和"人道"说：

> 天之道，其犹张弓与？高者抑之，下者举之；有余者损之，不足者补之。天之道损有余而补不足，人之道则不然，损不足以奉有余。孰能有余以奉天下？唯有道者。（七十七章）

老子思想在这里是积极性的。他认为"天之道""损有余而补不足"，而"人之道"（当时统治者之道）则是"损不足以奉有余"。他要统治者"有余以奉天下"。这种话在表面上看来，好像是要取消剥削制度，其实大不然。因为统治者的"有余"是从那里来的，还不是从人民头上剥削来的吗？老子只是教导统治者节省财用，少剥削些，把剥削来的东西吐回一些给人民而已。老子可能有些"均贫富"的思想，但这种思想是很有限制的，他不过要使贫富比较平均些，不要使富者过富，贫者过贫，这是小所有者要求维持小农经济的反映。汉初的政策就是企图维持小农经济的，然而小农经济是不可能维持的，它必然要贫富分化。贫富分化的结果，大土地所有制一定要出现；大土地所有者是要兼并小土地所有者的，这违反小土地所有者的要求，也违反统治者的要求。中央集权的封建统治者的剥削对象，主要是小农，小农经济的动摇，大土地所有制的发展，是封建割据的前提，这种现象，不利于中央集权的封建统治制度。所以在二千多年的地主制封建社会里，封建政府常要和大地主经济作斗争，就是这个道理。

老子明确地反对苛征：

> 民之饥，以其上食税之多，是以饥；民之难治，以其上之有为，是以难治；民之轻死，以其上求生之厚，是以轻死。（七十五章）

所以老子主张"无为之治"。老子又说：

> 民不畏死，奈何以死惧之？若使民常畏死，而为奇者，吾得执而杀之，孰敢？（七十四章）

老子警告统治者：百姓是不怕死的，用死恐吓他们，是没有用的。在这里，老子反对刑法统治，这是企图制止统治者对于百姓的滥施刑罚。老子的这类思想，都有一定的进步性。

与墨子差不多，作为某种小所有者代表的老子，也非常反对用兵。老子说：

> 以道佐人主者，不以兵强天下；其事好还，师之所处，荆棘生焉；大军之后，必有凶年。（三十章）
> 夫佳（唯）兵者不祥之器，物或恶之，故有道者不处。（三十一章）
> 兵者，不祥之器，非君子之器，不得已而用之。恬淡为上，胜而不美，而美之者，是乐杀人，夫乐杀人者，则不可以得志于天下矣。（同上）

老子认为"有道"的人是"不以兵强天下"的，因为战争荒芜土地，破坏生产，所以他把"兵"叫做"不祥之器"。他认为用兵是不得已的，赞美打胜仗，是"乐杀人"，"不可以得志于天下"。这类思想，和儒、墨没有多大两样。在这些话里面，反映了一部分下层人民的意志，和完全代表新兴统治阶级的"变法"者"富国强兵"的思想不同，和商人阶级与新兴地主阶级的要求也不同。老子基本上还是企图维持封建割据的局面的，他只要求在封建割据的局面之上，设立一个"无为而治"的最高统治者，以控制天下。他也承认要"立天子，置三公"（六十二章）。这种"无为而治"的统一思想，自然只是理想。但这种理想，有部分的现实性，它曾部分地实现于汉初政治之中。（老子的非兵思想，有和儒家接近处，例如《老子》书六十九章说："故抗兵相加，哀者胜矣。"这种思想，是墨家所不能同意的。）

老子因为反对一切作为，所以他也反对一切文明，要人"复归于自然"，这样他就不能不丢弃圣智而主张"愚民"：

> 古之善为道者，非以明民，将以愚之。民之难治，以其智多。故以智治国，国之贼；不以智治国，国之福。（六十五章）

他既反对"以智治国"，所以一切文明都不要。他说：

> 朝甚除，田甚芜，仓甚虚；服文绵，带利剑，厌饮食，财货有余，是谓盗夸，非道也哉！（五十三章）
> 天下多忌讳，而民弥贫；民多利器，国家滋昏；人多伎巧，奇物滋起；法令滋彰，盗贼多有。故圣人云：我无为而民自化，我好静而民自正，我无事而民自富，我无欲而民自朴。（五十七章）

老子只要富足，过着舒适的生活，过着"为腹不为目"的生活。如果过分享受，创造一切文明事物，那么就会招来祸患。统治者如果讲虚文，过分享受，即使"财货有余"，也会得到"朝甚除，田甚芜，仓甚虚"的结果，这是过分剥削人民所造成的。老子把这种现象叫做"盗夸"，就是强盗的行为。老子反对"多忌讳"，"多利器"，"多伎巧"和"法令滋彰"，这些就是"有为"，结果是很坏的。所以他教导统治者无为，要好静，要无事，要无欲，"以辅万物之自然，而不敢为"（六十四章）。这样，就可以天下太平而富足。"我无事而民自富"一句话，就是汉初政治的理论根据。

老子的政治步骤，是从小做起，而逐渐达到成功的目的。他说：

> 图难于其易，为大于其细；天下难事必作于易，天下大事必作

于细。（六十三章）

为之于未有，治之于未乱。合抱之木，生于毫末；九层之台，起于累土；千里之行，始于足下。……慎终如始，则无败事。（六十四章）

这显然是《易经》上"履霜坚冰至"的思想的发展，也是老子观察自然和社会的变化的经验，最重要的是"为之于未有"，"治之于未乱"，"慎终如始"几句话，老子的小心谨慎，是和他的阶级下降的经验有关的。他教导统治者要注意社会、政治现象的变化，要预先防范，等到事实既成，就不可挽救了。统治的手段应当"无为"，但内心应当谨慎，必须谨慎到底，才能"无败事"。过去人说：道家的思想是"君人南面之术"，确有一定的道理。汉初的君主们就是使用这种"南面之术"来统治天下的。在当时形势之下，的确也收到了相当的效果。

老子是个从贵族阶级下降而又企图回到统治阶级行列中去的人，他如果回到统治阶级行列中，必然要有所作为，他知道明显的作为是可能遭到失败的，但是又不能真正地无为。这样，在老子的政治思想中，就出现了权谋、策略。老子说：

将欲歙之，必固张之；将欲弱之，必固强之；将欲废之，必固兴之；将欲夺之，必固与之：是谓微明。柔弱胜刚强，鱼不可脱于渊，国之利器不可以示人。（三十六章）

这是歪曲辩证法，利用辩证法的原理来进行阴谋（"微明"）。老子认为柔弱可以胜刚强，"柔弱"只是一种手段。他认为权谋、手段是不可告人的，这是"国之利器"。老子教导统治者使用这种"利器"来对付别人。他又说：

是以欲上民，必以言下之；欲先民，必以身后之。（六十六章）

后来比较"有为"的封建统治者，都或多或少地学习了老子的这种统治术。老子又说：

> 以正治国，以奇用兵，以无事取天下。（五十七章）

可见老子不但要"治国"，而且要"用兵"，更要"取天下"。所以说老子完全是消极主义者是不正确的。上文所谓"正"就是"无为"，所谓"奇"就是权谋，所谓"无事"就是有事。老子是要用权谋来统一天下的。他说：

> 故大国以下小国，则取小国；小国以下大国，则取大国。……大国不过欲兼畜人，小国不过欲入事人，夫两者各得其所欲，大者宜为下。（六十一章）

在这里，我们可以看出老子的统一是"连横"式的统一，并不完全消灭封建割据，只是以大国统治小国，还是西周时代的统一方式，而不是秦汉的统一方式。老子企图恢复西周时代的"统一"的方略是："大者宜为下。"这种方略，是一种变相的"王道"政策，也只是一种理想，不可能完全有效。

由于老子有复古的意图，所以他的理想的社会是：

> 小国寡民，使有什伯之器而不用，使民重死而不远徙；虽有舟舆，无所乘之；虽有甲兵，无所陈之；使民复结绳而用之；甘其食，美其服；安其居，乐其俗；邻国相望，鸡犬之声相闻，民至老死不相往来。（八十章）

这实际上是一种理想化的小农农村，保持着古代公社的形式。有人说：老子企图恢复到原始社会，这种说法并不妥。因为老子还主张有"国"，有统治；这种社会里还有"甲兵"，而且能够"甘其食，美其服"，这些都不像是原始社会的现象。老子只是企图稳定小农经济，要统治者不干扰人民，让小农经济自由发展，这就达到了他的目的。自然，企图实现一个巩固而不会变化的小农经济的社会，只是幻想，事实上绝对不可能有。

老子因为主张愚民，所以他简直没有教育思想。他要废弃学问，他说：

> 绝学无忧。（二十章）

他认为有"学"就有"忧"，因为"学"了就有"智"，"智"不是好事，是违反他的愚民思想的。他又说：

> 为学日益，为道日损；损之又损，以至于无为，无为而无不为。（四十八章）

老子是主张复归自然的，自然就是原始，凡是非原始、自然的东西，都是坏的。"学"不是人所固有的，是后天的东西，因此是不必要的。有"学"就有"智"，"学"和"智"一天天多起来，就要扰乱天下，所以"为学日益"不是好事。人们应当"为道"，"为道"的结果是"日损"，把后天的东西慢慢减少，所谓"损之又损"，这样就可以"复归自然"，就可以"无为"。老子的确是反对学问、知识的。不过老子只要人民没有学问、知识，而不是要自己没有学问、知识；统治者是应当有学问、知识的，他们所学、所知的是"道"，学"道"的目的是要"日损"，达到"无为而无不为"。至于被统治阶级，连"道"也不许学，不许知，只须顺从在上者的教化，"不识不知，顺帝之则"就行了。所以老子是根本反对教育人民的，这反映了没落贵族的反动思想。在没落贵族看来，天下之乱是由于人民多知，多知的由来是"学"。他们认为儒墨的"教民"，只有使天下更乱，决不能"拨乱世而反之正"；要"拨乱世而反之正"，只有"绝学"、愚民。老子有意识地模糊人民的阶级觉悟，好像他要统治阶级和被统治阶级都不要"为学"，都"愚"。其实他是要统治阶级"学"和"智"，要被统治阶级不"学"、不"智"，这就是老子的阶级目的。

老子也谈"教",但他的"教"是所谓"不言之教",就是不教育的教育。他说:

> 是以圣人处无为之事,行不言之教。(二章)

可是老子也要人"善",他的所谓"善",就是符合他的阶层利益的事。他说:

> 故善人者不善人之师,不善人者善人之资;不贵其师,不爱其资,虽智大迷,是谓要妙。(二十七章)

老子也要"师"和"资",可见他还是要"学"和"教"的。他的"学"和"教",只是要人学"善"、教"善",并不要人学"智"、教"智";"善"是有利的,而"智"是有害的。

老子也是主张阶级斗争的,但他主要是以不斗争为斗争。但在思想意识里,他还是表现出斗争来的。他批判了儒家的伦理道德和有为的态度;也批判了墨家的"尚贤""天志""明鬼"等思想。他发展了杨朱的"为我"主义,构成了自己的思想体系,影响了当时的一些学者,又影响了汉初和后世的政治。他的思想成为地主制封建社会统治阶级思想的一部分。

庄子思想研究

一　概论

　　庄子生当战国中叶，大体上和孟子时代相近。这个时代是宗法贵族经济开始总崩溃，社会转向地主封建制的时期。宗法贵族制度比较彻底地受到打击，没落的宗法贵族愈来愈感觉没有出路。他们之中有些人，已经到了贫困的程度，所以态度更趋于消极。随着哲学思想的发展，这时候的思想界早已从讨论实际问题进展到讨论抽象的哲理。同时这个时候，战国七雄还勉强维持着"均势"的局面，政局相对地稳定，这更有利于哲学上的百家争鸣。思想家所谈的道理愈来愈深刻化。在这种条件下，出现了像庄子这样的人和他的学派。

　　庄子的出身，是比较贫困的隐士。《史记》庄子传说：

　　　　庄子者，蒙人也，名周。周尝为蒙漆园吏，与梁惠王、齐宣王同时。其学无所不窥，然其要本归于老子之言，故其著书十余万言，大抵率寓言也。……楚威王闻庄周贤，使使厚币迎之，许以为相。庄周笑谓楚使者曰："千金重利，卿相尊位也；子独不见郊祭之牺牛乎？养食之数岁，衣以文绣，以入太庙，当是之时，虽欲为孤豚，岂可得乎？子亟去，无污我！我宁游戏污渎之中自快，无为有国者

　　所羁，终身不仕以快吾志焉。"

据此，庄子是宋国人，他曾做过"漆园吏"的小官，大概是个没落贵族。他的思想体系是近于老子的。他很高傲，不愿意受当时贵族统治者的牢笼，情愿过着贫困而自由的隐士生活。从这里使他发生排斥当时贵族统治者的言论。一方面他揭发了当时贵族统治者的腐朽黑暗，有一定的积极精神；可是另一方面，他更暴露了隐士们仇视当时的新社会、新政治的反动面目。所以庄子的思想，在某些方面，也是具有两面的意义。

　　庄子思想中的特殊的反抗性，似乎主要是由于他的贫困生活来的。《庄子》书载：

　　　　庄周家贫，故往贷粟于监河侯。……（《外物》）
　　　　庄子衣大布而补之，正緳系履，而过魏王，魏王曰："何先生之惫邪？"庄子曰："贫也，非惫邪。……"（《山木》）

庄子不像老子那样恐惧，正因为庄子已无可恐惧，像他这样几乎一无所有的隐士，当然不害怕什么，敢于放言高论，随便骂人，骂社会。他过惯了自由放浪的生活，所以连大官也不愿意做了。因此，我个人认为庄子的思想，既和他的出身与代表的阶级有关，也和他的生活有关。不然，就不能理解他的思想的特殊性。

　　庄子的学派固然出于杨朱、老子，但似乎也和儒家有关。《庄子·天下》篇至少是接近庄子的人写的，可以相当代表庄子的言论，在篇中就很推崇儒术，把它和"古之道术"联系起来，并不另立为一家，这就是表示儒家是"古之道术"的正传。在这里，庄子学派表示了他们的正面意见。庄子学派的贵族面貌，也在这里明显地显露出来。大概庄子学派认为儒家所讲的就是"古之道术"的一些制度、文章，这里面也包含了"古之道术"的精华，用他们的"庄语"（认真的话）说来，这是最正确的道理，应当有人保存、传授的。但是庄子学派却爱好自由放浪，他们要另搞一套"恍洋自恣"以快吾志"的学问。这实在是庄子一派的畸形发展的思想。这个看法虽然新奇，不能说没有道理。

说庄子本是儒家，不是没有比较明确的证据的。例如：

> 今夫子（庄子）必儒服而见王。(《说剑》)
>
> 鄙儒小拘，如庄周等，又猾稽乱俗。(《史记·荀卿传》)

可见庄子确有出于儒家学派的可能。看《庄子》书好多地方称道颜渊，和孟子特别推崇曾子、子思，荀子特别推崇子弓不同。韩非子说儒家分为八派，其中有"颜氏之儒"，庄子可能本是儒家颜渊的后学，后来才学习杨朱、老子的学说，自成为一家的。儒家中的颜渊讲究内心修养，似乎本来唯心论的倾向要重些，所以庄子学派的唯心论思想也最突出。

《庄子·天下》篇叙述庄子的思想当然比较真实，可以作为庄子思想的概论看。《天下》篇说：

> 芴漠无形，变化无常；死与生与，天地并与，神明往与？芒乎何之，忽乎何适？万物毕罗，莫足以归：古之道术有在于是者。庄周闻其风而悦之。以谬悠之说，荒唐之言，无端崖之辞，时恣纵而不傥，不以觭见之也；以天下为沈浊，不可与庄语，以卮言为曼衍，以重言为真，以寓言为广；独与天地精神往来，而不敖倪于万物，不谴是非以与世俗处。其书虽瓌玮，而连犿无伤也；其辞虽参差，而諔诡可观；彼其充实不可以已，上与造物者游，而下与外死生、无终始者为友。其于本也，宏大而辟，深闳而肆；其于宗也，可谓稠适而上遂矣。虽然，其应于化而解于物也；其理不竭，其来不蜕；芒乎昧乎，未之尽者。

这段话可惜空洞些。根据这段话看来，庄子的思想，主要是外生死，并天地，"独与天地精神往来"，不谴是非。这种思想就是以"我"为主，打破一切，什么都不在乎，用一种居高临下的眼光看万事、万物，认为万事、万物都差不多，没有什么是非、真假、善恶、美丑可言。因为摆脱了一切，所以能够逍遥自在，得到所谓"至乐"：庄子的思想，大致说来，不过如此。

现存的《庄子》书共三十三篇。《内篇》七篇，一般都认为庄子手著，其实也未必尽然，至少里面也混杂一些庄子后学和接近庄子的人的记载。《外篇》十五篇，其中可能有庄子自己的手笔，但大体说来，可以说是庄学汇编。《杂篇》十一篇，大体上说来，也和外篇相近。其中《让王》以下四篇，古今学者多以为伪作，然作为庄学汇编的材料看，还是可以的。最后《天下》一篇，文章写得很好，叙述也很有条理，像是个思想能力很高的人写的，即使不是庄子的手著，也是庄子后学中杰出的人物写的：它是研究先秦思想史的重要参考资料。

二 天道观

庄子的宇宙论，究竟是唯心主义为主，还是唯物主义为主，从表面上看，很难断定。因为从自然主义方面看来，庄子学派的宇宙论颇像是唯物主义的。但从他们的"道"论和认识论以及其他某些方面看来，庄子学派的宇宙论又完全是唯心主义的。又如果说庄子的宇宙论是唯心主义的，那么究竟是客观唯心主义，还是主观唯心主义，也是较难断定的。如从庄子学派的整个哲学体系来看，他们的主导倾向，是主观唯心主义！

然而，在庄子学派的宇宙论范围之内，最容易看出的，还是自然主义思想。荀子说：

> 庄子蔽于天而不知人。……由天谓之，道尽因矣。(《解蔽》)

这个批评确是得到庄子哲学的一个主要方面的。荀子是说庄子只知道天然，而不知人为，所以只懂得因任自然，而不懂得"治化之道"。我们复查《庄子》书，庄子学派哲学的主要倾向之一，的确是这样。

《庄子》书说：

> 牛马四足是谓天；落（络）马首，穿牛鼻，是谓人。(《秋水》)

所论"天"就是自然，例如牛马四足，这是自然生成的；落（络）马首，穿牛鼻，那就不是自然，而是人为了。庄子学派要人"无以人灭天"（同上）。他们比拟说：

> 南海之帝为儵，北海之帝为忽，中央之帝为浑沌，儵与忽时相与遇于浑沌之地，浑沌待之甚善，儵与忽谋报浑沌之德，曰："人皆有七窍，以视听食息，此独无有，尝试凿之。"日凿一窍，七日而浑沌死。(《应帝王》)

人都有七窍，而浑沌独独没有，这就是浑沌的"天"。他的朋友替他凿窍，七窍一开，而浑沌就死了，凿窍就是"人"："以人灭天的弊害如此！庄子学派的意思是说自然的就是好的，人应当听任自然，不应当妄有作为，凡是人为的都是坏的。这就是所谓"蔽于天而不知人"。

由于庄子学派强调自然，所以他们的宇宙论之中确乎有些唯物论的成分。例如《庄子》书说：

> 天其运乎？地其处乎？日月其争于所乎？孰主张是？孰维纲是？孰居无事推而行是？意者其有机缄而不得已邪？意者其运转而不能自止邪？(《天运》)

这种宇宙观的出现，自然是生产力发展、科学水平提高的结果。庄子或其后学已知道天是在运行的，但是他们还不知道地也是在运行的。然无论如何，他们已觉得天地日月的动静变化，似乎是没有神在主宰着的。他们觉得天地之间好像是有机关在起着作用，运行，变化，不能自止，这些可能只是自然的现象。这种想法，颇有和荀子的唯物的"天论"相接近之处。这种"天运"的看法，似乎和庄子学派的自然主义思想有关，在自然主义思想中，当然会有唯物主义的成分。《庄子》书又说：

> 是故天地者，形之大者也。阴阳者，气之大者也……（《则阳》）。

在这里，庄子学派似乎承认天地和所谓"气"的存在，这些都是"物"，这就是承认了物质的存在。他们又说：

> 木与木相摩则然（燃），金与火相守则流；阴阳错行，则天地大絯（骇动），于是乎有雷有霆，水中有火，乃焚大槐。有甚忧两陷而无所逃，蜷蝺（怵惕）不得成，心若县于天地之间，慰暋沈屯，利害相摩，生火甚多，众人焚和，月固不胜火，于是乎有僓（颓）然而道尽。（《外物》）

这段话不大好懂。似乎是承认五行等物质的变化，拿物的变化来比拟人心的变化，这多少带有些唯物主义的倾向。此外《庄子》书又说：

> 万物皆种也，以不同形相禅，始卒若环，莫得其伦，是谓天均。天均者，天倪也。（《寓言》）
>
> 种有几，……久竹生青宁，青宁生程，程生马，马生人，人又反入于机，万物皆出于机，皆入于机。（《至乐》）

这两段话都是不大好懂的。大致说来：庄子学派似乎认为万物是会变化的，物种的基础是所谓"几"，"几"似乎是一种原生物，所以说："万物皆出于机，皆入于机。""机"就是"几"。"几"能变成万物，万物又相互变化，最后变成了人，人死了"又反入于机"：这是庄子学派的物种变化论。庄子学派似乎认为万物以"不同形相禅"，像环一样，没有始终：这叫做"天均"。庄子学派拿这种理论来证明他们的"齐物论"：万物都是一般的，没有什么高下。这种理论的出发点，可说是有唯物主义的成分的，颇有些原子论的倾向，当然这还不是原子论。庄子学派的这种思想，可能是受的后期墨家唯物主义宇宙观的影响。

庄子学派大概也受到周易哲学和阴阳家一派思想的影响，他们也常说"阴阳"，例如说：

> 至阴肃肃，至阳赫赫；肃肃出乎天，赫赫发乎地；两者交通成和，而物生焉。(《田子方》)

这就是"阴阳和合而生万物"的理论。这种理论，当然是属于唯物主义的范畴的。

有人说：庄子学派的宇宙观是唯心主义的，不可能同时有唯物主义的思想。现在《庄子》书里面带有唯物论倾向的思想，都是后人加入的话，不是庄子学派所固有的。或者说：庄子学派中也有唯物、唯心两派，他们的议论糅合在《庄子》一部书里，必须把它们分别开来叙述，以说明庄子学派中也有唯物、唯心两派的斗争。我们认为这些看法，都是有待商讨的。古代思想家不可能有比较纯粹的唯物论或唯心论的思想体系，在许多思想家的书中，往往杂有唯物、唯心的两种思想成分，只能从主导方面来确定这个思想家是唯物论派或唯心论派。现在的《庄子》书，虽然未必出于一手，但其思想体系，大体上是统一的，不能分为两派来叙述。我们这里所叙述的，只敢说是庄子学派的唯物论思想，我们并没有完全断定这些思想都是庄子本人的思想。就庄子学派的整个的宇宙观看来，自然主义是其主要的倾向之一，那么这派的宇宙观具有一定程度的唯物论因素，是完全可能的。

庄子也和老子一样，强调所谓"道"。他说：

> 夫道有情，有信，无为，无形；可传而不可受，可得而不可见；自本自根，未有天地，自古以固存；神鬼、神帝、生天、生地；在太极之先而不为高，在六极之下而不为深；先天地生而不为久，长于上古而不为老。(《大宗师》)

他所说的"道"也是未有天地而先有的东西：在太极（天？）之先，

六极（地?）之下；它"自本自根"，自始至终是存在的，同时也是
无所不在的。可是"可得而不可见"：这样的东西，当然是绝对存
在的精神了。《庄子》书又载：

> 东郭子问于庄子曰："所谓道恶乎在？"庄子曰："无所不在。"
> 东郭子曰："期而后可。"庄子曰："在蝼蚁。"曰："何其下邪？"曰：
> "在稊稗。"曰："何其愈下邪？"曰："在瓦甓。"曰："何其愈甚邪？"
> 曰："在屎溺。"（《知北游》）

庄子学派比老子学派更进一步说明"道"的无所不在。"道"不但无
所不在，而且是无终始而永存的。《庄子》书说：

> 道无始终，物有死生。（《秋水》）

这就是说："物"不及"道"，因为"物"是有死生的，而道是无死生
的："道"是本而"物"是末。在这里：庄子学派基本上承袭了老子
学派的客观唯心主义的"道"论。

庄子学派的"德"的观念，也基本上和老子学派相同，"德"就
是寓于万物中的"道"。他们说：

> 故形非道不生，生非德不明。（《天地》）

"形"是"道"所生的，有形之"物"的"生"又是"非德不明"的。
在这里已把"道""德"的关系说得相当明白。

《庄子》书另外一段话，更是比较具体地说明了庄子学派的宇
宙论：

> 泰初有无，无有无名；一之所起，有一而未形，物得以生谓之德；
> 未形者有分，且然无间谓之命；留动而生物，物成生理谓之形；形体
> 保神，各有仪则谓之性；性修反德，德至同于初。……（《天地》）

还有一段话：

> 夫昭昭生于冥冥,有伦生于无形,精神生于道,形本生于精,
> 而万物以形相生。(《知北游》)

照他们说:最初只有"无","无"也就是"道",它是既无"有"又无"无"的。从这里产生"一","一"就是"有"的开始,但它还没有"形",万物得到了这个"一",也就是得到了"道",它们就生成了"物",所得于"道"或"一"以生的就叫做"德"。那不曾成形的叫做"分",这就是"命"。"物"是从"道"或"一"产生的,成了"物"就有"形"。在形体里面保存着"神",这个"神"也就是所谓"德","神"或"德"各有"仪则"(法则),就叫做"性"。一个人能够修"性"就能反于"德","德"之至就同于"泰初","泰初"也就是"道"了。庄子学派的宇宙论及其相关的修为论,主要如此。他们明白说:形体是生于"精神"的,而"精神"则生于"道";"道"是"精神"之本,自然就是"绝对精神"了。这就是说:"绝对精神"的"道"产生"精神","精神"产生形体,而万物又以形体相生。庄子学派的"道"论也是客观唯心主义的,就此可以证明。

为什么庄子学派的学说既有唯物主义的成分,而他们的宇宙论终于归结到客观唯心主义呢?他们有一段话,似乎可以说明这个问题:

> 有先天地生者(之)物邪?物物者非物,物出不得先物也,犹
> 其有物也,犹其有物也无已。(《知北游》)

这就是说没有先天地而生的"物","物物"(生物)的是"道",而"道"不是"物"。万物并出而"物"不得先"物",万物都是"有",而终归于"无",这就是因为有"物物"的"道"存在着。看《庄子》书另外一段话,这个道理就更明白了:

> 天门者,无有也;万物出乎无有,有不能以有为有,必出乎无

有，而无有一无有。……（《庚桑楚》）

万物是出乎"无有"的，"无"能生"有"，"无有一无有"才是
"道"。这就可见庄子学派只有在"天"的问题上才有自然主义性质
的唯物论倾向的思想，一追到根，还是唯心论。

和老子学派一样，庄子学派也不能完全摆脱鬼神的迷信，例如
他们说：

夫道……神鬼、神帝、生天、生地。（《大宗师》）

可见上帝和鬼还是有的，不过上帝和鬼要待"道"而后能"神"罢
了。照庄子学派看来：有人格意志的上帝、鬼和无人格意志的天地，
都是产生于"道"而受"道"制约的。在这里他们比旧宗教唯心论
进了一步。事实上庄子学派对于鬼神也是怀疑的，他们说：

有以相应也，若之何其无鬼邪？无以相应也，若之何其有鬼邪？
（《寓言》）

这就是说：既有灵应，怎能说无鬼呢？既无灵应，怎能说有鬼呢？有
时有灵应，有时无灵应，到底有没有"鬼"，庄子学派也不能确定。
他们还进一步对于"命"也提出怀疑：

莫知其所终，若之何其无命也？莫知其所始，若之何其有命也？
（同上）

这些都是庄子学派的怀疑宗教的论点。

庄子学派的自然主义性质的唯物论、客观唯心主义的"道"论
以及某些宗教怀疑论点等，基本上都是过去思想家已有的东西。所
以庄子学派的宇宙论只是发展、传述过去思想家的成果，新东西并
不多。可是他们的认识论，虽然也是发展了老子学派的理论，却比
比有新东西，特别是属于主观唯心主义范畴的绝对的相对主义，至

少可以说他们的创造成分是比较多的。

三　认识论

我们认为庄子主要是个主观唯心论者，但是在宇宙论上，我们看不出他有多少主观唯心论的成分。它的主观唯心论思想，主要是通过他的认识论来表现的。他的认识论主要见于他的《齐物论》篇。然而这篇书过去人曾有过争论。有人说：根据庄子《天下》篇彭蒙、田骈、慎到学派最主要的论点，就是"齐万物以为首"，"于物无择，与之俱往"；"知万物皆有所可，有所不可"这种思想和《庄子·齐物论》的思想颇相吻合。而《天下》篇却说慎到们"不知道"，似乎庄子学派是反对他们的"齐物"的论点的。《史记》孟荀传说："慎到著十二论。"《齐物论》以"论"名篇，可能就是慎到所著的一论。所以这篇书不是《庄子》书，而是慎到著作混入《庄子》书中的。这种说法似乎有些道理。可是我们认为像这样的大问题，不是轻易可以解决的。我们通看《庄子》书，其理论基本上还是一贯的，"齐物"的论点也见于他篇。此外慎到学派的"弃知去己"，"知不知"，"舍是与非，苟可以免"；"不师知虑，不知前后"；"无用贤圣"等论点，皆与今《庄子》书合。《史记》说慎到等"皆学黄老道德之术"；《天下》篇也说他们"所言"有"趣"，"概乎皆尝有闻"。则慎到学派本与庄子学派有接近处，当时的思想家们的思想本互相影响。又《齐物论》的"论"或作"伦"解。然则上述的说法，虽巧而未必是。所以我们现在还把《齐物论》认为庄子学派的书，把它和《庄子》书其他各篇参校了来研究。我们觉得把《齐物论》认为庄子学派的书，还是比较妥当的！

庄子学派的认识论，实际上主要是不可知论，他们认为真正的真理是不可知的。《秋水》篇载：

> 庄子与惠子游于濠梁之上，庄子曰："鲦鱼出游从容，是鱼之乐
> 也。"惠子曰："子非鱼，安知鱼之乐？"庄子曰："子非我，安知我不
> 知鱼之乐？"惠子曰："我非子，固不知子矣！子固非鱼矣，子之不
> 知鱼之乐全矣。"庄子曰："请循其本：子曰'汝安知鱼乐'云者，既
> 已知吾知之而问我，我知之濠上也。"

这段话好像庄子承认知识是可靠的，其实它是反映知识的不可靠。这
段话的意思是说：庄子游濠上而乐，因此推知鱼游濠下也乐，然而
这只是推想，不是真知；惠子的认为庄子"安知鱼之乐"也只是推
想，不是真知。如果说推想就是真知，那么"既已知吾知之而问我"
岂不是多事。如果说推想不是真知，那么庄子固然不知鱼之乐，惠
子又怎样知道庄子不知鱼之乐呢？既然大家都不真知，那么就是不
知。这是说惠子所见者小，他好像知识很高，实际上并不高。《庄
子》书这段话必须和他的另一段话相对看，才能明白真意：

> 昔者庄周梦为胡蝶，栩栩然胡蝶也，自喻适志与，不知周也。
> 俄然觉，则蘧蘧然周也。不知周之梦为胡蝶与？胡蝶之梦为周与？
> 周与胡蝶则必有分矣，此之谓物化。(《齐物论》)

这就是说梦和真是不可分的，梦可以当作真，真也可以当作梦，最
后可以得出真就是梦的结论。那么哪里还有真理、真知可言？所以
说"庸讵知吾所谓知之非不知邪？庸讵知吾所谓不知之非知邪"(同
上)，我究竟是真知，还是非真知，都是不可知的。这样，庄子学派
的认识论就是不可认识论。《齐物论》和《秋水》篇道理相通，可证
都是庄子学派的书。

不可知论就是无真理论，这是主观唯心主义的一个特色。所以
否定客观真理，就是主观唯心论。庄子学派怎样否定客观真理呢？
他们说：

> 道恶乎隐而有真伪？言恶乎隐而有是非？道恶乎往而不存？言恶
> 乎存而不可？道隐于小成，言隐于荣华。故有儒墨之是非，以是其所

非，而非其所是；欲是其所非，而非其所是，则莫若以明。（同上）

他们认为"道"隐了才有真伪、"言"隐了才有是非；"道"是无所不在的，也就是真伪之中都有"道"，因此无所谓真伪、是非，"言恶乎存而不可"。所谓"以明"究竟是什么，还待研究，旧解并不甚可靠。《庄子》书又说：

> 物无非彼，物无非是；自彼则不见，自知则知之。故曰：彼出于是，是亦因彼；彼是，方生之说也。虽然，方生方死，方死方生；方可方不可，方不可方可；因是因非，因非因是。是以圣人不由，而照之于天，亦因是也；是亦彼也，彼亦是也。彼亦一是非，此亦一是非；果且有彼是乎哉？果且无彼是乎哉？彼是莫得其偶，谓之道枢。枢始得其环中，以应无穷，是亦一无穷，非亦一无穷也。故曰：莫若以明。（同上）

这是从老子的客观唯心主义的"道"论发展到主观唯心主义的"道"论。老子学派认为"道"是客观真理，可以到处应用，应用到人生、政治等等。而庄子学派承袭了老子的"道"体虚无的观念，把它发展到极点，认为"道"既是空虚的，所以一切都是空虚的，连真伪、是非的标准都是没有的。他们打破一切，因任自然，认为什么事情都不必辨别。他们又把老子的辩证法歪曲成诡辩的绝对相对论，他们似乎也受了些名家的唯心主义认识论的影响，把一切事物的界限都打破，认为这个就是那个，那个就是这个，没有区别。例如"方生方死，方死方生；方可方不可，方不可方可"。结论就是"彼亦一是非，此亦一是非"；大家都对，大家都不对；他们要人"得其环中，以应无穷"，就是好像一个连环，无始终起讫可寻，所谓："是亦一无穷，非亦一无穷"这就是庄子学派的绝对相对主义的理论。他们认为：

> 以指喻指之非指，不若以非指喻指之非指也；以马喻马之非马，不若以非马喻马之非马也。天地一指也，万物一马也。可乎可，不可

乎不可；道行之而成，物谓之而然；恶乎然，然于然；恶乎不然，不然于不然；物固有所然，物固有所可；无物不然，无物不可。（同上）

"指"也就是非"指"，马也就是非马，但是拿"指"去说明"指"的非"指"，不如拿非"指"来说明"指"的非"指"；马也是这样。这似乎是说事物一相对，就知道没有绝对；天地好比一"指"，万物好比一"马"；都是有相对然后存在的。既然一切都是相对的，所以然和不然，可和不可，也都是相对的了。照庄子学派看来：一切事物都是自然而然的（似即所谓"天"），无所谓真伪、是非等等。结论也就是："无物不然、无物不可。"这样就更使我们了解庄子学派的绝对相对主义究竟是怎样一回事。说得更完备、更清楚的是下面两段话：

> 今且有言于此，不知其与是类乎？其与是不类乎？类与不类，相与为类，则与彼无以异矣。虽然，请尝言之：有始也者，有未始有始也者，有未始有夫未始有始也者；有有也者，有无也者，有未始有无也者，有未始有夫未始有无也者。俄而有无矣，而未知有无之果孰有孰无也？今我则已有谓矣，而未知吾所谓之果有谓乎？其果无谓乎？天下莫大于秋毫之末，而太山为小；莫寿于殇子，而彭祖为夭；天地与我并生，而万物与我为一。既已为一矣，且得有言乎？既已谓之一矣，且得无言乎？一与言为二，二与一为三，自此以往，巧历不能得，而况其凡乎？……（同上）

> 以道观之，物无贵贱；以物观之，自贵而相贱；以俗观之，贵贱不在己。以差观之，因其所大而大之，则万物莫不大；因其所小而小之，则万物莫不小。……以功观之，因其所有而有之，则万物莫不有，因其所无而无之，则万物莫不无。知东西之相反，而不可以相无，则功分定矣。以趣观之，因其所然而然之，则万物莫不然；因其所非而非之，则万物莫不非。（《秋水》）

这两段话也是互相解释的，足以证明《齐物论》和《庄子》书其他各篇是出于一个学派的著作。这两段话的意思总述如下：有个"有"，就是有"始"；但有"始"以前，是没有"始"的；说到极点，还有没有没有"始"的。没有"始"就是"无",进一步就是"无也无";再进一步,连"无也无"也是"无"。既然有了"无",那就不知道"有无之果孰有孰无也"。到了这个境界,那就不可名言;既然名言了,就是"有谓";可是我也不知道:"吾所谓之果有谓乎,其果无谓乎?"这就是绝对相对主义的绝对。这样,自然会得出小就是大,大就是小;是就是非,非就是是等结论来。绝对相对主义必然要走到主观唯心论的道路上去。什么都是相对的,连"我"都是相对的,应该把"我"与天地混为一体,即所谓"天地与我并生,而万物与我为一"。这就是孟子的所谓"万物皆备于我"的理论,也就是"吾心即宇宙,宇宙即吾心"的理论。既然一切都混而为一,还有什么名言?可是既然说了"一",还是有名言,"一与言为二,二与一为三",这就没有完结了。如果从"道"看来,物是没有贵贱的;从大方面说,什么都是大;从小方面说,什么都是小;从有方面说,什么都是有;从无方面说,什么都是无;说是对都是对,说是不对都是不对。像这样的绝对相对主义,就是说什么都是相对的,没有绝对的真理。我们不禁要问:那么"绝对的相对"这个道理,是否也是相对的呢?如果说不是,那么庄子学派的道理就不能成立;如果说是的,庄子学派的道理也不能成立。所以说:主观唯心主义的怀疑论,最后必然是要破产的!

庄子认为真正的"求知"就是不求知。他说:

> 古之人其知有所至矣!恶乎至?有以为未始有物者,至矣尽矣,不可以加矣。其次以为有物矣,而未始有封也。其次以为有封焉,而未始有是非也。是非之彰也,道之所以亏也,道之所以亏,爱之所以成。果且有成与亏乎哉?果且无成与亏乎哉?……(《齐物论》)

最高明的人是不知道"有物"的,就是忘记了天地万物!对外不观察宇宙,对内不觉得有自己的身体:这样的人就是大知、大慧的人,也就是所谓"至人"。次一等的人觉得"有物"了,但还不觉得有界限,还没有所谓"彼此"。再次一等的人觉得有界限了,但还不觉得有"是非"。等到有了"是非","道"就"亏"了,"道""亏"了"私爱"就"成"了。这样,人就有痛苦了。这就是庄子学派主观唯心论的认识论,即以不认识为认识,一切都是虚无的,连自己都是虚无的,剩下来的只有一个"心",连这个"心"也是以虚无为实在的。这样,庄子学派的哲学就进入了绝对虚无主义的门径。绝对虚无主义自然是绝对相对主义的结果。

在庄子学派的认识论之下,自然知识、言语、辩论都变成了多余的了。庄子说:

> 吾生也有涯,而知也无涯,以有涯随无涯,殆已!(《养生主》)

知识是没有穷尽的,而生命是有穷尽的,以有穷尽的生命追逐无穷尽的知识,那不是太愚蠢了吗?所以他们主张:

> 以不惑解惑,复于不惑,是尚大不惑。(《徐无鬼》)

因为"不知而后知之"(同上),所以"以不惑解惑",就"复于不惑"。换句话说,"知"与"惑"都是用不着的,"惑"起于"知","不知"就"不惑"了。这就是对于一切事物的认识都处以"不了了之"的态度。

庄子学派认为"言"也是用不着的:

> 筌者所以在鱼,得鱼而忘筌;蹄者所以在兔,得兔而忘蹄。言者所以在意,得意而忘言。吾安得夫忘言之人而与之言哉?(《外物》)

"言"是表达意思的,"得意"就可以"忘言"了,因此辩论更是不必要的。庄子说得很妙:

> 既使我与若辩矣,若胜我,我不若胜,若果是也,我果非也邪?我胜若,若不吾胜,我果是也,而果非也邪?其或是也,其或非也邪?其俱是也,其俱非也邪?我与若不能相知也。则人固受其黮暗,

> 吾谁使正之？使同乎若者正之，既与若同矣，恶能正之？使同乎我者正之，既同乎我矣，恶能正之？使异乎我与若者正之，既异乎我与若矣，恶能正之？使同乎我与若者正之，既同乎我与若矣，恶能正之？然则我与若与人，俱不能相知也，而待彼也邪？（《齐物论》）

在辩论中胜负并不一定就是是非，因为辩论的人"不能相知"。叫谁来判断呢？判断的人的是非，也未必是真是非，那么大家"俱不能相知"。由于真是非的都不能知道，所以辩论是无益的。这种辩论无益论，当然也是绝对的相对主义的结果。

最后说一说庄子学派对于"名""实"的看法。在这方面，他们谈得较少。他们说：

> 名实者，圣人之所不能胜也。（《人间世》）

这里所说的"名""实"是声名和权利，也就是虚名和实利。庄子学派认为这种"名""实"是"圣人所不能胜"的，就是叫人不要追求"名实"——名利。照庄子学派看来，虚名和实利都是无用的东西；推而论之，一切的"名""实"都不必追求，因为一切的"名""实"都是无用的东西。照虚无主义者庄子学派看来，所谓"名""实"问题也根本不存在。他们对于当时名家们所热烈讨论的"同异"等问题，也是认为没有讨论价值的。他们假托孔子的话说：

> 自其异者视之，肝胆楚越也；自其同者视之，万物皆一也。（《德充符》）

从"异"的方面看，连一身之内的肝胆都和楚越的不同国家一样，一切都是不同的，只要是两样东西，无论它怎样相同，也总有不同的存在。但从"同"的方面看来，又可以说万物只是一体，因为无论怎样不同的东西，也总是有共同点的，而且彼此都有关联，甚至于可以说："天地一体。"所以"异""同"也都不是绝对的，都是相对的，进一步说：根本无所谓"异"，无所谓"同"，"同""异"都可以混合起来，而不加以分辨：这就是庄子学派的绝对相对主义！

四　人生哲学

庄子的人生哲学，是庄子思想中最足以表现阶级性的部分，而他的人生哲学，又是和他的宇宙观、认识论相联系着的。我们知道：庄子是"蔽于天而不知人"的，所以我们研究庄子的人生哲学，首先应该从他的天性论下手。庄子学派说：

> 性者，生之质也。性之动，谓之为，谓之伪，谓之失。（《庚桑楚》）
> 性不可易，命不可变，时不可止，道不可壅；苟得其道，无自而不可，失焉者，无自而可。（《天运》）

庄子学派认为"性"就是生命的质地，也就是人的自然。这种性论倒是很朴素的。他们认为只要保全自然的"性"，就是好的。他们认为"性"是"不可易"的；天赋的"命"，也是不可变的（这里所说的"命"和"性"差不多，"命不可变"，就是自然叫你怎样就怎样，不可改变）。他们又认为"性之动"也就是人为，那是不好的。庄子学派认为一个人能够得其自然也就是"得其道"，那就"无自而不可"；失去了自然也就是失其"道"，那就"无自而可"。

庄子学派出于老子，而老子学派出于杨朱，所以《庄子》书中也有"重生"的理论，我认为这是庄子学派人生哲学的一个出发点，是不可遗漏不讲的。《庄子》书说：

> 夫天下至重也，而不以害其生，又况他物乎！（《让王》）
> 能尊生者，虽贵富，不以养伤身；虽贫贱，不以利累形。（同上）
> 帝王之功，圣人之余事也，非所以完身养生也。（同上）
> 瞻子曰：重生。重生则利轻，……不能自胜而强不从（纵欲）者，此之谓重伤，重伤之人无寿类矣！（同上）

这种话大体上说来和杨朱学派是没有两样的，简单说来，就是要保全生命，希望多活几年。有人认为《让王》篇不是庄子的书，也许他们认为这是杨朱学派的理论混到《庄子》书里来的，我以为不然！《让王》篇可能晚出，然而毕竟是庄子学派的书，庄子学派的人生哲学虽然谈得高深玄妙，什么都可以看破，然而我们如果挖他们思想的根，还是一个怕死的观念在那里作动力。所以庄子学派的人生哲学不可能不以杨朱学派的人生哲学作为它的基础。就是庄子学派也以"重生""贵己"为其人生哲学的出发点，从整个庄子学派的人生哲学看来，这原是很自然的道理。但是杨朱的"重生"思想，是像上引的文字所说的"虽贵富不以养伤身"，可是这种思想发展一步，就很可能走上纵欲的道路上去，所谓"不能自胜而强不纵（欲）者，此之谓重伤"。伪造《列子·杨朱》的人把纵欲的思想托之于杨朱，我认为不是偶然的！不信，且看《庄子》书另外一篇的话：

> 今吾告子以人之情：目欲视色，耳欲听声，口欲察味，志气欲盈。人上寿百岁，中寿八十，下寿六十，除病瘦死丧忧患，其中开口而笑者，一月之中，不过四五日而已矣。天与地无穷，人死者有时。操有时之具，而托于无穷之间，忽然无异骐骥之驰过隙也，不能说其志意，养其寿命者，皆非通道者也！（《盗跖》）

这一段假托的盗跖的话，何其和《列子·杨朱》篇所假托的杨朱的话相像啊！我认为这是代表没落贵族阶层的庄子学派的真正希望。不过他们达不到这种纵欲的目的，就用另外一套理论来自己安慰自己。我们必须揭发庄子学派的真实思想，才能明了他们的人生哲学的真实基础。他们从上述思想出发，所以就有下引的议论：

> 为善无近名，为恶无近刑，缘督以为经，可以保身，可以全生，可以养亲，可以尽年。（《养生主》）

这段话见于内篇，当然是比较可信的。在这里说得已很清楚："为善"

是没有"近名"的，"为恶"是没有"近刑"的，主要的还是"保身""全生""养亲""尽年"，换句话说，还是"为我"。在庄子学派看来，人生本来是痛苦的，他们说：

> 人之生也，与忧俱生，寿者惛惛，久忧不死，何苦也！其为形也亦远矣！烈士为天下见善矣，未足以活身；吾未知善之诚善邪，诚不善邪？若以为善矣，不足活身；以为不善矣，足以活人。……至乐活身，唯无为几存。（《至乐》）

这就是说人一生出来就有忧患，年纪大的人老是怕死想不死，又何苦来呢？照庄子学派看来，这简直是自寻苦恼！可是生命毕竟是重要的，烈士为天下做了好事，却丧失了生命，那么这种"善"究竟是"善"呢，还是"不善"呢？所以庄子学派怀疑道德，认为道德足以伤身，"至乐"只是"活身"，只有"无为"才能"至乐"。

但是，无论怎样"重生"，生命还是不可能永远保有的，那怎么办呢？照庄子学派看来，最好的办法，就是冲破生死关，拿"毫不在乎"的态度来对待生死问题，这当然是很不容易的。庄子学派企图从心理上解决这个问题，他们理解人所以"好生恶死"，就是因为有"好""恶"的情感，只有消除了这种情感，人才能放手游行，得到"绝对的自由"，也就得到了"绝对的快乐"。那么用什么方法去消除情感呢？《庄子》书记载说：

> 惠子谓庄子曰："人故无情乎？"庄子曰："然！"惠子曰："人而无情，何以谓之人？"庄子曰："道与之貌，天与之形，恶得不谓之人？"惠子曰："既谓之人，恶得无情？"庄子曰："是非吾所谓情也！吾所谓无情者，言人之不以好恶内伤其身，常因自然而不益生也。"惠子曰："不益生，何以有其身？"庄子曰："道与之貌，天与之形，无以好恶内伤其身。今子外乎子之神，劳乎子之精，倚树而吟，据槁梧而瞑，天选子之形，子以坚白鸣。"（《德充符》）

庄子大概认为人本来是可以没有情感的，因为自然就没有情感。人要是能够"复归于自然"，就能"不以好恶内伤其身"。一个人能够因循自然，而不去"益生"，那也就能够"长生"了。照庄子看来，搞学问而无了无休，也是"内伤其身"，这样就会不能"长生"。最好的办法，就是看破一切，一切不管，听其自然，那就可以"长生"。这种思想实际上就是发挥老子的"夫唯无以生为者，是贤于贵生"的思想。不过老子还不能看破一切，他说不要，其实还是要。庄子在理论上比较能够看破一切，他的满不在乎的态度也的确比老子进了一步。庄子要人从心理上除消情感，不好生恶死，这的确是冲破生死关的一种方法。虽然庄子究竟还是个人，人不能真正没有情感（似乎庄子也承认的），而且像庄子这样阶级出身的人，说他真能冲破"生死"关，当然是不会的。这只是庄子学派的一种哲理而已。

在庄子学派看来，"无情"就是不动感情，不动感情的方法，就是一切因循自然，不加作为，看开得失。他们说：

> 且夫得者时也，失者顺也，安时而处顺，哀乐不能入也：此古之所谓县解也。而不能自解者，物有结之。且夫物不胜天久矣，吾又何恶焉！（《大宗师》）

"得"是合乎时机的，"失"也是"顺"，那就无所谓得失，知道了这点，就能够"安时而处顺"；得也好，失也好；生也好，死也好；一切都是自然的变化，你要逃避也逃避不了，动感情也是无用的，还不如不动感情，听任自然，反而得到"自由"。能够这样的人，就"哀乐不能人"，这就是所谓"县解"（解脱）。人如果不能自己解脱，就要被物所"结"、所"累"。因为万物包括人在内都是不能胜"天"（自然）的，所以听天由命，反能得到"自由"，得到"快乐"。像杨朱这样的人，聪明是聪明了，就是"不知命"，所以"多疑"，反入于痛苦。老子学派已经感到"重生""贵己"会得到希望的反面，所以以"不重生"来"重生"，以不"贵己"来"贵己"。然而老子学派还要求"重生""贵己"，他们还有希望的目的，因此还有"痛苦"。庄子学派则更进一步，连"重生""贵己"的目的都忘掉，彻底因循自然，彻底"无为"。他们认为这样才是真正的"重生""贵己"。从杨朱到老子、到庄子，态度愈来愈消极，这与没落贵族阶层的愈来愈没有希望的社会现实有关系；没落贵族阶层到了庄子时代，已经一无出路，代表这个阶层意识形态的庄子学派的哲学，这样彻底的消极，是完全可以理解的！

庄子学派这种因循自然，不动感情的所谓"逍遥"的态度，《庄子》书中有一则故事，最足以说明它：

> 庄子妻死，惠子吊之。庄子则方箕踞，鼓盆而歌。惠子曰："与人居，长子、老身死，不哭亦足矣，又鼓盆而歌，不亦甚乎！"庄子曰："不然！是其始死也，我独何能无概（慨）然。察其始而本无生；非徒无生也，而本无形；非徒无形也，而本无气。杂乎芒芴之间，变而有气，气变而有形，形变而有生，今又变而之死；是相与为春秋冬夏四时行也。人且偃然寝于巨室，而我嗷嗷然随而哭之，自以为不通乎命，故止也。"（《至乐》）

庄子学派企图在"理智"上来解决生死问题。他们认为：当一个人未出世的时候，本来是没有生命的，甚至连形体和"气"都没有。在自然之中有"气"，"气变而有形，形变而有生"，既然本来是"无生"的，当然仍旧要归于"无生"——死；那么，生死不过像四时的更易，如果生就快乐，死就悲哀，那就是"不通乎命"。有人认为这是所谓"以理化情"，其实不过是最怕死的人因为怕死，自己安慰自己的话头罢了！

但是，所谓"看破生死"，还是有"生死"的观念存在着，还是不能真正冲破"生死"关。庄子学派企图进一步改变人的常情：以死为乐，以生为苦。他们认为这样才能真正冲破"生死"关。《庄子》书中载着一段死人的话，就说明这种心理。

> 髑髅曰："死无君于上，无臣于下，亦无四时之事，从（纵）然以天地为春秋，虽南面王，乐不能过也。"（同上）

庄子要使这位髑髅复活，他拒绝道："吾安能弃南面王乐，而复为人间之劳乎！"这就表明了"死乐生苦"。再说得巧妙一些，就是：

> 夫大块载我以形，劳我以生，佚我以老，息我以死；故善吾生者，乃所以善吾死也。(《大宗师》)

这就是说：天地生人是叫人"劳苦"的，而老则是一种"安佚"，死乃是休息。这样，死就变了人生追求的目的："善吾生"，"所以善吾死"。这样，庄子学派的人生哲学就变成一种宿命论的宗教。

那么，死固然好，然又不能自杀以求死（因为这样又违反了庄子学派的自然主义）；当着还生存在世的时候，又怎样处世呢？庄子学派认为还是因循自然。他们说：

> 彼且为婴儿，亦与之为婴儿（无知识）；彼且为无町畦，亦与之为无町畦（无界限）；彼且为无崖，亦与之为无崖（不立崖岸）。达之，入于无疵。(《人间世》)

这就是"随俗浮沉，与世俯仰"的态度。一切随从世俗，也是听其自然，所谓"人能虚己以游世，其孰能害之"（《山木》）？至于遭遇不好，也可以听任自然，而不必悲哀。《庄子》书说：

> 浸假而化予之左臂以为鸡（卵），予因以求时夜（鸡）；浸假而化予之右臂以为弹，予因以求鸮炙；浸假而化予之尻以为轮，以神为马，予因以乘之，岂更驾哉！(《大宗师》)

郭象注说："无往而不因，无因而不可也。"这是对的！换句话说：就是因循自然的意思。

以上是庄子学派的自然主义在人生哲学上的应用。但是他们的自然主义是以唯物论始，而以唯心论终的。特别是在人生哲学上，他们从自然主义遁入了绝对的主观唯心论：

> 且方将化，恶知不化哉！方将不化，恶知已化哉！（《大宗师》）

"化"和"不化"（死和不死）都是不可知的。如果一切不可知，那么，所谓因循自然的自然主义究竟对不对，也是不可知的了。

庄子学派的宇宙观，既然归根结底是唯心论，因此他们的人生哲学也不可能不归宿到主观唯心论。庄子学派虽然认为凡是自然的也就是天生的事物都是好的，但是一个人如果真的听任自然，被自然所束缚，那就不可能得到所谓"绝对的自由"。这样，庄子学派就从自然主义走到反自然主义，从带有唯物观的哲学走到绝对唯心的哲学。因为他们打破自然束缚的办法，不是以人胜天，用人的力量来克服自然，而是企图摆脱物质的世界，向内心求取"解放"。他们假定人的精神可以脱离物质而存在，而且认为物质世界从属于精神世界，精神是第一位的，物质是第二位的。他们进一步认为精神虽然充塞于天地之间，但是天地也就在我心之中，我心和宇宙精神本是一体，主观就是客观，客观也就是主观，人如果能够消除主客体之间的界限，主客合一，那么我心也就充塞于天地之间，天地都为我心服役了。他们认为这主客合一的精神世界是绝对的存在，人只要体会了这绝对的存在，人的"心"也就变成绝对的存在了。这就是所谓："天地与我并生，而万物与我为一。"这种思想和孟子的"万物皆备于我"与惠施的"天地一体"的理论，是殊途同归的！

那么怎样才能达到"天地与我并生，而万物与我为一"的境界呢？庄子学派的方法，就是所谓"心齐（斋）"与"坐忘"。《庄子》书载：

> （颜）回曰："敢问心齐？"仲尼曰："若一志，无听之以耳，而听之以心；无听之以心，而听之以气；听止于耳，心止于符；气也者，虚而待物者也。唯道集虚，虚者心齐也。"颜回曰："回之未始得使，实自回也（自见有回）；得使之也，未始有回也。可谓虚乎？"夫子曰："尽矣！吾语若，若能入游其樊，而无感其名；入则鸣，不入则止；无门无毒，一宅而寓于不得已，则几矣！绝迹易，无行地

难；为人使易以伪，为天使难以伪；闻以有翼飞者矣，未闻以无翼飞者也；闻以有知知者矣，未闻以无知知者也。瞻彼阕者，虚室生白，吉祥止止（之）。夫且不止，是之谓坐驰。夫徇耳目内通而外于心知，鬼神将来舍，而况人乎？是万物之化也。……"（《人间世》）

颜回曰："回益矣！"仲尼曰："何谓也？"曰："回忘仁义矣。"曰："可矣，犹未也。"他日复见，曰："回益矣。"曰："何谓也？"曰："回忘礼乐矣。"曰："可矣，犹未也。"他日复见，曰："回益矣。"曰："何谓也？"曰："回坐忘矣。"仲尼蹴然曰："何谓坐忘？"颜回曰："堕肢体，黜聪明；离形去知，同于大通：此谓坐忘。"仲尼曰："同则无好也，化则无常也，而（尔）果其贤乎，丘也请从而（尔）后也。"（《大宗师》）

庄子之学大概本出颜氏之儒，所以这两段修养论的重要的话都托之于颜回。颜氏之儒可能本来就有些"内倾"的修养论，庄子发展了他们的学说，援儒入道，就产生了这种"心齐""坐忘"的修养论。上引的这段"心齐"论，说得过于玄妙，不能完全理解，只能了解它的大意："心齐"似乎就是后世所谓"修心"的方法，也就是所谓"气功"。"气功"的"打坐"，就是"虚心"的方法，就是一切不想，一切都忘记，连"我"都忘记，这也就是所谓"坐忘"。"坐忘"就是一切都忘记，"堕肢体，黜聪明；离形去知，同于大通"。形象地说来，就是："形如槁木，心如死灰。"简单说来，就是"吾丧我"——没有了自己。这种"修道"的方法，可以发生幻觉，进入一个"混然一体"的世界，消失物我的界限。道家开始使用这种方法来体会"我心即宇宙，宇宙即我心"的特殊"经验"；有了这种"经验"，就会逐渐忘记了物我的界限，得到精神的"绝对自由"。

所谓"绝对的自由"，也就是庄子的所谓"逍遥游"。常识的所谓自由，都是有限制的，例如没有所谓"天梯"，就不能上天；甚至要到室外去，也得要举足在地面上行走。庄子所说的"绝对的自由"，是"无所待"的，我要怎样就怎样。他说：

夫列子御风而行，泠然善也，旬有五日而后反，彼于致福者，

> 未数数然也。此虽免乎行，犹有所待者也；若夫乘天地之正，而御
> 六气之辩（变），以游无穷者，彼且恶乎待哉！（《逍遥游》）

"列子御风而行"，可以说很自由了，但"虽免乎行，犹有所待"（待
风），这就是因为行的是形体，所以不能无所待。只有精神游行也
就是"心"的游行，才能游于无穷，而"无所待"，"无所待"才是
"逍遥游"。《庄子》书中还有一段寓言说得很巧妙：

> 罔两问景曰："曩子行，今子止；曩子坐，今子起。何其无特操
> 与？"景曰："吾有待而然者邪，吾所待又有待而然者邪！吾待蛇蚹
> 蜩翼邪。恶识所以然，恶识所以不然。"（《齐物论》）

人的影子的行止坐起，是要等待形体的，形体又要受物质世界的限
制，也有所待。只有精神的动作，才可以"无所待"。以自我的精神
为主也就是以自我的"心"为主；照庄子看来，"心"的奔放，是绝
对自由的。所以庄子学派的哲学最后就归结到主观唯心论。他们不
知道所谓"心"也就是精神，只是物质的产物，也不可能不受物质
的限制，物质的形体坏了，精神也就不存在了。脱离物质的精神所
谓绝对存在，实际上是不存在的。这种看法，自然为主观唯心论者
所不能承认。

"绝对的自由"就是"心"的自由。但是即使"心"自由了，人
还是要死的。庄子学派因为怕死，就讲究所谓"修炼"，以达到"长
生不死"的目的。修炼的方法是：

> 无视无听，抱神以静，形将自正。必静必清，无劳女形，无摇
> 女精，乃可以长生。目无所见，耳无所闻，心无所知，女神将守形，
> 形乃长生。……（《在宥》）

这也就是"心齐""坐忘"的方法。后世道士们修炼方法从此开始。
但是这种气功式的修炼方法还只能"长生"，尚有更高的方法，可以
摆脱生死的圈套。《庄子》书说：

吹呴呼吸，吐故纳新，熊经鸟申，为寿而已矣，此道引之士、养形之人、彭祖寿考者之所好也。若夫不刻意而高，无仁义而修，无功名而治，无江海而闲，不道引而寿，无不忘也，无不有也，澹然无极，而众美从之，此天地之道，圣人之德也。(《刻意》)

这是庄子学派所标的最高境界。能够做到这样，就是所谓"真人"：

古之真人：不逆寡，不雄成，不谟士。若然者，过而弗悔，当而不自得也。若然者，登高不慄，入水不濡，入火不热，是知之能登假于道也若此。古之真人，其寝不梦，其觉无忧，其食不甘，其息深深。……古之真人，不知说生，不知恶死；其出不䜣，其入不距；翛然而往，翛然而来而已矣。不忘其所始，不求其所终；受而喜之，忘而复之：是之谓不以心捐道、不以人助天，是之谓真人。……(《大宗师》)

所谓"真人"，就是忘记物、我，在任何境遇中，都无所谓，因循自然，可生可死，即所谓"不以人助天"的人，这是庄子学派悬想的最高人格。但是庄子学派最后终究遁入了宗教的境域里去，他们认为有所谓"仙人"，就是人死后精神不死，与鬼神相类，但和鬼神又不同，他是逍遥自在的：

千岁厌世，去而上仙，乘彼白云，至于帝乡。(《天地》)

主观唯心论必然要回复到宗教唯心论！

由于庄子之学源出儒家，所以庄子学派也还讲伦理，他们讲仁，讲孝（见《天运篇》）。但是庄子学派毕竟是道家，所以他们也像老子学派那样谤毁仁义（见《马蹄》《胠箧》等篇）。他们也反对"知"，反对"圣"，他们甚至于说：

圣人生而大盗起，掊击圣人，纵舍盗贼，而天下始治矣。……圣人已死，则大盗不起，天下平而无故矣。圣人不死，大盗不

止。……（《胠箧》）

这里所说的"圣人"实际上是指儒、墨、法等家的知识分子。他们对于"圣人"要"掊击"，而对于"盗贼"只需"纵舍"，可见"圣人"比"盗贼"还要不得。然而庄子学派毕竟源出儒家，所以他们不可能像某些学者那样真正地放纵。《庄子》书说：

> 余愧乎道德，是以上不敢为仁义之操，而下不敢为淫僻之行也。（《骈拇》）

这里所说的"淫僻之行"虽然不专指纵欲，但也是指放纵的。同时也指"清廉"和"盗贼"两个极端。庄子甚至引孔子说：

> 天下有大戒二：其一命也，其一义也。子之爱亲，命也，不可解于心；臣之事君，义也，无适而非君也。无所逃于天地之间：是之谓大戒。（《人间世》）

庄子在这里随顺儒家的话，提倡"忠""孝"，认为"孝"是"命"，"忠"是"义"，这是"不可解""无所逃"的。这种思想其实并不是原始儒家的思想，它不可能出于战国初期。这是出于战国中叶受了墨、法两家影响的儒家的思想。这种思想，儒、法两家的后学韩非予以发展、巩固，就成为二千年左右的地主制封建社会的最高伦理。然这并不属于道家思想的范畴，庄子只不过偶然一提而已；我们写在这里，是表现庄子学说的复杂性，和这个学派源出儒家的事实。

庄子从他没落贵族下降成的隐士的阶级立场上看当时的社会、政治，当然是不会满意的，不但不满意，而且痛恨，加以谩骂。《庄子》书说：

> 帝王殊禅，三代殊继，差其时，逆其俗者，谓之篡夫；当其时，顺其俗者，谓之义徒。（《秋水》）

庄子在这里也看出时代是变化的，合乎时代，就能得志；不合时代，就要失败。但他和老子一样：看出变来，却反对变，因为变对于他们不利。老子还承认天然的事物就是变的，庄子从主观唯心论出发，他似乎认为天然的事物是不变的，就是变也变得很少，很慢，巨大的和迅速的变化，都是人为的。在这里，庄子倒比较能够分别自然和社会的不同，在认识事物上，比老子进了一步。可是他的阶级立场和法家不同，他反对变，因此反对人为，反对社会的发展、进步，他要回到自然去，逃避这人为的变的社会，甚至企图改变这人为的变的社会，使他复归于"不变"的自然：这就是庄子的社会、政治观点的反动性。他认为"义徒"和"篡夫"一样，不过是"当时"和"不当时"，成功和失败的差别而已。换句话说：无所谓好人、坏人，好人就是成功者，坏人就是失败者。他谩骂说：

> 为之斗斛以量之，则并与斗斛而窃之；为之权衡以称之，则并与权衡而窃之；为之符玺以信之，则并与符玺而窃之；为之仁义以矫之，则并与仁义而窃之。何以知其然邪？彼窃钩者诛，窃国者为诸侯，诸侯之门，而仁义存焉；则是非窃仁义圣知耶？（《胠箧》）

一切都是人们"为"的过失。因为有人"为"，就有人"窃"。"为"原是好意，可是做了坏事，因为有"窃"的人在。"窃国"的人做了诸侯，仁义就归于他们，那么他们就是"窃"了仁义、圣知。照庄子看来，即使有好的"仁义、圣知"，也都被人"窃"了去做坏事。这样，"仁义、圣知"就变成了"大盗"的护符。可以说："圣人不死，大盗不止"。在这里，好像庄子在骂统治者和统治者的帮凶，是站在人民立场上说话。有些同志可能就是这样看法的。我们认为：庄子是站在旧的统治者的立场上反对新的统治者，这是反动，不是进步。虽然，在客观上，也暴露了新兴的封建统治者的丑恶面貌。

庄子因为反对当时的新的社会、政治制度，他知道回复到旧的社会、政治制度上去，是不可能的，他所接受的老子学派的辩证法观点，使他认识到当时的新的社会、政治制度是由旧的社会、政治制度母体里诞生出来的，要完全消灭新的社会、政治制度，必须回复到更原始的时代去。庄子企图用"复旧于自然"的手段来达到旧的社会、政治制度复辟的目的。他描写他理想中的"自然的社会"的图样说：

> 故至德之世，其行填填，其视颠颠。当是时也，山无蹊隧，泽无舟梁；万物群生，连属其乡；禽兽成群，草木遂长，是故禽兽可系羁而游，乌鹊之巢可攀援而窥。夫至德之世，同与禽兽居，族（聚也）与万物并，恶乎知君子小人哉？（《马蹄》）

这简直是"原始群"的状况，真是"自然的社会"了。然而他在上文又说："民有常性，织而衣，耕而食。"他认为小农经济是天然生成的，这样，他的"自然的社会"就实际上是一个小农经济的社会，还是和老子的学说差不多。不过他所规划的社会图样，比老子的更近于原始状态，大体说来，就是农村公社的状态，也就是作为宗法贵族统治的经济基础的"井田"制度。所以仔细分析起来，庄子的意图，还是要恢复宗法贵族统治的原始的宗法封建制社会。这比起老子的企图维持公社化的小农农村来，还要落后一步。

从庄子的整个哲学出发，他的政治观不可能不和老子一样，就是主张"无为之治"：

> 闻在（存也）宥（宽也）天下，不闻治天下也。在之也者，恐天下之淫其性也；宥之也者，恐天下之迁其德也。天下不淫其性，不迁其德，有治天下者哉？（《在宥》）
>
> 自三代以下者，匈匈焉终以赏罚为事，彼何暇安其性命之情哉，……故君子不得已而临莅天下，莫若无为。无为也，而后安其性命之情。……（同上）

"治天下"的方法就是不治天下，一切听其自然，也就是"无为"。老子以"无为"为"为"，这是相对的"无为"，庄子实际上是主张绝对的"无为"的，也就是真正的"复归于自然"。所以庄子的思想比老子更反动。但是当时的社会早已进入了阶级社会，阶级社会不能没有国家、政治，庄子也不可能不认识到这点，所以庄子也要谈政治。但他的政治，表面上是绝对的"无为"，实际上是反对当时的"为"的新政治，他要行"自然的政治"，使人人"安其性命之情"。在理论上，他是以绝对的"无为"来"为"，而其实际意义，不过是要把因"为"而产生的新的社会、政治，恢复到旧的社会、政治而已：这就是庄子学说主要的阶级目的！

庄子不但反对当时的"霸道"政治，也反对儒墨的所谓"王道"政治，因为两者都是"为"，"为"就是不好。他说：

> 彼正正者，不失其性命之情，故合者不为骈，而枝者不为跂；长者不为有余，短者不为不足。……意仁义其非人情乎？彼仁人何其多忧也！……今世之仁人，蒿目而忧世之患，不仁之人，决性命之情而饕富贵。故意仁义其非人情乎？自三代以下者，天下何其嚣嚣也。……屈折礼乐，呴俞仁义，以慰天下之心者，此失其常然也！（《骈拇》）

总的一句话："顺物自然而无容私焉，而天下治矣。"（《应帝王》）

庄子知道自己所想的一套办法，在当时是行不通的，所以他只图"存身"，做个"隐士"。他说：

> 古之所谓隐士者，非伏其身而弗见也，非闭其言而不出也，非藏其知而不发也，时命大谬也。当时命而大行乎天下，则反一无迹；不当时命而大穷乎天下，则深根宁极而待：此存身之道也。（《缮性》）

庄子自己承认他的阶级"时命大谬"。凡是"隐士"都是"时命大谬"的。当然，他们也希望"当时命而大行乎天下"，但这种机会既得不到，"不当时命而大穷乎天下"，则只有"深根宁极而待"，即所谓"存身"。像这样的思想，当然是反动阶级的思想。在这一点上，古今的反动阶级，都是一样的。

当庄子的时代，还和孟子的时代差不多：儒、杨、墨三家仍在争鸣。道家虽出于杨朱学派，但老庄的学问高深玄妙，却远远超过杨朱，至少庄子已经不承认杨朱是他们的"先师"了。庄子固然要反对三家，然特别反对的，还是对立的"显学"儒、墨两家。他说：

> 下有桀跖，上有曾史，而儒、墨毕起。(《在宥》)
>
> 削曾史之行，钳杨、墨之口，攘弃仁义，而天下之德始玄同矣。
> (《胠箧》)

他认为"曾史"和"桀跖"一样，都是要不得的。"曾史"也就是儒、墨。因为儒、墨讲"仁义"，搞得天下大乱，所以要加以反对。我们知道：儒、墨都是比较接近新兴地主阶级的学派，可能在庄子时代，已经有代表地主阶级的儒、墨了，庄子认为这些新兴的知识分子，都是扰乱天下的，他站在旧贵族的阶级立场上，不能不反对儒、墨。同样地反对儒、墨，庄子和韩非的阶级立场完全不同：韩非站在那一头，庄子站在这一头，儒、墨刚巧在当中，所以两面都反对他们。

除了儒、墨外，庄子也反对他的朋友惠施的学说。虽然在庄子和惠施的学说相当接近，然而庄子不追求事物的细微道理，而只求所谓"大道"（客观的宇宙精神和主观的"心"，归本于"心"）；惠施却"逐万物而不反"(《天下》)，这在庄子看来，是"穷响以声，形与影竞走"（同上），永远没有完结。似乎惠施是认为万物可知的，而庄子认为不可知：这是不可知论和可知论的斗争。除了庄子自己以外，庄子认为只有关尹、老聃是"古之博大真人"(《天下》)。然而，庄子毕竟源出儒家，所以在他的书的后序《天下》篇里，还是称道"先王之道"，即所谓"古之道术"的，而"古之道术"存于"六经"，儒家传之。他在这里，也和儒家一样，说："天下大乱，贤圣不明。"他也说了和荀子的口吻差不多的话，百家"皆有所明"，"皆有所长"，但是"不该不遍"，只是"一曲之士"。他又说"百家往而不返，必不合矣"。"道术将为天下裂"(《天下》)。这种言论，都是企图统一思想的。不过庄子和荀子、韩非等不同，他企图用"古之道术"来统一"百家"；他所谓"古之道术"，就是儒家以前的"王官之学"。从这里看，庄子便是在儒家中，也是最落后的！

荀子思想研究

一 前论

荀子名况，是赵国人，生当战国后期，曾游历齐、秦、楚等国，死于楚国兰陵地方。他的出身大概是个士，也就是新兴士夫集团中的人物。他后来虽游历各国，地位比较升高了，但至多不过是个大夫的地位。他也与孔、孟一样，不曾真正得过志，最后著书而死。但他的弟子李斯却做过秦朝的宰相，帮助秦始皇改制，是中国政治史上一个重要人物。荀子的学说对于李斯是有影响的，李斯思想确实有些导源于荀子。荀子的另一弟子韩非，是战国末年法家的一个集大成者，韩非也很受荀子的影响。同时韩非的学说，也正是秦始皇所喜爱的。所以荀子的思想通过韩非、李斯，颇有影响于秦朝的政治，而汉朝的制度有许多是继承秦朝的。汉朝所谓"王霸杂用"的政策，实际上就是"阳儒阴法"，而荀子便是一个儒家大师中"阳儒阴法"的人：必须明白这点，才能抓住荀子思想的本质。

我们认为：新兴地主阶级的正式形成，实在战国后期，而荀子就是儒家中第一个真正代表地主阶级说话的人。但他和孟子差不多，也有贵族性。一般说来，儒家，特别是先秦儒家，多少总带有些贵族的味道，荀子的贵族性还是比较少的。由于他和别的儒家颇有些不同，因此荀子是先秦儒家中一个异端思想家。

　　荀子继承了先秦时代丰富的文化遗产，他不但是先秦儒家的一个集大成者，并且批判的继承了先秦各派的思想，可惜他尚有未能贯通之处，所以他又是个儒家中的"杂家"。他的思想内容是丰富的，而且是有重点的，但也有杂凑的成分。他一面继承了前人的遗产，一面又有自己独创的新见解。

二　天道观和名学

　　荀子在天道观上基本上是个唯物论者，他说：

　　　　天行有常，不为尧存，不为桀亡；应之以治则吉，应之以乱则凶。强本而节用，则天不能贫；养备而动时，则天不能病；修道而不贰，则天不能祸；故水旱不能使之饥渴，寒暑不能使之疾，袄怪不能使之凶。本荒而用侈，则天不能使之富；养略而动罕，则天不能使之全；倍道而妄行，则天不能使之吉；故水旱未至而饥，寒暑未薄而疾，袄怪未至而凶。（《天论》）

从全部《荀子》书看（今传《荀子》书三十二篇，大体上可说是荀子和荀门后学的总集。其中《非相》《非十二子》《天论》《正论》《礼论》《乐论》《解蔽》《正名》《性恶》等篇，可认为荀子本人的著作），荀子似乎还不能完全摆脱天鬼等的迷信，然而我们对于古代学者要求不能太严格，像荀子这样的天道观，就应该认为是唯物论的了（参看荀子《赋》篇二。又上引文中，荀子已承认有"袄怪"）。上引的文字的意思主要有两点：（一）天是自然物，它的运行是有常规的。（二）人事的吉凶决定于人，而不决定于天。这种思想是春秋以来唯物论天道观的发展，荀子开始确立了这种唯物的天道观，对于后世儒家很有影响。荀子又说：

　　　　雩而雨何也？曰：无何也，犹不雩而雨也。日月食而救之，天

旱而雩，卜筮然后决大事，非以为得求也，以文之也；故君子以为
文，而百姓以为神；以为文则吉，以为神则凶也。（同上）

这就是说：各种宗教仪式并没有什么实际的效果，只是一种"文"，
不迷信就吉，迷信就凶。（荀子不信灾异，也见《天论》篇。）

荀子又说：

大天而思之，孰与物畜而制之；从天而颂之，孰与制天命而用
之；望时而待之，孰与应时而使之；因物而多之，孰与骋能而化之；
思物而物之，孰与理物而勿失之也；愿与物之所以生，孰与有物之
所以成；故错人而思天，则失万物之情。（同上）

这是一种人定胜天的思想，这也是春秋以来进步思想家的议论的总结
和发展。这类思想，可以说是新兴阶级在生产力发展、科学技术提
高的条件下的一种新生的进步思想。新兴阶级固然多主张唯物论，
但如果没有生产力发展、科学技术提高的条件，他们是不能打破宗
教迷信的。特别是人的力量的发现，必须要有上述的条件（有人认
为这种天道观的出现与当时的阶级斗争和兼并战争有关，也很可供
参考）。孔、孟虽都怀疑鬼神，但他们都坚信所谓"命"，荀子虽不
曾明白地反对"命"，然人定胜天的思想，就是对于"命"的思想的
一种否定。荀子事实上是"非命"的，所以他怀疑"相人之术"。他
曾说：

相人，古之人无有也，学者不道也。（《非相》）

相人之术是和"命"的学说有联系的，因相学家认为人的命的好坏，
可以从相貌上看出来，所以荀子"非相"就是"非命"。（这是指的
实际；但讲"命"的话，《荀子》书中也偶有可见到的。）不过，荀
子也和孔子们一样，认为天道是难知的，所以他虽提出了唯物论的
天道论，而对于天道也抱着"罕言"的态度。他说：

> 其于天地万物也，不务说其所以然，而致善用其材。(《君道》)
>
> 唯圣人为不求知天。(《天论》)

这种局限性，在当时的科学水平下，是不可避免的。总而言之：多讲人事，少讲天道，在当时总还是一种比较进步的思想。

荀子的思想方法，也是比较实际而带有唯物论倾向的。例如像秦的这样一个国家，在一般儒者看来，总是不合"圣王之道"的，总是所谓"乱今"，而不是所谓"治古"。然荀子却很赞美秦国的政治，为了照顾儒家的门面话，他固然对于秦国的政治也有些批评，即认为只是"霸道"，还不合"王道"的标准。然而是褒胜于贬的。这就是因为他看到秦国的富强，不能像别的儒家那样闭着眼睛说话。荀子对于秦国政治的看法，是比较实事求是的，这就证明他的思想方法是比较实际的，比较客观的，与别的儒家空想的主观主义的思想方法有所区别。同时这也证明了荀子思想的"阳儒阴法"的本质。

荀子的论辩术，也是比较合乎逻辑而有系统的，他层层设证，反复说明，这种论辩术和墨子差不多。但是墨子思想是比较一贯的，而荀子的思想比较驳杂，往往有自相矛盾，不能自圆其说的地方，这是他不及墨家的所在。

荀子的名学是常识性的，他反对某些名家的诡辩，为了与诡辩者作斗争，他建立了一套逻辑学系统，例如他说：

> 故万物虽众，有时而欲遍举之，故谓之物。物也者，大共名也；推而共之，共则有共，至于无共然后止。有时而欲偏（偏）举之，故谓之鸟兽，鸟兽也者，大别名也，推而别之，别则有别，至于无别然后止。(《正名》)

他分别"共名"和"别名"很是清楚。譬如我们叫各种东西为"物"，"物"就是一个大共名，大共名的"物"能够遍举万物，"共名"愈来愈大，"至于无共然后止"。比"物"较小的共名例如"鸟兽"，"鸟兽"这个名里面包含着许多种鸟和兽，因此是个较小的"共名"，同时也是"大别名"，"别名"愈分愈小，"至于无别然后止"。他虽说得不很详细，然而这里面就表现了一定的逻辑学的系统。他又说：

> 名有固善径易而不拂，谓之善名，物有同状而异所者，有异状而同所者，可别也。状同而为异所者，虽可合，谓之二实。状变而实无别而为异者，谓之化，有化而无别，谓之一实。此事之所以稽实定数也，此制名之枢要也，后王之成名，不可不察也。（同上）

"善名"就是妥当的名。所谓"物有同状而异所"，例如两匹马同一形状，但各在一处；"物有异状而同所"，例如老年人和幼年人，形状虽然不同，但是老年人是幼年人变成的，同是一身。这些都可以分别。即使是"同状而异所"，虽然可合，但只能说是"二实"。状变而实无别的，叫做"化"，虽然有变化，并无分别，所以谓之"一实"。所谓变化者，就是改旧形为新形，但还是这件东西，例如一个人的老幼时代的不同。荀子这种名学，在当时说来，已经是相当细密的了。他又说：

> 知异实者之异名也，故使异实者莫不异名也，不可乱也；犹使异实者莫不同名也。（同上）

杨注引或说："犹使异实"的"异"字当为"同"字。这就是说：异实必须异名，同实必须同名，这就是所谓"正名实"。荀子认为同异的由来，是客观事物在人的主观意识里的反映。他说：

> 然则何缘而以同异，曰：缘天官。凡同类同情者，其天官之意物也同，故比方之疑似而通，是所以共其约名以相期也。形体色理以目异，声音清浊调竽奇声以耳异，甘苦咸淡辛酸奇味以口异，香臭芬郁腥臊洒酸奇臭以鼻异，疾养沧热滑铍轻重以形体异，说故喜怒哀乐爱恶欲以心异。心有征知，征知，则缘耳而知声可也，缘目而知形可也，然而征知必将待天官之当簿其类，然后可也。五官簿之而不知，心征之而无说，则人莫不然谓之不知，此所缘而以同异也。（同上）

这就牵涉到认识论的问题了。荀子认为心虽有知识的本能，但必须任用五官，才能知道声音、气味、形相等。五官各有所司，它们各能反映物的一面，它们把所感受的汇报到心，心就有知识了。荀子虽没有明白地说出心有综合的能力，然而通看上下文，荀子是应当承认心有综合能力的。心综合了五官的汇报，认识了物的全体，就可以分别同异，制出名来以指实了。荀子说：

> 故王者之制名，名定而实辨，道行而志通．则慎率民而一焉。故析辞擅作名以乱正名，使民疑惑，人多辨讼，则谓之大奸，其罪犹为符节度量之罪也。（同上）

这就把名学和政治联系起来了。荀子认为诡辩者是"析辞擅作名以乱正名"，这能使民疑惑，导致"人多辨讼"的结果。他们的罪恶是很大的。荀子认为名是王者或所谓知者制定的，制名的目的本是为了政治。他说：

> 异形离心，交喻，异物名实玄（互）纽，贵贱不明，同异不别，如是，则志必有不喻之患，而事必有困废之祸。故知者为之分别制名以指实，上以明贵贱，下以辨同异。……此所为有名也。（同上）

名的主要作用是"上以明贵贱，下以辨同异"，所以它和礼与法是同类的东西，正名也就是正礼、正法（所以有所谓"刑名法术之学"）。但荀子认为名本来不是固定的，然而既制定了名，就须大家遵守，不能紊乱。他说：

> 名无固宜，约之以命，约定俗成谓之宜，异于约则谓之不宜。名无固实，约之以命（实），约定俗成谓之实名。（同上）

"名无固宜"是说名没有固定的适宜不适宜，"名无固实"是说名没有固定的所指的实物。名的产生，只是"约定俗成"而已。但是既然"约定俗成"了，就不可随便改变，如果用诡辩来紊乱名实，这就是大罪。既然有了名，就可以有"辞"和"辨说"。他说：

> 名也者，所以期累实也；辞也者，兼异实之名以论一意也；辨
> 说也者，不异实名以喻动静之道也；期命也者，辨说之用也；辨说
> 也者，心之象道也；心也者，道之工宰也；道也者，治之经理也。
> 心合于道，说合于心，辞合于说，正名而期，质请而喻，辨异而不
> 过，推类而不悖，听则合文，辨则尽故．以正道而辨奸，犹引绳以
> 持曲直，是故邪说不能乱，百家无所窜。……（同上）

这段话的意思是说：心要合于道，辨说要合于心，言辞要合于辨说，
最后就是正名。名正了，一切就可以正。正名的结果，可以"正道
而辨奸"。这样，百家邪说就不能紊乱正道了。可见荀子的名学主要
是为政治服务的，是为统一思想服务的。儒家正名的学说，虽开始
于孔子，但是孔子所谓"正名"，很少逻辑的意味，主要是正旧名，
也就是恢复周礼的一种手段。荀子的正名虽然也有孔子正名的意味，
然而他已推到逻辑学方面去，追寻名的根源，并主张适合时势，制
造新名，拿新名来补充旧名：这是荀子和孔子不同的地方。

> 若有王者起，必将有循于旧名，有作于新名。（同上）

这段话说明荀子所处的时势和孔子不同。

最后，应当指出：荀子的天道观和名学（宇宙论和方法论），大
体一致，基本上都是唯物主义的!

三　伦理思想

伦理思想在荀子思想中所占的比重比较不大，他是着重政治思
想的。但儒家的学说中，伦理思想常居主要的地位，荀子既然还算
是儒家，那么他的伦理思想，我们还应重视。（我们讲孔子思想时，

是把他的性伦和教育思想联系起来讲的，因他所讲的"性"主要是才性。而孟、荀的所谓"性"，主要是讲善恶，所以应当放在伦理思想中讲。心与性相联，更不能分割开讲。）

荀子的伦理思想是从他的性恶论出发的，他以为人的天性本来是恶的，凡是善都是人为（"伪"）的。他说：

> 人之性恶，其善者伪也。今人之性，生而有好利焉，顺是，故争夺生而辞让亡焉；生而有疾恶焉，顺是，故残贼生而忠信亡焉；生而有耳目之欲，有好声色焉，顺是，故淫乱生而礼义文理亡焉。然则从人之性，顺人之情，必出于争夺，合于犯分乱理，而归于暴；故必将有师法之化，礼义之道，然后出于辞让，合于文理，而归于治。（《性恶》）

他把人的情欲看成是恶的，他的所谓"性"实际上就是情欲，换句话说，就是人的自然的要求。（《正名》篇说："性者，天之就也；情者，性之质也；欲者，情之应也。以所欲为可得而求之，情之所必不免也……"）所以荀子的所谓"性"和孟子的所谓"性"是有差别的。荀子是个古代唯物论者，他把天看成自然，天生的人都有自然的情欲，即所谓"饮食男女，人之大欲存焉"，这种情欲，荀子认为是恶的。他认为这种情欲如果听其自由发展，就会发生争乱，因此必须用人为的"礼义"等等来矫正，然后才能天下太平。他的这种人性论，表面上是指整个人类的性，实际上是指的被统治阶级的性（凡是阶级社会的思想家，总是企图把有阶级性的东西，说成无阶级性，是人类共同的东西，但是就在他们的"理论"中，仍然免不掉要暴露出阶级性来。这是阶级社会中统治阶级"理论"的共有特点，不仅荀子的性论如此）。他要被统治阶级认识自己的天性是恶的，一切要求都不应该，必须服从统治阶级所规定的"礼义"等等，用统治阶级的要求来矫正自己的要求，这样才"合于文理，而归于治"。荀子性恶论的阶级本质，是很明显的！他替"性""伪"下了明确的定义：

> 不可学，不可事，而在人者，谓之性；可学而能，可事而成，
> 之在人者，谓之伪：是性伪之分也。（同上）

"性"是天然的，"伪"是人为的，用人为来矫正天然，这也合于他的
人定胜天的思想。然则这种"人为"是谁为的呢？他说：

> 问者曰："人之性恶，则礼义恶生？"应之曰："凡礼义者，是生
> 于圣人之伪，非故生于人之性也。……圣人积思虑，习伪故，以生
> 礼义而起法度，然则礼义法度者，是生于圣人之伪，非故生于人之
> 性也。"（同上）

"礼义法度"是圣人所造的，也就是统治阶级所规定的，这里说得很
明显：统治阶级是善的，被统治阶级是恶的，因为被统治阶级只有
恶性，没有善，善是出于统治阶级的。所以他说：

> 故圣人化性而起伪，伪起而生礼义，礼义生而制法度。（同上）

"化性起伪"就是一种教育，是统治阶级对被统治阶级的教育。"礼
义"还属于伦理道德的范畴，法度就是政令法制了。这些道德和法
制都是统治阶级所创造的，是用于统治被统治阶级的一种"良好"
工具。

荀子在表面上虽然承认人人都可以为圣人，但实际上，他是认
为只有统治阶级才可以成为圣人的。他的"圣人"，实在就是"圣
王"（荀子的有些表面话，是不可相信的）。然而为了迷惑人，使被
统治阶级都服从统治阶级所定的"礼义法度"，所以他说：

> 涂之人可以为禹曷谓也？曰：凡禹之所以为禹者，以其为仁义
> 法正也，然则仁义法正有可知可能之理，然而涂之人也，皆有可以
> 知仁义法正之质，皆有可以能仁义法正之具，然则其可以为禹明矣！
> （同上）

这就是孟子所说的"人皆可以为尧舜"的老论调。孟子主张性善，所

以认为"人皆可以为尧舜"。荀子虽然主张性恶，但是他以为"涂之人"，"皆有可以知仁义法正之质，皆有可以能仁义法正之具"，所以"涂之人可以为禹"。孟、荀的差异只在孟子认为人的天性里本有善，所以能够行善；荀子则认为人的天性里本来没有善，只有恶，但是人能知道善，能够学善。在这里，荀子的议论是有些自相矛盾的。主张性善论者可以反驳他：人的天性里既然没有善，又怎能知善、行善呢？其实荀子是认为人的天性里虽没有善，然有智慧，既然有智慧，就可以知善、行善。可是从孔子以来，儒家都把智慧算做是善（至少孔子、孟子是如此），孟子就把"知"认为人的四个善端之一。照荀子这段话看来，似乎荀子是把知和善分开来的，知是材质，是天生的，无所谓善不善；而道德则是人为的，是后天的"伪"。然人的智慧可以认识善的可贵，所以都想变本性的恶为人为的善。所以荀子说：

> 凡人之欲为善者，为性恶也。（同上）

这是说人的所以要为善就是因为性恶的缘故，好像穷人所以要富，就是因为他穷的缘故。这样，荀子就把他的性论中的矛盾统一起来了。但他又说：

> 夫人虽有性质美，而心辩知，必将求贤师而事之，择良友而友之，……身日进于仁义，而不自知也者，靡使然也。今与不善人处，……身且加于刑戮，而不自知者，靡使然也。（同上）

荀子这里又说人有性质美的，这又与他的性恶论相矛盾了。可能荀子这里所说的"性质"只是材质，就是说人虽然有材质高明的，也必须要有贤师、良友的指导，才能"进于仁义"；如果和不善人长在一起，受了影响，就会犯罪。在这里，荀子强调了师友环境的作用，有些和孔子的"性相近，习相远"的说法相近。可是荀子又说：

> 曰："圣可积而致，然而皆不可积，何也？"曰："可以而不可使

> 也。故小人可以为君子，而不肯为君子；君子可以为小人，而不肯
> 为小人。"（同上）

这里透示出这样的一个意思：有的人不可能成为君子，还有些人不可能成为小人。这与孔子所说的"唯上知与下愚不移"的意思也相接近。实际上（注意"实际"二字，不是说荀子文字所表现的意思就是这样）荀子这里所说的"君子"，主要是指统治阶级，所谓"小人"，主要是指被统治阶级（"君子""小人"本是阶级的名词）。

无论孟子、荀子所说的"性"，都是属于人性论的范畴的。他们把人的阶级性抽掉，而泛论"人性"。可是就在他们的性论之中却也透露出阶级的本质来，因为他们的所谓"善""恶"，实际上是统治阶级的所谓"善""恶"，决不是全民性的！

荀子不但研究"性"，也研究"心"，他认为"心"是认识的器官。他说：

> "人何以知道？"曰："心。""心何以知？"曰："虚壹而静。心未尝不臧也，然而有所谓虚；心未尝不满也，然而有所谓一；心未尝不动也，然而有所谓静。人生而有知，知而有志，志也者，臧也，然而有所谓虚，不以所已臧害所将受，谓之虚。心生而有知，知而有异，异也者，同时兼知之，同时兼知之，两也，然而有所谓一，不以夫一害此一，谓之壹。心卧则梦，偷则自行，使之则谋，故心未尝不动也，然而有所谓静，不以梦剧乱知，谓之静。"（《解蔽》）

他认为人所以能知道理，是依靠"心"这个器官；"心"要能认识万物、事理，必须"虚壹而静"。这种思想似乎是受的道家的影响。他认为人天生就有知识的本能，人知识了事物，就会藏在记忆里，不过当人观察事物时，必须要虚，不能把过去的经验妨害新的认识；认识了新的事物，同时把它们兼藏在心里，然而又必须"一"，不要拿另外的一个知识来妨害这一个知识，这就叫"壹"；心会做梦，会计谋某一件事，所以心是会动的，然而要守所谓"静"，例如不把梦里的所见来混乱知识，这就叫"静"（杨注："梦，想像也；剧，

嚚烦也。"然上文注又言:"人心有所思,寝则必梦",此注是也)。可见荀子对于心理是有些研究的。荀子又说:

> 故人心譬如槃水,正错而勿动,则湛浊在下,而清明在上,则足以见须眉而察理矣。微风过之,湛浊动乎下,清明乱于上,则不可以得大形之正也。心亦如是矣,故导之以理,养之以清,物莫之倾,则足以定是非、决嫌疑矣。小物引之,则其正外易,其心内倾,则不足以决庶理矣。(同上)

由此可见:荀子的心理学是侧重"静"的,因为心静了,就足以察见事物的真相。换句话说:心不可乱,使外物不能扰乱心的官能,那就可以认识是非了。如果人心被外物所扰乱,那就"不足以决庶理"。这种学说,似乎与孟子所说的"不动心"学说有关系。这种学说也可能是儒家受到道家思想的影响后才产生的。但荀子所说的这种道理,似乎是有心理经验的,荀子对于心理,确乎有些研究。荀子又说:

> 凡观物有疑,中心不定,则外物不清;吾虑不清,则未可定然否也。(同上)
> 闲居静思则通。(同上)

他认为中心不定,则认识外物不清,心认识外物不清楚,就"未可定然否",所以必须"闲居静思",然后才能够"通"。这种学说显然是受了道家的影响。我们知道:道家对于"心"的看法,主要是唯心论的,所以荀子的心理学中就掺杂了唯心论的成分。例如他说:

> 心者,形之君也,而神明之主也;出令而无所受令。自禁也,自使也,自夺也,自取也,自行也,自止也。(同上)

"心者形之君"还可以说得通,因为大脑(心)确实是身体的主宰。但是"出令而无所受令",就是唯心论的论调了。我们知道:心(大脑）只是一个器官，它只具有认识的本能，必须有外物的刺激，心才能发挥它的认识的本能而认识外物，心所认识的物，只是物在心中的反映，这才是唯物的认识论。荀子是以心为主，以物为宾，那就是唯心论了。荀子又说：

> 君子养心莫善于诚，致诚则无它事矣。（《不苟》）
> 著诚去伪，礼之经也。（《乐论》）

在这里，又可看出荀子受到思孟学派的影响。但是思孟学派讲"诚"，是和他们的性善论一致的，因为性善所以要诚，诚就是率性而行，所以讲诚不能有伪。荀子是主张性恶的，所以着重人为，也就是所谓"伪"。可是他又说"著诚去伪"，那就只有做坏事了：这岂不是荀子自相矛盾的地方吗？（荀子这里所说的"伪"，自与"化性起伪"的"伪"不同，但"著诚去伪"，总是同于思孟学派的仪伦，与荀子性恶论之说有矛盾。）

综看荀子的性论和心论，是有些自相矛盾的。荀子似乎是把情欲归之于"性"，智慧归之于"心"，那就是说：性是恶的，而心是善的，把心性隔离开，那是不能自圆其说的！

我们如不把荀子所说的"心""性"的理论与他的伦理思想联系起来，就不能说明他的伦理思想的要义。荀子的伦理学说，以"礼义"为首要。"礼"的实质，就是稳定阶级与等级秩序的一种制度和仪文，而"义"就是统治阶级认为所应当做的事情。"礼""义"合在一起，就成为巩固封建社会秩序的道德和制度了。在"礼""义"之中，荀子尤其强调"礼"，在他的书中有篇《礼论》，中说：

> "礼起于何也？"曰："人生而有欲，欲而不得，则不能无求；求而无度量分界，则不能不争；争则乱，乱则穷。先王恶其乱也，故制礼义以分之，以养人之欲，给人之求，使欲必不穷乎物，物必不屈于欲；两者相持而长，是礼之所起也。"

这就是说：因为人性恶，所谓"恶"就是欲望，每人都有欲望，如果不替他们制定"度量分界",就不能不争,争就要乱。"礼义"就是"度量分界",它的目的在"使欲必不穷乎物,物必不屈于欲"。换句话说:就是定出一套阶级和等级的制度来,每个人按照他的阶级和等级享用物资,这样物的分配,就有一定的制度,大家遵守制度,就不会"争",也就不会"乱"了:这完全是统治阶级的理论,是为统治阶级服务的。荀子说得很明白:

> "君子既得其养,又好其别,曷谓别?"曰:"贵贱有等,长幼有差,贫富轻重皆有称者也。"(同上)

可见"礼"的主要作用是"别","别"就是贵贱、贫富等人都有差别,阶级和等级的差别,就是荀子的所谓"礼"。

除"礼"之外,荀子和其他儒家一样,也提倡"乐"。在荀子书中不但有礼论,还有乐论。《乐论》篇说:

> 夫乐者乐也,人情之所必不免也,故人不能无乐。乐则必发于声音,形于动静,而人之道声音动静性术之变尽是矣。故人不能不乐,乐则不能无形,形而不为道,则不能无乱,先王恶其乱也,故制雅颂之声以道之,使其声足以乐而不流,使其文足以辨而不谄,使其曲直繁省,廉肉节奏,足以感动人之善心,使夫邪汙之气无由得接焉:是先王立乐之方也。

荀子谈"乐"的话,固然和其他的儒者差不多,但它有一个特殊之点,荀子的乐论与他的性恶论也是有联系的。他认为人的本性中的"乐",并不是完全正当的,所谓"形而不为道,则不能无乱",先王要纠正这种"乱",就制作"雅颂之声"来引导人民,其目的在感动"人之善心",离开所谓"邪汙之气",这样"乐"和"礼"就有同样的作用了。不过所谓"人之善心"是和他的性恶论多少有些矛盾的。荀子甚至把国家的安危归之于"乐"的好不好(并见《乐论》篇)。荀子认为"乐"对于统治阶级和被统治阶级,作用是不同的,要使统治阶级纠正被统治阶级的缺点。他说:

> 乐者，乐也；君子乐得其道，小人乐得其欲。以道制欲，则乐
> 而不乱；以欲忘道，则惑而不乐。（同上）

他把"道"归之"君子"，把"欲"归之小人，主张"以道制欲"：这
就是荀子乐论的阶级性。荀子又说：

> 且乐也者，和之不可变者也；礼也者，理之不可易者也。乐合
> 同，礼别异；礼乐之统，管乎人心矣。（同上）

从此看来，"礼"是分别阶级和等级的，"乐"则有调和阶级与等级
的作用，"礼""乐"两种工具，都是封建统治阶级所需要的，总之：
都是统治的工具。荀子的"礼""乐"学说，是贯穿伦理和政治的，
但伦理性至少在表面上更大些。

荀子发挥了儒家的人伦学说，就是所谓"君臣、父子、兄弟、
夫妇"等的伦常道德。但他不像孔、孟那样看重孝弟，他说：

> 入孝出弟，人之小行也；上顺下笃，人之中行也；从道不从君，
> 从义不从父，人之大行也。（《子道》）

他把"入孝出弟"着成"人之小行"，而以"从道不从君，从义不从
父"为"人之大行"。这是和早期儒家的宗法伦理完全不同的。在这
种理论中，实在含有反宗法的意义，这就是因为荀子的伦理学是新
兴地主阶级的伦理学，与宗法贵族的伦理学颇有不同：这也是荀子
伦理学中比较进步的地方。

四　政治思想

荀子的政治思想是很复杂的，体系相当大，也讲得很详细。他
首先从社会观点出发，提出了合群的概念。他认为人所以能战胜万

物，就是因为人能合群，物不能合群的缘故。他说：

> "力不若牛，走不若马，而牛马为用，何也？"曰："人能群，彼
> 不能群也。""人何以能群？"曰："分。""分何以能行？"曰："义"
> 故义以分则和，和则一，一则多力，多力则强，强则胜物：故宫室可
> 得而居也，故序四时，裁万物，兼利天下，无它故焉，得之分义也。
> 故人生不能无群，群而无分则争，争则乱，乱则离，离则弱，弱则
> 不能胜物。……（《王制》）

荀子认为人所以能合群，是因为有"分"，所谓"分"，就是名分等
级的意思。为什么能行"分"呢？这是依靠"义"。什么叫做"义"
呢？就是统治阶级所认为合理适宜的道德。用"义"来"分"，据荀
子说，人群就可以"和"，人群和调，就能统一起来，人群统一就多
力，"多力则强，强则胜物"。如果人群中没有"分"，那就要互相
争夺，互相争夺就乱，乱就分离而不能统一，"离则弱，弱则不能胜
物"。荀子这种学说，有它进步的一面，因为合群总还是对的。这种
合群的观点，是旧的宗法封建制割据局面转向地主封建制统一局面
的形势的一种表现，所以有进步的意义。但是荀子所主张的合群的
手段，是制定名分等级，使得人人安分，免除斗争。这种观点，是
为新兴的统治阶级服务的，其实际意义，是巩固阶级与等级，为阶
级与等级制度辩护：这自然是统治阶级的思想。所以就在荀子的合
群学说里，已能明显地看出荀子思想的阶级性。他明白地说：

> 无君以制臣。无上以制下，天下害生纵欲，欲恶同物，欲多而
> 物寡，寡则必争矣。（《富国》）
> 人之生不能无群，群而无分则争，争则乱，乱则穷矣。……而
> 人君者，所以管分之枢要也。……古者先王分割而等异之也，故使
> 或美或恶，或厚或薄，或佚或乐，或劬或劳。……故曰：君子以德，
> 小人以力；力者，德之役也。（同上）

这两段话充分说明荀子思想的阶级性。他完全站在统治阶级的立场上

看问题，认为如果没有君上来制服臣下，那么天下人都要纵欲了，纵欲的结果，"欲多而物寡，寡则必争"，所以必须定出名分等级。君主是管理名分的枢要的人，名分的具体表现，就是阶级和等级，君主把人"分割而等异之"，有的人享受多且好，快乐而不劳苦；有的人享受少且坏，劳苦而不快乐；照荀子看来，这是应当的。所谓"君子以德，小人以力"，也就是孟子所说的"劳心者治人，劳力者治于人"的理论。

荀子把君来代表"群"，要合群就得要尊君，大家都服从君主的统治，天下就太平了。他说：

> 君者，善群也。群道当，则万物皆得其宜，六畜皆得其长，群生皆得其命。……（《王制》）

只要君主很好地掌握阶级与等级的制度，就是所谓"群道当"，那么天下必然太平，"群生皆得其命"。

荀子提倡君权的言论是很多的，例如他说：

> 君者，民之原也；原清则流清，原浊则流浊。（《君道》）
> 道者何也？曰：君道也。君者何也？曰：能群也。能群也者何也？曰：善生养人者也，善班治人者也，善显设人者也，善藩饰人者也。……（同上）

君是"民之原"，只要君主好了，民就好了。甚至"道"就是"君道"，一切都依靠君，因为君是"群"的代表。由于荀子重视君权，当然他所主张的政治，是专制主义中央集权的政治，这是他的时代所决定的。为了维护专制主义的君权，荀子甚至主张君主多设耳目，依靠耳目来统治臣下。他说：

> 便嬖左右者，人主之所以窥远收众之门户牖向也，不可不早具也。故人主必将有便嬖左右足信者，然后可；其知惠足使规物，其端诚足使定物，然后可。……（同上）

这种理论就和法家的理论相差不远了。所以我们说荀子是个"阳儒阴法"的思想家。

荀子所说的"君",当然和法家所说的"君",还有些距离,因为荀子毕竟是个儒家,他不能舍弃礼义道德,他的所谓"君",是具有礼义道德的"圣人",同时又能使用法度,用赏刑来奖罚臣下。礼义法度合一,相辅为用,这就是汉代"阳儒阴法""王霸杂用"的政治。所以我个人认为:荀子理想中的君主,实是未来的汉代的君主;而法家所拥护的君主,则是秦始皇式的君主。在这里,我们又看出荀子和法家的异点。(荀子的一些比较民主的话,我看都是儒家的门面话,并不起多大的作用。)

加强君权和以刑法治国的主张,在当时思想界中是有联系的。这两点都是法家的主要思想,荀子近于法家,所以他也强调这两点。他曾说:

> 法者,治之端也;君子者,法之原也。(《君道》)

荀子甚至把"法"看成"治之端",可见他对于"法"的重视了。那么谁来制"法"呢? 是"君子",就是统治阶级。法的重要在于它的"义",荀子说:

> 不知法之义,而正法之数者,虽博,临事必乱。(同上)

可见"法之数"(法律条文)不如"法之义"的重要了。"法之义"只有"君子"才能知道,"君子"就是荀子所认为"明智的统治者"。他说:

> 故有良法而乱者,有之矣;有君子而乱者,自古及今,未尝闻也。(《致士》)

这样,荀子就把他的尚法论与尚贤论结合起来了。在理论上,他还是侧重尚贤的。

荀子尚"法"的理论，最突出的，莫过于他的非"象刑"论：

> 世俗之为说者曰：治古无肉刑，而有象刑，……是不然！以为治邪，则人固莫触罪，非独不用肉刑，亦不用象刑矣；以为人或触罪矣，而直轻其刑，然则是杀人者不死，伤人者不刑也。罪至重而刑至轻，庸人不知恶矣，乱莫大焉。……故象刑殆非生于治古，并起于乱今也。(《正论》)

> 故治则刑重，乱则刑轻；犯治之罪固重，犯乱之罪固轻也。(同上)

我们知道："象刑"的说法是儒家所提出来的，"象刑"就是不用肉刑，而用衣服等形象来代替肉刑。儒家一般是反对繁刑峻罚的，后世儒者常说周代的成康之治，"刑错四十余年不用"。孔子也说："道之以政，齐之以刑，民免而无耻。"荀子却反对"象刑"，而说"象刑""起于乱今"，甚至公开说："治则刑重，乱则刑轻。"这是与孔子学说直接对立的议论。荀子在《富国》篇里批评墨子说："不足欲则赏不行"，"不威则罚不行。"荀子是重视刑赏的。他又说：

> 治之经，礼与刑。(《成相》)

> 故不教而诛，则刑繁而邪不胜；教而不诛，则奸民不惩；诛而不赏，则勤属（厉）之民不劝；诛赏而不类，则下疑俗俭（险），而百姓不一。(《富国》)

荀子因为是儒家，所以还把"礼"和"教"放在上面，其实他是重视刑赏的(《议兵》篇说"雕雕焉县贵爵重赏于其前，县明刑大辱于其后，虽欲无化，能乎哉")。荀子的这类思想，就启发了韩非、李斯等的法家思想。我们说荀子是先秦后期法家的先驱，是"阳儒阴法"的人物，确是有所据而云然的！(《富国》篇说："由士以上，则必以礼乐节之；众庶百姓，则必以法数制之。"这还是"刑不上大夫，礼不下庶人"的旧思想，但荀子重"法"，是很显然的。)

荀子最突出的思想之一，是"法后王"的思想。所谓"法后王"，表面上是师法周代的文、武等之王，与孔子的"从周"思想差不多。例如他说：

> 王者之制，道不过三代，法不贰后王。……衣服有制，宫室有度，人徒有数，丧祭械用皆有等宜，声则凡非雅声者举废，色则凡非旧文者举息，械用则凡非旧器者举毁，夫是之谓复古，是王者之制也。《王制》）

他不但主张"法周"，而且主张"法三代"，主张"复古"，但我们不要被他的门面话所欺骗，荀子所说的"后王"，实际上是另有所指的。他说：

> 故人道莫不有辨，辨莫大于分，分莫大于礼，礼莫大于圣王。圣王有百，吾孰法焉？故曰：文久而息，节族久而绝，守法数之有司，极礼而褫。故曰：欲观圣王之迹，则于其粲然者矣，后王是也。彼后王者，天下之君也；舍后王而道上古，譬之是犹舍己之君而事人之君也。故曰：欲观千岁，则数今日；欲知亿万，则审一二；欲知上世，则审周道；欲知周道，则审其人，所贵君子。故曰：以近知远，以一知万，以微知明，此之谓也。(《非相》)

在这里，荀子虽还强调"周道"，但是他说："欲知周道，则审其人，所贵君子。"换句话说："周道"是存于所谓"君子"的，而所谓"君子"，就是荀子这样的人。这个"周道"是荀子托古改制的"周道"，并不是真正的周道（大致说来，就是当世之道，范文澜先生也作如此看法，见《中国通史简编》修订本第一编页二八一）。他说得很明白："欲观千岁，则数今日。"可见荀子的所谓"后王"，是真正的后王，就是当世的王，所以说："彼后王者，天下之君也；舍后王而道上古，譬之是犹舍己之君而事人之君也。"这明明白白在说："后王"就是当世之王。荀子有两句扼要的话，就是：

> 故善言古者，必有节（验）于今；善言天者，必有征于人。(《性恶》)

这两句话，可说是荀子的核心思想。"善言古者，必有节于今"，这便是说：古就是今，实际上是牵古就今。荀子的所谓"治古"，实际上就是"治今"；所谓"乱今"，实际上就足"乱古"。荀子的"托古改制"，是非常明显的！荀子在说了"正名"的道理后说："后王之成名，不可不察也！"（《正名》）这个"后王"分明不是指周代的文、武，荀子不可能使死人活起来，采用他的理论，这个"后王"是指后来的王，荀子是要为后来的王"正名"的。所以荀子所谓"后王"更主要的意义，是指他理想中的未来的"王"。荀子对于当世的王，实在还有所不满，例如他对当时最强盛的秦国的政治，虽然很称赞，但仍有批评。《强国》篇载：

> 应侯问孙卿子曰："入秦何见？"孙卿子曰："其固塞险，形势便，山林川谷美，天材之利多，是形胜也。入境，观其风俗，其百姓朴，其声乐不流汙，其服不挑，甚畏有司而顺，古之民也。及都邑官府，其百吏肃然，莫不恭俭敦敬，忠信而不楛，古之吏也。入其国，观其士大夫，出于其门，入于公门；出于公门，归于其家；无有私事也，不比周，不朋党，倜然莫不明通而公也，古之士大夫也。观其朝廷，其闲听决百事不留，恬然如无治者，古之朝也。故四世有胜，非幸也，数也！是所见也。故曰：佚而治，约而详，不烦而功，治之至也，秦类之矣。……然而县之以王者之功名，则倜倜然其不及远矣。是何也？则其殆无儒邪！故曰：粹而王，驳而霸，无一焉而亡，此亦秦之所短也。"

在这里，显然可以看出荀子的牵古就今，他把秦国的政治看成就是古代的政治，说秦国的政治已经接近"治之至"了。所不满足的只是"无儒"，所以他的政治还不纯粹好。照这样说来，只要秦国能用儒者，像汉代的君主那样"阳儒阴法"，"王霸杂用"，那就差不多合乎荀子的理想了。所以我说：荀子的所谓"后王"，他的实质，是类乎汉代的君主的"后王"，这是真正的"后王"，并不是周代的文武。荀子虽然有时也称道"先王"，而他的所谓"先王"实际上也与"后王"差不多。称道"先王",是儒家的传统;"法后王",则是荀子的创见。荀子的"法后王"的思想,实质与法家的尊今抑古的思想有近似之点。荀子的确不愧为韩非、李斯的老师!

从"法后王"的思想出发,荀子建立了"古今一度"的学说。他说:

> 夫妄人曰:古今异情,其以治乱者异道,而众人惑焉。……圣人者,以己度者也,故以人度人,以情度情,以类度类,以说度功,以道观尽。古今一度也,类不悖,虽久同理。(《非相》)

在这段话里,我们可以看出荀子所以要提出"古今一度"论,是因为当时有人说古今时势不同,所以不能拿古代的治法来应用于当时,这原是进步的理论。其实荀子也承认的,所以在他的书中有"治古""乱今"的称呼,这就说明了古今是不同的。荀子在实质上是承认"今"的,但他是个儒者,不能不称道"古",这样在荀子的思想中就形成了矛盾。他想牵古就今,"托古改制",所以就提出"古今一度"的学说,硬说古今是一样的,"古"之道可以行于"今",为儒家的传统见解张目。他的理由是:"类不悖,虽久同理。"就是说古今的人类是一样的,时代虽久,事理是不变的。他这种说法,从表面上看来,是一种形而上学的观点,是否认社会发展和变化的,然而我们不要被他的"托古改制"的表面话所欺骗,实际上他并不承认"古今一度",不过他要把"今"说成"古"而已。韩非是荀子的高足弟子,韩非就主张历史进化论。韩非的基本观点多出于荀子,他的历史进化论,也是导源于荀子的。所以我们认为:荀子的"古今一度"说,实质上是历史进化论的烟幕弹。(王念孙曰:"古今一度也"当作"古今一也"。杨注说:"古今不殊,尽可以此度彼。""古今不殊",就是古今一样。)

由于荀子主要代表新兴地主阶级中的儒家知识分子,所以他不可能不要求参加政权,这样墨家的"尚贤"思想就在荀子的思想中起了很大的影响作用。《荀子》书各篇几乎很少不谈到"尚贤"的。

他的"尚贤"思想，实际上和墨子差不多，例如他的《王制》篇说：

> 请问为政，曰：贤能不待次而举，罢不能不待须而废。……
>
> 虽王公士大夫之子孙，不能属于礼义，则归之庶人；虽庶人之子孙也，积文学，正身行，能属于礼义，则归之卿相士大夫。

这和墨子的话有什么两样？荀子又说：

> 大儒者，天子三公也；小儒者，诸侯大夫士也；众人者，工、农、商贾也。(《儒效》)

这也就是墨子《尚同》篇理论的变相。荀子甚至说：

> 乱世则不然，刑罚怒罪，爵赏逾德；以族论罪，以世举贤。故一人有罪，而三族皆夷；德虽如舜，不免刑均：是以族论罪也。先祖当贤，后子孙必显，行虽如桀、纣，列从必尊：此以世举贤也。以族论罪，以世举贤，虽欲无乱，得乎哉！(《君子》)

这种思想，显然是古代宗法制解体时的学说。"以族论罪"，"以世举贤"，都是宗法制的产物。荀子认为这是乱世的办法，他反对这种办法，当然是有进步意义的！特别是在荀子的时代，荀子能提出这种见解，更应当肯定。后来《公羊传》里"非世卿"的思想，就是继承的荀子的思想。这种思想为汉初的"布衣天子""布衣卿相"的局面，奠定了理论基础。

但是，荀子是重视君权的，而在封建时代，君主世袭制是当然的现象，荀子代表新兴地主阶级，要求有巩固的君权，来替他的阶级服务，这也是必然的。因此荀子和代表庶人阶级上层的墨子不同，他不能承认天子"禅让"制。孟子已经改造了墨家的学说，替"禅让"制度设下了许多限制。荀子则进一步干脆地否认天子"禅让"，以拥护君主世袭制。他的《正论》篇说："天子者，势位至尊，无敌于天下，夫有谁与让矣！"但当时全中国已有统一的倾向，在统一的局面下，所谓"诸侯"不过是一个食封邑的"封君"，是随时可以更换的；同时燕国已曾发生过所谓"禅让"的事实，所以荀子说："有擅国，无擅天下。"可是荀子反对"禅让"的言论，是和他的"尚贤"论有矛盾的。如果要彻底"尚贤"，那就必然要实行"禅让"，这样从天子到百官，才能按照贤能来分等级，若仍要维持君主世袭制，那么"尚贤"就必不能彻底，这是很明白的道理！

荀子也很注重军事，现在的《荀子》书中有《议兵》的专篇，可见荀子是不大反对用兵的，这是因为他的思想体系和法家相接近，同时当时的时代潮流也促使他如此。他也承袭了墨、孟的"征诛"论，认为"桀、纣无天下，而汤、武不弑君"（《正论》），便是说"圣王""征诛""独夫"是合理的：这也是当时时代潮流的产物，不仅荀子如此。荀子也有"王霸"论，其见解和孟子相类似，这已是儒家的套语，在荀子学说中，并没有多大意义。

荀子也继承孔、孟的"富""教"政策，主张对于人民先"富"后"教"。他的具体办法，和孟子的尚没有多大的不同。荀子也主张"节用"，也是承袭孔、墨的见解，无甚特异处。但是荀子已具有"重本抑末"的思想，例如他说"省工贾，众农夫"（《君道》），这似是法家思想的影响，在原始儒家思想中，这点至少是不显著的。此外荀子主张统一思想，反对"百家争鸣"的现象，也开了后来秦始皇、汉武帝政策的先路。

五　教育思想

荀子的教育思想，是比较有完备的体系的（荀子论教育的话，凡写孔、孟相类似的，本文多从略）。他曾经分析了人的心理，下了"性""情""虑""伪""知""能"等的定义：

> 生之所以然者谓之性；性之和所生，精合感应，不事而自然谓

> 之性；性之好、恶、喜、怒、哀、乐谓之情；情然而心为之择谓之
> 虑；心虑而能为之动谓之伪；虑积焉能习焉而后成谓之伪；正利而
> 为谓之事；正义而为谓之行；所以知之在人者谓之知；知有所合谓
> 之智；智所以能之在人者谓之能；能有所合谓之能；性伤谓之病；
> 节遇谓之命：是散名之在人者也。(《正名》)

这比孔、孟对于人的心理的研究，详细多了。"性"，就是自然赋予人
的本性；"情"就是喜、怒、哀、乐等感情，它是出于性的；"虑"就
是考虑；"伪"是经过心考虑而发生的人为的礼义、法度等，它可以
经过学习而获得；"事"是合乎利的事情（这里有墨家思想的影响）；
"行"是合乎"义"的行为；"知"是能知的本质；能知道得正确就
是"智"；"能"就是有用的才能。人的心理所包含的东西，大概就
是这些。这种理论应用在教育上，就是承认人人都有知、能，都可
以受教育。"教"可以"化性起伪"，所以"涂之人可以为禹"。人必
须受君上和师友的教育、督促、影响，才能够有成就。如果不断学
习、修为，就可以达到"圣人"的地步（本文把荀子论"性""心"
的话，主要放在伦理思想中讲，但与教育思想有联系的，也还须在
教育思想部分概要一提）。荀子说：

> 君子博学而日参省乎己，则知明而行无过矣。(《劝学》)
> 干、越、夷、貉之子生而同声，长而异俗，教使之然也。(同上)
> 君子生非异也，善假于物也。(同上)
> 故君子居必择乡，游必就士，所以防邪僻而近中正也。(同上)
> 人之生固小人，无师无法，则唯利之见耳。(《荣辱》)
> 故圣人者，人之所积而致矣。(《性恶》)

荀子也和其他儒家一样，他的所谓"学"是包括知识和道德两方面
的。他认为君子必须博学，同时必须修身，这样的"学"才可以达
到才德兼备，成为有用的人才。荀子认为便是"君子"，也不是生
来就有天赋的异禀（似乎他不同意有像孔子所说的"生而知之"的
"圣人"），不过"君子"善于学习，注意学习环境，用好的环境来改

造自己，同时博学、修身，积久之后，就可成为"圣人"。因为他主张性恶，所以他比孟子更主张学习、修为，但无师、无法，是不行的。大体说来：荀子的看重教育，还过于孔、孟，这是他的性恶论理论的必然结果。荀子的教育思想，比孔子更唯物些。他认为人的贤能与否，都要看后天的教育；换句话说：荀子对于天赋的本能是比较不重视的，而特别重视后天的教育。

但是，荀子的教育思想，和其他阶级社会的思想家一样，也是有阶级性的。他的教育偏重于统治阶级，例如他说：

> "学恶乎始，恶乎终？"曰："其数则始乎诵经，终乎读礼；其义则始乎为士，终乎为圣人。"（《劝学》）

"始乎诵经，终乎读礼"；"始乎为士，终乎为圣人"：这当然不是一般人民的教育和学，而主要是统治阶级的教育和学。然而因为他是代表新兴阶级的，主张"尚贤"，所以他认为人民中也可以有上升的人，怎样才可以上升呢？他说：

> "我欲贱而贵，愚而智，贫而富，可乎？"曰："其唯学乎！彼学者，行之，曰士也；敦慕焉，君子也；知之，圣人也。"（《儒效》）

这就是说：贫贱的人也可以富贵，但必须通过"学"，"学"了就可以做"士""君子"，甚至可以做"圣人"。然而真正贫贱的人，怎可能获得"学"的机会呢？能够"学"的，还是上层分子。在当时说来，也就是庶人中的新兴富人和新兴地主阶级，一般劳动人民是不能获得"学"的机会的。

荀子的所谓"学"是有限度的，并不要求遍知万物。他说：

> 学也者，固学一之也。……全之，尽之，然后学者也。（《劝学》）
> 凡以知人之性也，可以知物之理也，以可以知人之性，求可以知物之理，而无所疑止之，则没世穷年不能遍也。……故学也者，固学止之也。恶乎止之？曰：止诸至足。曷谓至足？曰：圣也。圣

也者，尽伦者也；王也者，尽制者也；两尽者，足以为天下极矣。
（《解蔽》）

我认为荀子所说的"学也者，固学一之也"，就是孔子所说的"一以
贯之"。但他又说"全之，尽之"，那么他所说的"学"的范围，还
是比较广泛的。不过他觉得万物的道理是不能遍知的。如果说一个
人不能遍知万物的道理，这自然是对的。可是荀子的所谓"学"要
求有"止"，就是"止"于"圣"和"王"，那么他所谓"学"的范
围，主要是统治阶级的伦理和制度；这样，学的范围就很狭隘了：
这是古代儒家的通病。

至于荀子所说的"学"和"教"的方法：在"学"的方面，除
了博学、内省、修身外，他比较着重"思"，他说过"闲居静思则
通"（《解蔽》）。这似乎是受了道家思想方法的影响，与孔子的重
"学"的观点，有些两样（虽然他也说"吾尝终日而思矣，不如须臾
之所学也"）。在"教"的方面，他和孔、孟们差不多，着重启发。
他说：

> 故不问而告谓之傲，问一而告二谓之嘴。傲，非也；嘴，非也，
> 君子如向（响）矣。（《劝学》）

这似乎就是孔子"不愤不启，不悱不发"的方法。先秦儒家是一贯不
用灌输式的教育方法的，他们要人学了以后，独立思考，思考不通
然后问，问然后告，所谓"如向"。这种教育方法是比较进步的，是
值得我们参考的。这种方法，是孔、孟、荀共同的，但荀子讲得更
具体，更概要，故引述如上。

荀子对于一般人民，主张先"富"后"教"，当然所谓"富"，
所谓"教"，都是有限度的。在当时，决不可能使一般人民皆"富"
和皆受"教"。荀子这类话和孔、孟一样，都是空想和欺骗。

六 余论

荀子学问很博，他对于当时各派学说都有研究，既吸收，也批判，他的书中有不少地方讨论到其他家派的论点。除了仲尼、子弓以外，对其他都有批评，不但与异派论争，也与同派论争，例如他对子思、孟轲，就有很尖锐的批评，主要是性恶论与性善论的论争，还有唯物论的天道观与唯心论的天道观的论争。荀子既主张性恶论，当然要反对孟子的性善论，这不必多说。性恶论和性善论都是人性论，基本上都是唯心主义的。但荀子的性恶论比较着眼在物质的利害，还不曾完全脱离物质，而孟子的性善论，却是纯粹的唯心论。但荀子特别提出来反对的，还是思、孟学派的神秘主义的宇宙观，荀子批判说：

> 略法先王而不知其统，犹然而材剧志大，闻见杂博，案往旧造说，谓之五行，甚僻违而无类，幽隐而无说，闭约而无解。案饰其辞而祗敬之曰：此真先君子之言也！子思唱之，孟轲和之，世俗之沟犹瞀儒，嚾嚾然不知其所非也，遂受而传之，以为仲尼，子游为兹厚于后世，是则子思、孟轲之罪也！（《非十二子》）

五行学说里可能是很早就有的，但在初发生时，似乎是一种素朴的唯物论，到了思、孟学派，才把唯物论变成唯心论，他们的五行说，大概是一种和阴阳家相近的神秘主义的宇宙观，所以说："僻违而无类，幽隐而无说，闭约而无解。"荀子是主张唯物论天道观的，所以不能不反对这种神秘主义。可是在现今传世的《孟子》书中，以及号称为子思的著作中，都看不见有明显的五行学说，是不是因为荀子学派和其他儒家的反对，思、孟后学在子思、孟子的书中，把它删去了呢？关于这个问题，还待继续研究。

荀子对墨家的斗争最为尖锐，这是因为儒、墨并为当时的"显学"，有势不两立之概。同时荀子代表新兴地主阶级，新兴地主阶级在当时已经逐渐成为统治阶级，而墨子所代表的是庶人阶级的上层分子，在墨子时代，还是被压迫的阶层，所以墨子比较同情广大的劳苦群众；荀子站在统治、剥削阶级的立场上，自然不能不反对墨子。他所最反对的墨家思想，是墨家的人民性思想，例如他说：

> 不知壹天下建国家之权称，上功用，大俭约，而僈差等，曾不足以容辨异，县君臣，然而其持之有故，其言之成理，足以欺惑愚众，是墨翟、宋钘也。（《非十二子》）

从这段话里可以看出荀子的所以反对墨子，主要是反对他的"僈差等"，"不足以容辨异，县君臣"，因为这是与儒家讲等级的思想大相违反的。荀子和墨家的论争，是学派斗争，也是阶级斗争。墨子的"非乐"，也与荀子重礼乐的思想相敌对，所以荀子也给予了尖锐的批评。宋钘基本上近于墨家，也成为荀子论争的重要对象，主要是反对他的"见侮不辱"（见侮不以为辱）说和"情欲寡浅"（人之情欲寡而不欲多）说，这是因为这些思想与荀子的基本思想相矛盾的缘故（参看《正论》篇）。

荀子对当时各派学说的纷纭，认为是"百家异说"，这也是与荀子的政治要求不一致的。荀子想罢黜百家，独尊儒家的仲尼、子弓，要求统一思想，所以借用当时法家所造或者接近法家的人所造的孔子诛少正卯的故事，来表达他的意见：

> 孔子为鲁摄相，朝七日，而诛少正卯，门人进问曰："夫少正卯，鲁之闻人也，夫子为政而始诛之，得无失乎？"孔子曰："居！吾语女其故。人有恶者五，而盗窃不与焉，一曰心达而险，二曰行辟而坚，三曰言伪而辩，四曰记丑而博，五曰顺非而泽，此五者有一于人，则不得免于君子之诛，而少正卯兼有之，故居处足以聚徒成群，言谈足以饰邪营众，强足以反是独立，此小人之桀雄也，不可不诛也！"（《宥坐》）

少正卯的罪状只是"居处足以聚徒成群，言谈足以饰邪营众，强足以反是独立"，当时诸子谁不是如此呢？所以所谓孔子诛少正卯，就是秦始皇"焚书坑儒"的理论根据。这是荀子和法家一贯的地方。不过荀子要独尊儒家，而法家要独尊法家而已。荀子的"阳儒阴法"，于此可见。但是荀子在批评墨子、宋子、慎子、申子、惠子、庄子后，说道：

> 此数具者，皆道之一隅也。(《解蔽》)

可见荀子还承认诸家都得"道之一隅"，未必没有可以吸收的成分，这是荀子与韩非、李斯和秦始皇等人不同的地方。(《荀子·正名》篇说："夫民易一以道，而不可与共故。故明君临之以势，道之以道，申之以命，章之以论，禁之以刑，故其民之化道也如神，辨势恶用矣哉！今圣王没，天下乱，奸言起，君子无势以临之，无刑以禁之，故辨说也。"这也可见荀子的禁止异说的主张。)

(《山东大学学报》历史版 1963 年第 3 期)

韩非子思想研究

一　概论

　　中国地主经济（采用租佃制剥削形式的）究竟萌芽于什么时候，现在还难确断。可是最低限度，在战国中叶，也就是孟子生存的时代，中国最早的土地问题已经发生了；土地问题的提出，反映了古代贫富不均现象的出现和发展。采用租佃制剥削形式的地主经济，是随社会上贫富不均现象的发展而出现的，因此我们可以推断，至迟在战国中叶，地主经济已经开始出现了。到了战国末叶，地主经济的存在，似乎是没有多大问题的。例如，在韩非的代表作《显学》篇里就说："今世之学士语治者，多曰：与贫穷地，以实无资。"可见当时的贫富不均和土地问题已经相当严重了。这是统治阶级提出来的"平均土地"以缓和阶级矛盾的主张的最早出现（在孟子时代，似乎东方各国"授田"制还没有完全崩溃，所以孟子提出来的土地政策，除"井田"外，还是所谓"制民之产"；这种现象，就使我们可以推想：当时地主经济似乎已在开始发展），因此在代表宗法贵族改良派的儒家中已经出现基本上代表地主阶级知识分子的荀子。从此以后，儒家就逐渐地主阶级化了。随着地主经济的出现和发展，中国走向统一局面的趋势越来越明显了。在战国初年就已经开始形成的较小规模的中央集权封建国家，到战国末年，就有结合成代表地主阶级利益的专制主义中央集权封建国家的必要。韩非的学说，就是适应战国末年的形势，为专制主义封建国家服务的思想。

韩非是荀子的学生，但他却从儒家走向法家，并从法家各派学说中集其大成。原来荀子的思想本来就是"阳儒阴法"的，韩非丢掉了他的"阳儒"一面，而把"阴法"变成了阳法。他似是以他的老师荀子某些思想为基础，而吸收了法家各派的思想，构成他自己的法治主义的思想体系。《史记·韩非传》说：

> 韩非者，韩之诸公子也，喜刑名法术之学，而其归本于黄老。……与李斯俱事荀卿，斯自以为不如非。……韩非疾治国不务修明其法制，执势以御其臣下，富国强兵，而以求人任贤，反举浮淫之蠹，而加之于功实之上。以为儒者用文乱法，而侠者以武犯禁。宽则宠名誉之人，急则用介胄之士；今者所养非所用，所用非所养。悲廉直不容于邪枉之臣。观往者得失之变，故作《孤愤》《五蠹》《内外储》《说林》《说难》十余万言。……人或传其书至秦，秦王见《孤愤》《五蠹》之书，曰："嗟乎！寡人得见此人与之游，死不恨矣。"李斯曰："此韩非之所著书也。"秦因急攻韩，韩王始不用非，及急，乃遣非使秦，秦王悦之未信用。李斯、姚贾害之，毁之曰："韩非，韩之诸公子也。今王欲并诸侯，非终为韩不为秦，此人之情也。今王不用久留而归之，此自遗患也。不如以过法诛之。"秦王以为然，下吏治非，李斯使人遗非药，使自杀。韩非欲自陈不得见。秦王后悔之，使人赦之，非已死矣。

韩非虽然出身于贵族，但他的思想却是代表地主阶级的。《史记》说他"喜刑名法术之学，而其归本于黄老"，看现在《韩非子》书里有《解老》《喻老》等篇，有些篇里的思想也的确是"归本于黄老"的。但是现在我们还不能说韩非的法术思想是导源于所谓"黄老之学"的，只能说韩非所接受的法家中某些学派的思想和黄老学派的思想有关而已。今本《韩非子》书里，可能杂有些法家中其他学派的思想。《史记》所转述的韩非的思想，主要是根据现在传世的《韩非子》书的。这些思想，大致可以说是韩非学派的学说，韩非学派的思想，确是和后来秦代的政治有关的，难怪秦始皇欣赏韩非的书了。

今本《韩非子》共有五十五篇，大体上可以说是韩非学派的书。其中最有价值的，是《难势》《定法》《五蠹》《显学》《忠孝》等篇，这些大概是韩非手著的文章，是可以代表韩非的主要思想的。其他各篇，也都有参考价值，至少可以用来说明韩非学派的思想。

最足以说明韩非代表的阶级的，就是下引的《显学》篇中一段话：

> 今世之学士语治者，多曰：与贫穷地，以实无资。今夫与人相若也，无丰年旁入之利，而独以完给者，非力则俭也。与人相若也，无饥馑疾疚祸罪之殃，独以贫穷者，非侈则惰也。侈而惰者贫，而力而俭者富。今上征敛于富人，以布施于贫家，是夺力俭而与侈惰也，而欲索民之疾作而节用，不可得也。（从王先慎本，下同）

这显然是站在新兴富人也就是新兴地主阶级立场上说的话。照韩非的意思：富人的所以富，是由于勤劳俭朴；贫人的所以贫，是由于奢侈懒惰；所以"征敛于富人，以布施于贫家"，就是"夺力俭而与侈惰"。这种富人——地主阶级的理论，这在当时虽然是一种新兴阶级的理论，但在今天我们站在劳动人民的立场上，是不能不予以严正的批判的！

二 宇宙论与方法论

韩非思想主要是为地主阶级服务的法治主义的政治思想，他的宇宙论与方法论以及伦理观念等，都是附属于他的政治思想而为其服务的东西；所以在韩非的整个思想中，这些东西并不占重要的地位。但为了解他的整个思想体系起见，这些东西也不可完全略去。现在先讲一讲他的宇宙论与方法论。

韩非的宇宙论本来应当和他的老师荀子的宇宙论相接近，但是现传的《韩非子》书中，这方面的资料是难找的，表现在现传的《韩非子》书中的宇宙论，是一种接近道家自然主义的思想。本来荀子的"天论"与道家的自然主义思想就有一定的联系，所以表现在现传的《韩非子》书中的自然主义思想，至少可以认为是接近韩非的人或韩非学派的宇宙论。《韩非子·主道》篇说：

> 道者，万物之始，是非之纪也。是以明君守始以知万物之源，治纪以知善败之端，故虚静以待令，令名自命也，令事自定也。虚则知实之情，静则知动者（之）正。有言者自为名，有事者自为形，形名参同，君乃无事焉，归之其情。

这里也提出"道"这一个名词，认为是"万物之始"和"是非之纪"。韩非学派叫君主们守住了这个"始"和"纪"，认为就能搞好政治。所以和道家差不多，韩非学派也叫君主们"虚静""无为"，他们认为这就能"令名自命"，"令事自定"；这样他们的思想就从宇宙论过渡到方法论。他们认为"有言者自为名，有事者自为形"，"名"就是名词，"形"就是事物，所谓"形名参同"，就是名实相符，于是君就可以"无事"；这样就又过渡到政治哲学了。这种思想似乎是把道家的自然主义和荀子的正名论联系起来，为法家的政治思想服务。

韩非学派也讲"道"和"德"的关系，他们说：

> 夫道者弘大而无形，德者核理而普至，……故曰：道不同于万物，德不同于阴阳，衡不同于轻重，绳不同于出入，和不同于燥湿，君不同于群臣，凡此六者，道之出也；道无双，故曰一。……君操其名，臣效其形，形名参同，上下和调也。（《扬权》）

他们也认为"道"是"弘大而无形"的，而"德"则是"核理而普至"的，这种观念和道家并没有什么两样。他们似乎也认为"道"不是物，而是一种抽象的原理，"德"也和物的"阴阳"不同，是存在于具体事物中的"道"。他们从这里引出"君不同于群臣"的道理来。在君臣的道理上，是"君操其名，臣效其形"，就是所谓"循名责实"的意思。这样就能收得"形名参同，上下和调"的效果。这还是从宇宙论、方法论推演到政治哲学。这种理论，可能是韩非学派采之于申不害等人学说的地方。

韩非学派大概参考了申不害、荀子等人的理论，把道家的"道"论和儒家的"正名"论结合起来。他们说：

> 用一之道，以名为首，名正物定，名倚物徙，故圣人执一以静，使名自命，令事自定，不见其采，下故素正。（同上）

"一"就是"道"，用道的方法，是"以名为首"，只要名正了，物就能定，做君主的道理就是"执一（道）以静"，这样就能"使名自命，令事自定"。这样，就是用"法术"的手段来推行所谓"无为之治"。这样也就是从道家的学说过渡到法家的学说。但是法家毕竟和道家不同。所以他们又说：

> 不知其名，复修其形；形名参同，用其所生；二者诚信，下乃贡情；谨修所事，待命于天。（同上）

法家学说多少是有唯物论倾向的，所以他们认为"名"从"形"出，而不是"形"从"名"出。他们认为"形名参同"，"二者诚信"，就能知道下面的情实。他们主张"谨修所事，待命于天"。这种话似乎不像是直接出于荀子学派的韩非的思想，因为荀子学派基本上是否定所谓"天命"的。我个人认为这类话大概是韩非学派所取于申不害等人的理论。可是他们主要的目的，还是"审名以定位，明分以辩类"（同上），还是"循名责实"的政治手段。

上面所说的，是不是韩非本人的思想，是很有疑问的。我们只是把它当作韩非学派的思想来叙述。但是韩非本人的思想，也有发展出这种理论的可能，因为法治主义的思想推到宇宙论、方法论方面去，就可以产生自然主义和"循名责实"等思想来。现传的《韩非子》书中有《解老》《喻老》两篇，和上述的这些思想，以及韩非本人肯定申不害、慎到等人思想的言论，似乎都不是偶然的事。

至于韩非本人，他的确发展了荀子的逻辑学，所以剖析事理很是清楚。现在且引一段比较可靠的韩非的话，就可以看出韩非的思想确富有逻辑性。

> 楚人有鬻盾与矛者，誉之曰："吾盾之坚，物莫能陷也。"又誉其矛曰："吾矛之利，于物无不陷也。"或曰："以子之矛，陷子之盾，何如？"其人弗能应也，夫不可陷之盾，与无不陷之矛，不可同世而立。今尧、舜之不可两誉，矛盾之说也。（《难一》）

这是一段有名的言论！我们经常所说的"矛盾"一个术语，就是从这里来的。这就是逻辑学里的"矛盾律"在中国的第一次正式揭出。韩非用这个逻辑规律来批判儒、墨等学派的"先王"论，能使对方无法答复。

此外，韩非的思想一般是有很大的现实性的。在当时的政治形势下，只有这派的理论比较有实际的意义，这自然和他们的方法论——逻辑学的谨严，是有密切的关系的。通过本文的介绍和说明，我们就可看出韩非思想的现实性来。

三 人性论与伦理观念

韩非或韩非学派的伦理观念，是继承并发展荀子的伦理思想，而为二千多年来地主制封建社会地主阶级的伦理观念奠定了基础。

韩非的人性论正是继承并发展了荀子的性恶论，而使性恶论为他的法治主义服务。韩非的著作中虽没有论性的专篇，但他的人性论分明是从荀子那里继承来的。他说：

> 夫民之性，恶劳而乐佚，佚则荒，荒则不治，不治则乱，而赏刑不行于天下者必塞。（《心度》）

韩非认为人的本性是"恶劳而乐佚"的，这当然是地主剥削阶级的观点，和荀子的思想基本一致。他认为"佚则荒，荒则不治"，也和荀子的思想相近。不过荀子认为纠正恶性的办法是提倡所谓"礼义"，而韩非则主张纯粹的法治，这是他们不同的地方。其实"礼"和"法"正是地主统治阶级的两手；"礼"是封建秩序，"法"是维持封建秩序的手段；不过荀子只是"阴法"，而韩非则是"阳法"而已。

韩非用许多"证据"来证明人的性是"恶"的，例如他说：

> 且父母之于子也，产男则相贺，产女则杀之。此俱出父母之怀衽，然男子受贺，女子杀之者，虑其后便，计之长利也。故父母之于子也，犹用计算之心以相待也，而况无父子之泽乎！（《六反》）
> 千金之家，其子不仁，人之急利甚也！（《难四》）
> 夫严家无悍虏，而慈母有败子，吾以此知威势之可以禁暴，而德厚之不足以止乱也。夫圣人之治国，不恃人之为吾善也，而用其不得为非也！（《显学》）

当时由于私有制和个体家长制家庭的发展而进一步发展的重男轻女的习俗，韩非认为是人的本性中含有的东西，用这来证明父母对于子女还要计算利害，何况其他的人之间，所以他认为人的本性就是急利的。他又把当时富家子弟的不仁来证明人的本性"急利"。更用"严家无悍虏，而慈母有败子"，来证明人的本性是恶的；因此他认为只能使用法治，而不能使用德化的办法来统治人民。他的结论是：

> 凡治天下，必因人情，人情者有好恶，故赏罚可用；赏罚可用，则禁令可立，而治道具矣。（《八经》）

这样，韩非就从性恶论推衍到法治主义，主张用刑赏来治国。因为他认为人情是好利而怕罚的，只有针对人情来使用刑赏的法治主义，才能治好国家。后来地主统治阶级的治国方式的实际，正是这种刑赏的办法，所谓"仁义道德"，不过是幌子罢了。

韩非的性恶论，明白地是荀子的性恶论的发展，不过他举了些实际例子来证明。其实他所举的例子，都只是阶级社会进一步发展时期的产物。他所说的人的本性正是阶级社会的阶级性。他虽然用人性论来隐蔽人的阶级性，可是我们现在从历史科学的角度来看，他所说的人性，正是他所处的时代的人的阶级性。他所说的各种情况，都是没有阶级的社会中所不可能出现的。韩非的人性论，也正是他的思想的阶级性的表现。

性恶论和法治主义发展到极端，一定会产生否定伦理的思想，韩非正是这样。例如他说：

> 故仁人在位，下肆而轻犯禁法，偷幸而望于上。暴人在位，则法令妄而臣主乖，民怨而乱心生。故曰：仁、暴者，皆亡国者也。（《八说》）

他在这里虽然同时反对"仁"和"暴"，但结合他的反对德化和重刑的理论看来，他还是着重在反对"仁义"一面的。所以他说：

> 世主美仁义之名，而不察其实，是以大者国亡身死，小者地削主卑。（《奸劫弑臣》）

可是必须着重指出，韩非或韩非学派所反对的"仁义"只是儒、墨们的"仁义"，也就是从领主封建制到地主封建制的过渡时期的伦理。韩非或韩非学派也有他们自己的所谓"仁义"，这也就是新兴的地主统治阶级的"仁义"。他们说：

> 仁义者，不失人臣之礼，不败君臣之位者也。（《难一》）

韩非们把"仁义"说成是"不失人臣之礼，不败君臣之位"，这个"仁义"就和孔、孟们以"孝悌"为本的"仁义"不同了。

韩非们只是沿用儒、墨的"仁义"之名，他们的具体的伦理标准乃是后世的所谓"三纲"，他们说得很明白：

> 天下皆以孝悌忠顺之道为是也，而莫知察孝悌忠顺之道而审行
> 之，是以天下乱。皆以尧、舜之道为是而法之，是以有弑君，有曲
> 父。尧、舜、汤、武或反君臣之义，乱后世之教者也。……臣之所
> 闻曰：臣事君，子事父，妻事夫，三者顺则天下治，三者逆则天下
> 乱；此天下之常道也！明王贤臣而弗易也，则人主虽不肖，臣不敢
> 侵也。……孔子本未知孝悌忠顺之道也。……所谓忠臣，不危其君；
> 孝子，不非其亲。(《忠孝》)

这是"三纲"论的始见。韩非们认为当时儒、墨等并不懂得真正的
"孝悌忠顺之道"。他们认为儒、墨等的理想圣人尧、舜、汤、武都
是"反君臣之义，乱后世之教"的。他们认为："臣事君，子事父，
妻事夫，三者顺则天下治，三者逆则天下乱，此天下之常道也！"
只有守住这个"常道"，"则人主虽不肖，臣不敢侵也"。可见他们最
着重的还是所谓"君臣之义"。他们说"孔子本未知孝悌忠顺之道"，
因为孔子们的"孝悌忠顺"，还只是相对的，而他们则主张绝对的
"忠孝"。他们要教臣子绝对服从君父，连妻也得绝对服从夫，所谓
"三纲"的伦理，正是阶级社会进一步发展时，下面为个体家长制
家庭服务，上面为专制主义中央集权的国家服务的伦理。这种伦理
思想，在后世实际上已经战胜了原始儒家的伦理思想，后来的所谓
"孔孟之道"，在伦理上，很大程度只是荀子、韩非学派的伦理思想。

为什么韩非学派既主张法治，反对德化，而又提出"三纲"的
伦理来呢？这是不难解答的；因为封建统治者必须有"刑""德"的
两手，即使是后世称为"极端暴虐"的秦始皇，也不能只用"刑"
的一手来统治人民，在他的刻石等文献中，也提出了"刑""德"两
手的统治术。不过秦代比较露骨的重刑、重法，而汉代以后的君
主们，则吸取了秦代速亡的经验，而主要使用所谓"王霸杂用"或
"阳儒阴法"的手段来统治人民而已。

四　政治思想

韩非的政治思想，在法家中可说是一个集大成者，同时他还吸收了些法家以外的思想家的东西，他的政治思想，在当时的历史条件下说来，是比较进步的。但是他的政治思想，实际上是二千多年来地主制封建社会中封建统治者的统治术的基础。后世的地主阶级知识分子，尽管经常骂法家们"刻薄寡恩"，可是当他们自己做官统治人民时，仍旧不能不用所谓"申、韩之术"。"阳儒阴法"，是二千多年来封建统治者的基本态度和手段。韩非思想影响后世之大，于此可见。所以从我们现在的阶级立场上来看，韩非的政治思想，还是不得不加以批判的！

在春秋以前，虽然中国的社会早已进入阶级社会，可是从原始社会遗留下来的原始宗法制度还起着极重要的作用。即使在战国以后的地主制封建社会里。以至一直到近代，宗法制度还是和封建制度相结合，起着相当作用的。由于宗法制度及其残余势力在中国历史上起着不同程度的作用，所以"法古称先"的习惯和"托古改制"的手段，一直到五四运动以前，始终是中国思想史上的一个显著特点。当春秋战国之际，社会面貌有了显著的变化时，多数知识分子们，为了一面照顾宗法的传统，一面适应时代的要求，都使用着"托古改制"这一手段。只有比较实际的政治思想家——法家，比较能打破这个旧框框，他们反对儒、墨、道等各派"显学"的"托古改制"的手段，而开始有了"疑古"和"历史进化论"的思想。韩非发展了荀子"阳儒阴法"的思想，更明显地倡导"疑古"与"历史进化"的理论。这在当时说来，不能不说是一种进步思想。韩非说：

> 不知治者，必曰无变古，毋易常。变与不变，圣人不听，正治而已。然则古之无度，常之毋易，在常古之可与不可。(《南面》)

他认为"无变古，毋易常"，是不懂现实政治的人的思想。他认为

"圣人"只考虑对于现实政治有没有好处，可以不变的就不变，不可不变的就必须变。从这种思想中就引导出"疑古"论来。韩非说：

> 孔子、墨子俱道尧、舜，而取舍不同，皆自谓真尧、舜。尧、舜不复生，将谁使定儒、墨之诚乎？殷、周七百余岁，虞、夏二千余岁，而不能定儒、墨之真，今乃欲审尧、舜之道于三千岁之前，意者其不可必乎？无参验而必之者，愚也；弗能必而据之者，诬也。故明据先王，必定尧、舜者，非愚则诬也。愚诬之学，杂反之行，明主弗受也。(《显学》)

他怀疑儒、墨等学派所说的尧、舜各不相同，到底哪个所说的是真的尧、舜？他认为没有实验的证据就武断说这样、那样，是"愚"；不能确实证明的事情而硬说是这样、那样，是"诬"。所以"明据先王，必定尧、舜"的人，不是"愚"就是"诬"。这样，就在理论上把儒、墨两派所讲的"尧、舜之道"否定了。

韩非所以能有这样"疑古"的思想，是由于他有一种"历史进化"的观念。他说：

> 世异则事异。……事异则备变。上古竞于道德，中世逐于智谋，当今争于气力。(《五蠹》)

他至少认为历史是会变化的，历史条件不同了，那么办法也就应当不同。在上引一段话里，还不能明显看出韩非的"进化"思想。在其上文另外一段话里，就可以明显地看出韩非确是有着朴素的"历史进化论"思想的：

> 古者丈夫不耕，草木之实足食也；妇人不织，禽兽之皮足衣也。不事力而养足，人民少而财有余，故民不争，是以厚赏不行，重罚不用，而民自治。今人有五子不为多，子又有五子，大父未死而有二十五孙，是以人民众而货财寡，事力劳而供养薄，故民争，虽倍赏累罚，而不免于乱。……是以古之易财，非仁也，财多也；今之争夺，非鄙也，财寡也，轻辞天子，非高也，势薄也，重争士橐

（仕托），非下也，权重也。（同上）

在这段话里，虽然有许多不正确的地方，可是在这里面，的确包含了一些朴素唯物论的因素，即从经济方面来看道德、政治的变化，在古代思想中，这是很难得的言论。韩非又说：

> 今有构木钻燧于夏后氏之世者，必为鲧、禹笑矣；有决渎于殷、周之世者，必为汤、武笑矣；然则今有美尧、舜、汤、武、禹之道于当今之世者，必为新圣笑矣。是以圣人不期修古，不法常可，论世之事，因为之备。（同上）

这样就从"历史进化论"里引导出"变法"论来。韩非说：

> 凡人难变古者，惮易民之安也。夫不变古者，袭乱之迹，适民心者，恣奸之行也。民愚而不知乱，上懦而不能更，是治之失也！人主者，明能知治，严必行之，故虽拂于民心，立其治。（《南面》）

韩非在这里说明"变法"的难处，但是又不能不"变法"，他认为"不变古"，是"袭乱之迹"，所以必须用严法、峻刑来推行改革，这样虽"拂于民心"，但能够"立其治"。韩非是颇有决心企图进一步"变法"，就是要确立代表新兴地主阶级利益的专制主义中央集权的封建国家的统治。所以秦始皇很欢迎他的理论，而他的同学李斯也的确代替他实行了他的学说。

"尚贤"思想，本是春秋、战国之际儒、墨学派提出来的政治主张，它的实质是要求使用新兴的"士夫"集团的知识分子来执掌政权，以达到建立官僚制度、中央集权封建国家的目的。可是早期儒家和墨家，都是过渡时代的人物，他们还不能比较清楚地认识当时社会、政治发展的趋势，所以在他们的言论中，空想的成分是很多的，没有一个国家的君主能够真正实行他们的主张。可是由于他们在知识界地位很高，影响很大，所以各国的君主们又不能不重视他们，给他们以适当的地位，他们掌握了当时新兴阶级中大部分知识分子的舆论，对于当时最急进的所谓"法术之士"的抬头，却有不利之处，所以韩非代表"法术之士"来反对儒、墨的"尚贤"论。他说：

> 今夫上贤，任智、无常，逆道也，而天下常以为治。……是废常上贤则乱，舍法任智则危，故曰：上法而不上贤。(《忠孝》)

这似乎是发展的慎到一派的学说，主张"上法而不上贤"。可是代表新兴阶级的知识分子要想掌握政权，终是不可能不提倡"尚贤"的，所以韩非又说：

> 且法术之士，与当途之臣不相容也。何以明之？主有术士，则大臣不得制断，近习不敢卖重，大臣左右权势息，则人主之道明矣。……贤能之士进，则秘门之请止矣；……此所以聚贤能之士，而散私门之属也。(《人主》)

这里所说的"法术之士"就是法家的知识分子，所谓"当途之臣"就是贵戚之臣，韩非认为这两者之间是不能相容的，做君主的应当进用贤能的"法术之士"，就能打击亲贵之臣，而集中政权。这种思想自然是早期法家的思想的发展。韩非又说：

> 适当世明主之意，则有直任布衣之士，立为卿相之处，处位治国，则有尊主广地之实，此之谓足贵之臣。(《奸劫弑臣》)

可见韩非也是主张"布衣卿相"的局面的，不过韩非的"布衣卿相"，乃是法家的"布衣卿相"而已。

墨家提出"尚贤"和"尚同"的主张来，其客观效果是建立官僚制度中央集权的封建国家。墨家代表正在分化中的"庶人"的上层，这"庶人上层"就是后来新兴地主阶级的主要来源，所以我们可以说墨家思想，就是新兴地主阶级的先行思想（因为当时已有地主性经济的萌芽）。凡是代表新兴富人、地主阶级的知识分子，往往有意地或无意地发挥墨家的"尚贤""尚同"学说。韩非是战国末年新兴地主阶级知识分子的典型代表，所以他不但发挥了"尚贤"论，也发挥了"尚同"论。有的同志认为墨家思想许多地方就是法家思想的先驱，不能说没有理由。

所谓"尚同"，就是"上同而不下比"，这正是法家政治思想的关键所在。墨家的"尚同"论虽和"尚贤"论联在一起，而用春秋、战国间过渡期知识分子所提出来的主要伦理——"仁义"来粉饰他们的理论。法家却不要这种粉饰的东西，而赤裸裸提出专制主义中央集权的封建政治的理论。韩非思想集法家思想之大成，主张"法""术""势"兼用，而以"法"为主。他首先提出商鞅的重"法"论和申不害的重"术"论不可偏废的说法：

> 今申不害言术，而公孙鞅为法。术者，因任而授官，循名而责实，操杀生之柄，课群臣之能者也：此人主之所执也。法者，宪令著于官府，刑罚必于民心，赏存乎慎法，而罚加乎奸令者也：此臣之所师也。君无术则弊于上，臣无法则乱于下，此不可一无，皆帝王之具也。(《定法》)

"术"主要是"循名责实"，也就是君主所执的权术；"法"就是法令，是官僚们所执掌的轨范。韩非认为"此不可一无"。除了"法""术"之外，韩非又发挥慎到的重"势"论。他说：

> 夫势者，名一而变无数者也。势必于自然，则无为言于势矣。吾所为言势者，言人之所设也。今日：尧、舜得势而治，桀、纣得势而乱，吾非以尧、舜为不然也，虽然，非一人之所得设也。夫尧、舜生而在上位，虽有十桀、纣不能乱者，则势治也；桀、纣亦生而在上位，虽有十尧、舜而亦不能治者，则势乱也。故曰：势治者则不可乱，而势乱者则不可治也，此自然之势也，非人之所得设也。若吾所言，谓人之所得势也而已矣，贤何事焉？(《难势》)

韩非认为"势"有"自然之势"和"人设之势"，他所谓"势"是指人所设之"势",这"势"是和"贤"对立的。但我们知道韩非不是绝对不主张"尚贤"的,他认为主要从新兴富人、地主阶级上升的官僚,是应当贤能的,否则他就会阻住了本阶级的出路,但是君主是世袭的,世袭的君主不可能个个是贤能的,君主最重要的统治武器是"势"和"法"("术"还在其次,因为不是每个君主都能用"术"的),韩非似乎认为"法"是最重要的,但行"法"必须用"势",所以说"抱法处势则治,背法去势则乱"(同上)。韩非认为一般君主都是中等的资性,他的"法势"论,就是为绝大多数的"上不及尧、舜,而下亦不为桀、纣"的"中主"着想的。从这里我们可以看出:韩非的政治思想,是和当时的社会、政治的现实相适应的。

但是韩非毕竟主要是"法治"主义者,"法治"的关键在乎很好地使用"刑""赏""二柄",所以"二柄"论是韩非的"法治"主义的中心。韩非说:

> 明主之所导制其臣者,二柄而已矣。二柄者,刑、德也。何谓刑、德? 曰:杀戮之谓刑,庆赏之谓德;为人臣者畏诛罚而利庆赏,故人主自用其刑、德,则群臣畏其威,而归其利矣。(《二柄》)
>
> 功当其事,事当其言,则赏;功不当其事,事不当其言,则罚。故群臣其言大而功小者,则罚;非罚小功也,罚功不当名也。群臣其言小而功大者,亦罚;非不说于大功也,以为不当名也,害甚于有大功,故罚。(同上)

韩非的"二柄"论是很严格的!"言大而功小",要罚,连"言小而功大",也要罚。这似乎是荀子的"正名实"的思想在"法治"主义上的应用,就是名实必须相符。韩非的"二柄"论实际上是偏重"刑"一方面的,他说:

> 今不知治者,皆曰重刑伤民,轻刑可以止奸,何必于重哉? 此不察于治者也! 夫以重止者,未必以轻止也;以轻止者,必以重止矣;是以上设重刑(者),而奸尽止。奸尽止,则此奚伤于民也? 所

> 谓重刑者，奸之所利者细，而上之所加焉者大也，民不以小利蒙大罪，故奸必止者也。所谓轻刑者，奸之所利者大，上之所加焉者小也，民慕其利而傲其罪，故奸不止也。(《六反》)

这也是发挥的荀子的思想，其要义在于"夫以重止者，未必以轻止也"。他的理论的根据是"民不以小利蒙大罪"，这还是荀、韩学派的性恶论的应用。

"法治"主义是韩非思想的核心，他认为"法术"好像是规矩、尺寸，没有"法"是不能统治人民的。例如他说：

> 释法术而任心治，尧不能正一国；去规矩而妄意度，奚仲不能成一轮；废尺寸而差短长，王尔不能半中。使中主守法术，拙匠执规矩尺寸，则万不失矣。君人者，能去贤巧之所不能，守中拙之所万不失，则人力尽而功名立。(《用人》)

韩非认为"法术"是客观的东西，"心治"是主观的东西，"释法术而任心治"，就好比"去规矩而妄意度"，一定要失败。使"中主"守"法术"，也是万无一失的；这是韩非学派"法治"主义的根本思想。他们又说，

> 故《本言》曰："所以治者法也，所以乱者私也，法立则莫得为私矣。"故曰："道私者乱，道法者治。"上无其道，则智者有私词，贤者有私意；上有私惠，下有私欲，圣智成群，造言作辞，以非法措于上，上不禁塞，又从而尊之，是教下不听上，不从法也。是以贤者显名而居，奸人赖赏而富。贤者显名而居，奸人赖赏而富，是以上不胜下也。(《诡使》)

韩非学派认为"法"和"私"是相对立的东西，只要立了"法"，就"莫得为私"了。在他们看来，当时的一些所谓"文学之士"，弄出了一个"圣智成群，造言作辞，以非法措于上"的局面，在上的人不禁塞他们，还要尊重他们，这就是"教下不听上，不从法"，就要弄出"上不胜下"的结果。韩非学派的"法治"主义虽然也把"法"

看成是从自然规律中引申出来的治国的方法，好像也和近代的某些"法治"思想有共同之点，可是实际上他们的所谓"法"，主要是"刑"，用"法"来治国，就是用"刑"来治国，这就必然会引导到绝对专制主义的道路上去，秦代的政治正是根据这种"法治"主义的观点造成的专制主义的政治。

由于韩非所主张的实际上是专制主义中央集权的政治，所以他除法治、刑治之外，如上所说，他也兼重术治和势治。"术"和"势"主要都是专制君主的统治工具，因此韩非所说的"术"和"势"就都是所谓"君人南面之道"，也就是所谓"主道"。现传的《韩非子》书有《主道》一篇，即使不是韩非的手著，也是韩非学派的书，篇中的确"归本于黄老"，它从自然之理——"道"说起，主张"虚静""无为"，讲究权术，他要"明君无为于上，群臣竦惧乎下"。要用臣下的智能，把它变成君主自己的智能，"有功则君有其贤，有过则臣任其罪"，这就是所谓"权术"。这种权术，从法家的理论上说，是效法自然而来的；这显然是法家受的道家的影响。

韩非学派又主张做君主的应当"使人臣有必言之责，又有不言之责"（《南面》）。所谓"必言之责"，就是"言无端末，辩无所验"；"不言之责"，就是"以不言避责持重位"。他们要"使人臣言者必知其端末，以责其实"，"不言者必向其取舍以为之责"；这就是君主的一种"制臣之术"。他们认为为君之道首在"治吏"，因为"吏"是"民之本纲"，所以"圣人治吏不治民"（《外储说右下》）；也就是所谓"圣人不亲细民，明主不躬小事"（同上）。这是专制主义中央集权的君主的统治术。同时韩非们也主张"告奸""连坐"之法（见《制分》篇），这种办法也是上承商鞅，而下与秦、汉的刑法政治相联系着的。

韩非学派这种统治术也是从性恶论出发的，他们认为父母子女之间尚且要计较利害，何况原始宗法制解体后的君臣关系，他们认为君臣之间也是在做买卖，所谓"且臣尽死力以与君市，君垂爵禄以与臣市，君臣之际，非父子之亲也，计数之所出也。君有道，则臣尽力而奸不生；无道，则臣上塞主明而下成私"（《难一》）。这样，所以韩非学派主张:"一人不兼官,一官不兼事,卑贱不待尊贵而进论,大臣不因左右而见,百官修通,群臣辐辏,有赏者君见其功,有罚者君知其罪。"(同上)这是一种君主集权臣下分权的制度,也是适合当时的政治现实的。韩非学派总论"主道"说:

> 力不敌众,智不尽物,与其用一人,不如用一国。……下君尽己之能,中君尽人之力,上君尽人之智,……成败有征,赏罚随之。事成则君收其功,规败则臣任其罪。君人者,合符犹不亲,而况于力乎!事智犹不亲,而况于悬乎!……使人相用则君神,君神则下尽,下尽则臣上不因君,而主道毕矣。(《八经》)

这段话就是专制主义的君主的主要统治术,这种比较完备的统治术,不到战国末年,是不可能出现的。

韩非虽然也主张"尚贤",但他生存的年代已到战国末年专制主义中央集权的帝国将要形成的时期,所以他的"尚贤"论也是比较实际的。他认为一般"文学"浮夸之士,是不切实用的,他说这些人"皆不知治乱之情,谄读多诵先古之书,以乱当世之治"(《奸劫弑臣》)。他主张用人必须课功罪:

> 试之官职,课其功伐,则庸人不疑于愚智。故明主之吏,宰相必起于州部,猛将必发于卒伍。夫有功者必赏,则爵禄厚而愈劝,迁官袭级,则官职大而愈治。夫爵禄大而官职治,王之道也!(《显学》)

这种用人的方法,是比较可以发生真正的效果的,比随便亲信而任用浮夸无实之士,无效而反有危害的,自然进步得多。这种思想,不到战国末年,是很难见之实际的,这是地主制封建社会所谓"英明之主"一般所用的"任臣之术"。("破格用人"虽然也可以,但须审慎。)虽然庸主以下的君主不能很好地使用这种方法,结果变成了专讲资历,可是比起不讲实际的乱用人的办法来,还是流弊较少的。

由于韩非是个专制主义的法治主义者,所以他对春秋以来的"民本"思想持着反对的理论,他公开地说:

今不知治者，必曰得民之心，欲得民之心，而可以为治，则是伊尹、管仲无所用也，将听民而已矣。民智之不可用，犹婴儿之心也。……婴儿子不知犯其所小苦，致其所大利。今上急耕田垦草，以厚民产也，而以上为酷；修刑重罚，以为禁邪也，而以上为严；征赋钱粟，以实仓库，且以救饥馑，备军旅也，而以上为贪；境内必知介而无私解，并力疾斗，所以禽虏也，而以上为暴。此四者所以治安也，而民不知悦也。（《显学》）

这种思想在粉饰"民本"主义的儒家看来，自然是要不得的。可是，春秋以来的"民本"思想，在当时虽有一定的进步作用，但那主要是宗法贵族们有见于阶级斗争的尖锐化，为了争取人民的支持来作政治斗争，所以提出这种缓和阶级斗争的改良性理论。战国时代，是一个专制主义中央集权封建国家逐渐形成的时代，宗法贵族改良派的"民本"思想，是不合当时专制君主们的要求的，也是一种无法实现的改良空想。法家的思想，特别是韩非的思想，从我们现在的阶级立场上看来，当然是反动的，然而如果结合那时候的社会、政治条件看来，却是一种比较实际的，尚有积极意义的思想。因为韩非们所处的时代，是一个新兴地主阶级开始壮大，就要取得全国政权的时代，他们的思想正是代表新兴地主中的官僚分子的思想的，这是新兴统治阶级的思想。韩非们比后来的地主阶级知识分子的思想，阶级性露骨得多，他把人民看成"婴儿"，认为这些"愚民"不懂得真正的"大利"而怕小苦痛，所以反对在上者的新的统治方法，在上的人不能因为"欲得民之心"，用"听民"的办法来统治国家。因此，他主张："人主者，明能知治，严必行之，故虽拂于民心，立其治。"（《南面》）

法家至少从商鞅起，就已经有了"重本抑末"的思想。"本"就是农业，"末"是指实际用处较少的工商业（不是所有的工商业）。这种思想，后来一直为封建统治者所遵循，连儒家也同化了。韩非也是一位发展"重本抑末"思想的人，他说：

夫明王治国之政，使其商工游食之民少，而名卑以寡，趣本务而趋末作。今世近习之请行，则官爵可买；官爵可买，则商工不卑也矣。奸财货贾得用于市，则商人不少矣。聚敛倍农，而致尊过耕战之士，则耿介之士寡，而高价之民多矣。……其商工之民，修治苦窳之器，聚弗靡之财，蓄积待时，而侔农夫之利。(《五蠹》)

从韩非这段话来看，所谓"重本抑末"的政策有三个要点：第一，地主阶级的知识分子认为"商工游食之民"是无用处的，可是他们容易发财，做官，这样就使农民们不肯好好从事农业生产，也去干商工，就损害了自给自足的封建经济的基础。第二，商工之民做的器物是无甚用处的，但是他们容易发财，来兼并农民，使土地问题严重，阶级矛盾尖锐化，影响封建统治。第三，工商业的发展会破坏封建经济，从而影响地主阶级的根本利益。总之："重本抑末"政策的主要目的在巩固、发展封建经济，防止腐蚀封建经济的工商业。这种政策为历来封建统治者所采用，决不是偶然的！

但是，韩非的所谓"重本抑末"，比后世的"重本抑末"的范围要宽广些。韩非所谓"末"，还包括所谓"文学之士""游侠之士"等在内。在韩非看来，所谓"文学之士"等也是无用而有害的人，必须除去。

根据上述的韩非的各项观点，他的教育思想自然会和秦代的教育制度相符合。他说：

故明主之国，无书简之文，以法为教；无先王之语，以吏为师。(《五蠹》)

这不就是秦代的教育制度吗？这样的教育制度，就是以法律代替一切知识，没有其他的书本；执法的官吏就是教师。这和后世封建统治者"阳儒阴法"的两手，是不相同的。韩非企图废除一切私家之学，恢复古代"王官之学"的局面；这正是一个辩证的发展。春秋以来，古代的"王官之学"解体，私家之学大为发达起来，到荀子、韩非等人，又想废除私家之学，回到"王官之学"。可是，这前后两种"王官之学",也是不同的,韩非们所主张的是新的"王官之学"。古代的"王官之学"以"礼"为纲,韩非们的"王官之学"则是以"法"为纲的。当然,这种新的"王官之学"太单调了,不适合封建经济和封建文化发展的趋势,所以它是不能持久而必须有所改变的。

韩非的法家思想,对于后世的影响实际上是很深刻的,不过后世的封建统治者往往只利用韩非思想中有利于他们的部分,至于韩非的比较先进而带有革命意义的思想,也就是代表当时新兴阶级的思想,却往往被后世的比较进步的"变法"者所利用,拿来作为和封建正统思想作斗争的武器。从总的方面看来,韩非的思想,在当时,不失为一种比较进步、有积极意义的思想。从历史主义的角度来评价韩非的思想,不能不得出这样的结论。

先秦思想史专题研究讲稿

大纲

一、儒家思想：产生儒家思想的社会经济根源，儒家所继承的思想遗产，儒家所要解决的社会、政治问题——孔、孟、荀，他们的解决方案，为了解决社会、政治问题所提出的伦理、政治、教育见解，他们思想的矛盾性来自他们所处时代社会、政治的矛盾和他们所代表的阶层的动摇性，他们为他们的主张所提出的根本论据——天道观、性论，他们的思想方法，他们和别派的论争，儒家思想对后世的影响。

二、墨家思想：墨家所代表的阶级利益，墨家所继承的思想遗产，墨家所要解决的社会、政治问题，他们的解决方案，"兼爱"的阶级性，从"天志""明鬼"到朴素唯物主义世界观，墨家的思想方法，"非儒"的意义，墨家思想对后世的影响。

三、老子的宇宙观和方法论：老子是代表没落贵族的还是代表新兴小土地所有者的？老子所继承的思想遗产，"道""德"的概念是唯心的还是唯物的？老子的辩证观点的由来和归宿，道家思想的特点及其对后世的影响。

四、法家思想的进步意义：法家所代表的阶级利益，法家所继承的思想遗产，法家所要解决的社会、政治问题，他们的解决方案和理论根据，法家的理论斗争和现实斗争，法家胜利和失败的原因，法家思想对后世的影响。

第一讲　儒家思想

产生儒家思想的社会经济根源　产生儒家思想的社会经济根源，是非常明显的。作为学派的儒家兴起于春秋后期，也就是前六世纪。这时候正是贵族经济开始崩溃，地主性的经济开始萌芽的时代。可以看作封建国有土地的井田制度，在东方各侯国已经部分解体，土地私有制正在形成过程之中。鲁国的"初税亩"，说明土地已经开始私有化，个体小农经济逐渐代替了井田制度，这时候土地虽还没有完全私有化，土地还不能自由买卖，但"履亩而税"，就是一种土地税制度，说明人们已经占有土地，至少国家已承认土地可以由私人占用，不然就不会有土地税性质的赋税制度。井田制度是贵族经济的主要基础，井田制的动摇就说明贵族经济的开始崩溃。个体小农经济是非常不稳定的，从它形成时候起，就发生贫富分化，大多数农民逐步贫困、破产，少数人变成富人。再加上工商的逐渐自由，经营工商致富的人也出现了，于是就在农村中奠定了地主经济的基础：贫困、破产的农民，就是后来佃、雇农的前身，富人就是后来地主的前身；由于土地这时候还不能正式买卖，还不可能出现大量土地兼并的事，所以地主经济还处于开始萌芽的情况之中。在贵族方面，天子、部分诸侯和部分大夫都已垮台了，部分大夫和部分诸侯都向专制君主逐步转化，作为贵族基层的士，许多失去了封土而下降，其中一部分与少数新兴的庶人，构成了一个新兴的士夫阶层，就是后来官僚、教师的前身。在春秋后期，士夫阶层还基本上属于贵族阶级，所以贵族性较后来的士夫强得多。但最早的士夫阶层，已是不做官（多数当大夫的家臣，一部分当乡邑的小官，极少数上升为大夫），便是教师或学生，他们实在是最早的封建知识分子。孔子和他的学生，就是这种封建知识分子，由他们形成的最早学派，就是儒家。（"儒"本是过去贵族官府中掌管教育的人，所谓"王官之学"衰落后，"儒"便散在社会上，成为从事私人教育的教师，孔子和他的学生们逐渐都变成这种教师，所以他们的学派称为"儒家"。）

儒家所继承的思想遗产　孔子号称继承文、武、周公的圣人，最早的儒家已有些"道统"观念。孔子说："文王既没，文不在兹乎？天之将丧斯文也，后死者不得与于斯文也。天之未丧斯文也，匡人其如予何！"子贡说："文、武之道未坠于地，在人，贤者识其大者，不贤者识其小者，莫不有文、武之道焉。夫子焉不学，而亦何常师之有！"孔子又说："甚矣吾衰也，久矣吾不复梦见周公。""周监于二代，郁郁乎文哉！吾从周。""夏礼吾能言之，杞不足征也；殷礼吾能言之，宋不足征也。文献不足故也，足，则吾能征之矣。"可见孔子所继承的思想遗产，主要是所谓"周道"，夏、殷二代只有传说，文献不足，所以二代的制度、文化，无法证实。所谓"周道"是见于记载和有"老成人"传授的；同时"周道"是当代的制度、文化，一般人都知道些，可以广泛学习而集其大成。记载"周道"的典籍，就是所谓《诗》《书》《礼》《乐》《易》《春秋》等经典，有些虽未必已写成书（如《礼》《乐》《易》在孔子时，就未必已写成书），但有师儒传授，师儒就是传授经典和制度、知识的人。孔子广泛学习，既学西周的东西，也接受春秋时代部分贵族的开明思想（如重人、轻天、怀疑鬼神等思想），从古代制度、文化和当时人思想中推衍出自己思想来，既有继承又有创造，并非真正的"述而不作"。但他确有"信而好古"的精神，他的思想，几乎都有历史上的根据。他往往从"述"而"作"，在传述古代经典、制度、知识时，就把自己的思想附合上去，看似传述，实际是创造。他用旧的东西为外衣，而灌输自己的新的思想。孔子虽有相当大的保守性，但他创造出来的东西，往往是相当符合时代精神的新思想，此后的儒家，如孟、荀等，都有一定的保守性、传述性（传述古代的经典、制度、知识等），但都有相当的，或更大的创造性（也吸收了别家的思想）。从"述"而"作"，是儒家一贯的方法、手段。

儒家所要解决的社会政治问题　如上所述，孔子所处的时代是个贵族经济开始崩溃、地主性经济开始萌芽的时代。这时候社会、政局都很动荡，庶人阶级逐渐抬头，大多数贵族没落下降。贵族间进行着激烈的兼并战争（诸侯、大夫之间），小国要向大国贡纳繁重的贡赋，贵族统治者奢侈淫乱，这些都不断增加人民的负担。由于赋税、劳役的繁重和井田制度的开始解体，庶人间贫富分化，促使许多人民贫困破产，对统治阶级进行反抗，发生所谓"盗贼公行"的局面。统治者对人民进行镇压、加重刑罚。由于这些战争频繁、赋役繁重、刑罚苛暴等原因，引起阶级矛盾、阶级斗争的严重化，主要是庶人（包括农、工、商、贫民和富人）与贵族统治者之间的矛盾和斗争，"国人"起义、"盗贼公行"，就是当时阶级斗争的形式。贵族阶级内部也在矛盾斗争，下层和失败下降的贵族对上层贵族统治者也很不满。再加上宗法制度随着贵族分封制度的动摇而动摇，子弟不服从族长、家长的统治，这样就产生所谓"臣弑其君者有之，子弑其父者有之"的情况。同时，正在没落的贵族政治十分腐朽紊乱，贵族阶级已经不容易维持统治。上述这些，就是当时主要的社会、政治问题。孔子代表新兴士夫和中下贵族，企图解决这些问题，特别是企图解决阶级矛盾、阶级斗争的问题，对于贵族内部矛盾和贵族的政治的腐化，也企图挽救，以维持贵族阶级的统治。到了孟子时代，贵族经济已处于完全崩溃的前夜，地主经济正在开始兴起，但东方各国的政权还部分掌握在贵族手里，残余的贵族十分腐朽、残暴，由于兼并战争的扩大，统治者的奢侈、苛暴，人民的负担和所受压迫越来越加重，阶级矛盾已经非常激化。同时政治也很紊乱，统治者很难维持统治。孟子代表士夫和新兴地主、富人，企图首先解决阶级矛盾的问题，并代表士夫、富人、地主们要求解决政权问题，想由新兴阶层掌握政权来改良政治，以维持巩固整个统治阶级对人民的统治。荀子所处时代和孟子相近，这时贵族经济已在解体，地主经济更加发展，荀子要求解决政权问题，由新兴阶层掌握政权，以改革政治，增强统治力量。

他们的解决方案 孔子解决社会、政治问题的方案主要是劝告贵族统治者向人民让步减轻剥削、压迫和少进行兼并战争以缓和阶级矛盾、阶级斗争。其次是：劝告贵族统治者整顿宗法封建秩序，恢复西周的旧制，用"正名"的方法，使"君君、臣臣、父父、子子"，以团结贵族阶级内部，维持贵族阶级，使不趋于崩溃。同时提拔下层贵族、新兴士夫中有能力的人，来整顿、改良政治，维持统治。对于庶人，是让他们"庶""富"，然后加以"教"，以繁荣国家经济，并使庶人服从统治。他替当时贵族统治者培养人才，愿意自己率领学生为贵族统治者服务。孟子解决社会、政治问题的方案，主要是：劝告统治者行所谓"王政"，以统一"天下"，消弭兼并战争；所谓"王政"，首先是"制民之产"，使破产农民复归土地，一般农民都有"百亩之田""五亩之宅"，这样有"恒产"就可以有"恒心"，不至"犯上作乱"。同时减轻赋税、徭役、兵役和刑罚（特别是徭役和兵役），以缓和阶级矛盾。他进一步主张恢复井田制度，以根本解决土地问题，消弭正在开始发展的土地兼并。在孟子看来，土地问题已是导致阶级矛盾尖锐化，动摇整个统治阶级统治的根本问题。荀子解决社会、政治问题的方案，主要是：劝告统治者实行"礼治"，他所谓"礼"，实是侧重教化的"法"，用"礼"来教化人民，使服从统治，以代替"法"。此外他也有一套"王制"，不外把周制理想化，加以改造，使适合地主政权的统治。

为了解决社会政治问题所提出的伦理政治教育见解 为了解决社会、政治问题，孔、孟、荀三位儒家大师，都提出些伦理、政治、教育见解。孔子首先提出一个"中庸"的概念和一个"仁"的概念。"中"的概念起源于殷、周，但孔子的"中庸"和旧日的"中"，恐非完全相同，至少"中庸"的意义要广阔、完备些。孔子说："中庸之为德也，其至矣乎，民鲜（能）久矣"。他把"中庸"提为至高无上的美德。"中"亦称"中行"，就是无过无不及的意思；"庸"就是常。"中庸"就是适中的合乎常道。但是"中庸"不等于"执中"（固执中道）。"中"必须有"数"来调剂；"数"就是权衡轻重，使之适宜的意思。因此"中"必须是"时中"，"时中"就是合乎时宜的"中";所谓"君子之中庸也,君子而时中"。"庸"也是可以变动的,所谓"守常达度"。"中庸"实际是一种折衷主义,其作用在调和阶级矛盾。对统治阶级方面说来,统治要合乎"中道",不要过分剥削、压迫。看情形作一定让步,但让步是有一定分寸的,在大的关节上(如宗法封建秩序、君臣上下的名分等)不能让步。对被统治阶级方面说来,可以向统治阶级作一定的要求,使统治阶级让些步,但绝对不能"犯上作乱"。孔子说:"天下有道,则庶人不议。"然则"天下无道",庶人是可以"议"的(子产也反对"毁乡校",主张利用乡校,来探测人民的意见),然必须服从统治。这就是所谓"中庸"的实质。"仁"的概念也是以前已有的,但孔子的"仁"意义似乎完全不同。孔子说:"君子无终食之间违仁,造次必于是,颠沛必于是""志士仁人,无求生以害仁,有杀身以成仁。"可见"仁"更是经常的道德,不能片刻离开,甚至应当牺牲生命来完成"仁"德。然则"仁"是什么呢?据孔子自己下的定义就是"爱人",所以一般连称"仁爱"。但我们知道,在阶级社会里,是没有统一的全人类的爱的,爱也有阶级性。孔子自己就说:"君子而不仁者有矣夫,未有小人而仁者也。"可见孔子的所谓"仁",只是贵族阶级的"仁",庶人阶级根本不能有"仁"。有人说:这里所说的"君子""小人",只是道德的名词,不是阶级的名词。但我们知道:道德名词的"小人",就是坏人的代称,坏人哪能谈到"仁",连好人都不一定"仁";这里所说的"君子""小人",至少兼有阶级的意义。孔子所说行"仁"的方法是推己及人,即所谓"能近取譬";具体地说来,就是"忠""恕"。"忠"有积极的意义,便是所谓"己欲立而立人,己欲达而达人";"恕"偏于消极,便是所谓"己所不欲,勿施于人";"忠""恕"合起来,就是"仁"的主要内容;所以曾子说:"夫子之道,忠恕而已矣。"广义地说,"仁"又包括一切道德,它就是道德的代名词。总之:孔子的伦理观念是以"中庸"为标准,而以"仁爱"为基本内容的。"中庸"的意义、作用,我们上面已经讲过,然则"仁爱"的意义、作用又是怎样呢?我们认为"仁爱"的道德,在当时说来,是一种新的伦理。原来在宗法制全盛时代，主要的伦理，是"孝弟"和"礼"，这是宗法族长、家长（对子弟说）和宗法封建贵族（对人民说）统治子弟和人民的重要工具。这种伦理，就其性质说，除封建性一面外，乃是家族性的伦理。到了封建社会向高一阶段发展时，这种伦理便不能完全适应社会的发展，不能没有新的伦理来补充它。"仁"在性质上说来，是一种社会性的伦理；它能包含家族性伦理，并补充、发展它。所以孔子的"仁"并不排斥"孝弟"和"礼"，甚至以"孝弟"为根本，以"礼"为行动准则。因此我们认为：孔子的伦理，完全是封建社会统治阶级的伦理，它的进步性只在比较能适应封建社会向高一阶段发展的要求而已。"仁"的目的，是要封建统治阶级中人互相爱护、团结起来以维持统治。对于被统治阶级，只要求他们服从统治，并不要求他们"仁爱"，所以说："未有小人而仁者也。"孟子的伦理观念，基本上是与孔子一致的，但由于时代的不同，某些观念有了些发展、改变。孟子除传达孔子的"仁"外，又特别提出一个"义"字来作补充。同时坚决反对功利主义。《孟子》书的首章就说："王（梁惠王）何必曰利，亦有仁义而已矣。""仁"就是"人道"，"义"就是"宜"。孔门弟子有一派特别注意"孝弟"，孟子继承这种思想，也很重视"孝弟"之道，甚至把"孝弟"看作就是"仁义"。他说："仁之实，事亲是也；义之实，从兄是也。"这样"仁义"的意义就很狭窄，实际上是把社会伦理的"仁义"和家族伦理的"孝弟"混为一谈，这是孟子伦理观念的落后一面。孟子又说："亲亲而仁民，仁民而爱物。"这就是把"仁"说成是一种有差等的爱（当然，"仁民""爱物"都是空话），正和墨家"爱无差等"的"兼爱"相反，所以孟子说："墨氏兼爱，是无父也。"我们认为：孟子所说的较广义的"仁"，就是从近推远的有差等的爱。（最广义的"仁"如上所说，就是"人道"。）孟子似乎认为单纯的"仁"容易流于"兼爱"，所以用"义"去节制它，就是说"仁"必须适宜，不适宜、无限制的"仁"就是"兼爱"：从这里可以看出孟子所提的"仁义"的阶级性。墨子的"兼爱"也是有阶级性的，不过包含的范围要广泛些。孟子要把"仁"的范围缩得更小，以对抗墨家的"兼爱"，这只能说明孟子的落后；实际上孟子所说的"仁"，在某些方面说，比孔子的"仁"的范围还要狭些。除"仁义"外，孟子又提出"礼智"来补充"仁义"；"礼"是仪文，"智"是智慧。仪文、智慧在孟子看来，自然也只有统治阶级才能有。有"仁义"的根本道德，再加上仪文、智慧，就成为完人了。这样的完人，就是所谓"君子"——有道德的统治阶级中人。孟子虽说"性善"，他把性的阶级性抽掉，但他实际上只承认有修养的"君子"才能成为善人。所以孟子所说的"仁、义、礼，智"，也都是统治阶级的道德。孟子既强调"义"，就不能不反对孔子已把它放在"义"的反面的"利"。事实上孟子未必不讲功利主义，不过他用反功利主义的手段去达到他的功利主义的目的罢了。正如老子讲"无为"，其实是"无不为"。孟子对齐宣王说："王之所大欲可知已，欲辟土地，朝秦楚，莅中国，而抚四夷也。以若所为，求若所欲，犹缘木而求鱼也。"可见孟子并不反对"辟土地，朝秦楚，莅中国，而抚四夷"的功利主义，不过他认为功利主义达不到这种目的，要用功利主义的反面所谓"仁义"去达到这种目的。所以孟子讲"仁义"，还是为了"利"——统治阶级的利益。

荀子在伦理方面着重"礼义"，他说："礼起于何也？曰：人生而有欲，欲而不得，则不能无求，求而无度量分界，则不能不争，争则乱、乱则穷。先王恶其乱也，故制礼义以分之，以养人之欲，给人之求。"据此："礼义"是制止争乱的，它的主要作用是解决物质问题，"养人之欲，给人之求"，这是一种带有唯物论色彩的伦理观。荀子认为"礼义"是人为的，并不是天性，人的天性是与"礼义"相反的"争乱"，这是从他的"性恶"论（也抽去性的阶级性）出发的。荀子的"礼义"也是有阶级性的，它规定名分，并调和阶级矛盾，即统治阶级制定"礼义"，以分等级，按等级分配生产物，使人各按名分享受物质，不起"争乱"。"礼义"也就是法制——"度量分界"，所谓"求而无度量分界，则不能不争"。荀子的伦理观念比较简单直截，和法家"以法治国"的办法相近。

在政治上，孔子首先把西周的宗法封建政治理想化，提出德化、礼治的办法，反对当时的刑、政政治。他说："道之以政，齐之以刑，民免而无耻，道之以德，齐之以礼，有耻且格。""政"是政令，"刑"是刑法，用政令、刑法来统治，孔子认为即使能使人民勉强服从，不犯法令，但那是硬干，不能使人民心悦而诚服。只有用"德"来引导，用礼来统治，才能使人感化，真心服从。此即孟子所谓："以力服人者，非心服也，力不赡也；以德服人者，中心悦而诚服也。"这是软功夫，实际上是麻醉人民，以缓和阶级矛盾。孔子认为能用德化、礼治的办法统治，就可以做到"无为而治"。"为政以德，譬如北辰，居其所，而众星共之。""无为而治者，其舜也！与夫何为哉？恭己正南面而已矣。"能够"无为而治"，天下就太平了。这是孔子的中心政治思想，其实质是宗法统治的理想化。孔子的具体政治方法是："道千乘之国，敬事而信，节用而爱人，使民以时。"在孔子时代，统一还不可能，所以他基本上还没有"为王者师"的思想，他只想搞好一个"千乘之国"。其主要方法是"节用而爱人"，换句话说：对人民少剥削些，特别是减少劳役，所谓"使民以时""爱人"自然是门面话，因为人民负担最重的还不是赋税，而是无限制的劳役、兵役。"使民以时"是缓和当时阶级矛盾的主要手段。至于消弭所谓"犯上作乱"，孔子也不主张用刑罚；而主张用"正名"的方法，就是用"褒贬"的手段，使人人按照原来的身份做事，不要逾越身份。身份是用"名"来制定的，你是怎样的"名"，就应该从事怎样的"实"，要使"名""实"相符；具体说来，就是"君君、臣臣、父父、子子"。其目的是在制止"臣弑其君，子弑其父"。臣对君要"忠"，子弟对父兄要"孝弟"。在孔子看来，"孝弟"尤其重要，因为在宗法制时代，君臣的关系往往是从宗法关系来的，如诸侯对天子，一方面是君臣关系，一方面也是父子、兄弟、伯叔、舅甥的关系，所以能够"孝弟"就能"忠"。因此说："其为人也孝弟，而好犯上者鲜矣；不好犯上而好作乱者，未之有也。"能"孝弟"的人一定服从家长，君是政治上的统治者，同时也就是氏族长或宗族长。所谓"君之亲之"，因此能服从家长，就能服从君主；这就是"忠""孝"合一的原理，也就是所谓"欲治其国者先齐其家"的原理。孔子引《书经》说："孝乎惟孝，友乎兄弟，施于有政。"古代的言法政治就是这样，孔子不过把它理想化而已。孔子既维持宗法制度，自然也维持贵族制度，所以孔子力图纠正"礼乐征伐自诸侯出"，"政在大夫"，"臣执国命"和"庶人议"的局面，希望有人用他而"为东周"。他在批评晋国铸刑鼎时说："贵贱不愆，所谓度也"；"贵贱无序，何以为国？"可见他是竭力保守"贵贱"的制度的：这些都是孔子政治思想的落后面。孔子政治思想自然也有其进步面，由于孔子出身低级贵族，当他被统治者重视和任用以前，生活是相当艰苦的，所谓"吾少也贱，故多能鄙事"。在"贫贱"的环境之中，他自会比较接近人民，知道些民间的疾苦，所以虽由于孔子站在贵族阶级的立场上，其政治思想保守性很大，但开明性也不少。例如："季氏富于周公，而求也为之聚敛，而附益之，子曰：非吾徒也，小子鸣鼓而攻之可也！"这是明显的反对统治者过分剥削，斥责他的学生帮助统治者剥削。又如他曾说："苛政猛于虎。"这些已不能单纯地看作是孔子企图缓和阶级矛盾，而应当认为他有一定程度同情人民的思想。鲁国执政季康子患盗，问于孔子。孔子对曰："苟子之不欲，虽赏之不窃。"季康子问政于孔子，曰："如杀无道，以就有道，何如？"孔子对曰："子为政，焉用杀；子欲善，而民善矣。君子之德风也，小人之德草也，草上之风必偃，"这些虽还是德化思想，但孔子侧重责备统治者先端正自己，然后要求人民服从。他爽直地说所以有盗，是因为统治者自己先多欲；他明确反对用杀的方法来消灭"无道"，认为统治者"欲善，而民善矣"。这些话都表现有一定的人民性和开明性。同时德化思想虽是落后的（对新兴的法治思想说），但用"德化"，究竟比用刑杀镇压要缓和些。孔子虽说："民可使由之，不可使知之"。是一种愚民政策，但孔子还主张"教民"，曾说："君子学道则爱人，小人学道则易使也。""爱人"固然是门面话，"易使"却是实在要求；使"小人学道"的主要目的自在"易使"，然而毕竟"小人"也可以"学道"了，这却是一大进步，连"小人"都可以"学道"，当然士更可以广泛受到高级教育。这样士、庶人中就可能出现许多有才能的人，所以仲弓为季氏宰，问政，孔子答以"举贤才"。仲弓不过是个家臣，他所举的贤才，当然不会是大夫阶层，而应当是士、庶人中人。当时士、庶人受到教育的，大概已有相当数量，在"举贤才"的政策之下，就会有不少士、庶人阶层中人得到上升的机会，孔子就曾荐举他的士、庶人学生去当鲁国当权大贵族季氏的家臣，当时家臣是可能掌握政权的，大夫如变成专制君主，家臣就变成官僚（如后来的三晋和田齐），这样新的政局就出现了。同时孔子主张"张公室，抑私门"，又主张"礼乐征伐自天子出"，在孔子的主观意图上，固然是想恢复西周旧秩序，但我们知道：在当时西周旧秩序已不可能恢复了，实行孔子主张的结果就必然要走向吴起、商鞅的道路，最后实现秦、汉的政局。吴起、商鞅就是"张公室，抑私门"的，而秦、汉的政局就是真正的"礼乐征伐自天子出"。孔子当然不会明确地体会到他的主张和政策的后果，但一切事情都要看客观效果，孔子的主张和政策，实际上是使士和庶人上层（说得明确些就是新兴富人）广泛受到教育，以知识为资本争取政权，逐渐转化为官僚，而使君主集中权力，压抑贵族，进一步使官僚代替贵族（也就是使冉有、季路们掌握季氏政权，自己也成为鲁君的辅佐）。在全国说，使天子掌握最高的政权，形成大统一的局面，这不就是使地主封建制的上层建筑代替贵族封建制的上层建筑吗！以上就是孔子政治思想的进步面（当然，孔子这种比较进步的思想，还是原始的，与吴起、商鞅等的思想还不相同）。由于孔子所处的时代旧秩序已不能恢复，而新制度形成的条件还不完全具备，所以孔子的主张和政策只好归于失败，而使孔子不能不从政治舞台上退到讲坛上去（但孔子的教育生活，也就是一种政治生活，他代统治者设教，并宣传自己的政治主张）。孟子在政治上的见解，往往发挥孔子的理论，但有很大的不同和发展，其中包含着别家的思想（如墨家）。现在只说他的较直截简单的突出的主要的见解。他的主要的政治思想，就是所谓"王道"论。他的"王道"政策倒是很实际的，他说："无恒产而有恒心者，惟士为能；若民，则无恒产，固无恒心；苟无恒心，放辟邪侈，无不为已；及陷于罪，然后从而刑之，是罔民也，焉有仁人在位，罔民而可为也！是故明君制民之产，必使仰足以事父母，俯足以蓄妻子，乐岁终身饱，凶年免于死亡，然后驱而之善，故民之从之也轻。……五亩之宅、树之以桑，五十者可以衣帛矣；鸡豚狗彘之畜，无失其时，七十者可以食肉矣，百亩之田，勿夺其时，八口之家可以无饥矣。谨庠序之教，申之以孝悌之义，颁白者不负戴于道路矣。老者衣帛食肉，黎民不饥不寒，然而不王者，未之有也。"从此看来，孟子的所谓"王道"，要求并不很高，只不过要求统治者维持当时"五亩之宅、百亩之田"的小农经济，使小农安心生产，"勿夺其时"，做到"老者衣帛食肉，黎民不饥不寒"，这样就可以"王天下"。他认为当时人民所以"放辟邪侈"（亦即"犯上作乱"——阶级斗争），是由于"无恒心"，而"无恒心"则由于"无恒产"（失去应有的产业），解决之法，就是"制民之产"，使各有"五亩之宅，百亩之田"，万事就安然大吉。所以孟子的"王道"政策，简单说来，就是维持小农经济（同时减轻剥削、压迫），这是针对当时小农经济分化，许多农民失业流离，阶级矛盾尖锐化的情况提出来的救济办法。这种办法实行起来，自然是有相当困难的，因为小农经济分化，是当时土地逐渐私有，地主经济逐渐发展的结果，这是封建经济进一步发展的必然现象。用政治力量来维持小农经济，只能收获暂时的效果，长久下去，小农经济还是要分化的。至于孟子进一步希望恢复井田制度，那更是开倒车的办法，是绝对不能成功的。在这一方面，虽然表现了孟子政治思想的某些落后的倾向，但它还是希望统治者向人民让些步，替人民想些办法，因此具有一定程度的同情人民的思想：这是应当分别开来的。孟子最进步的政治思想，是他的"民贵君轻"论，在这方面，他代表庶人上层（新兴富人、地主等），向统治者提出人民（包括富人、地主）为本，君主权力应有限制的意见，实际上是要求提高新兴阶层的地位。他说："民为贵，社稷次之，君为轻。是故得乎丘民而为天子，得乎天子而为诸侯，得乎诸侯而为大夫。诸侯危社稷，则变置；牺牲既成，粢盛既絜，祭祀以时，然而旱干水溢，则变置社稷。"所谓"民"，包括新兴富人、地主在内；所谓"社稷"，虽代表神权，但也代表国家（因为神是保卫国家的）。孟子认为天子的位子不是神授的，而是由于人民的推戴而取得的，所以政权的基础是人民（包括富人、地主），因此"民为贵"。"民"决定最高政权，天子决定诸侯，诸侯决定大夫。天子已是"民"所决定的了，诸侯、大夫更不用说；诸侯如果"危社稷"，可以"变置"；"社稷"对于国家、人民不利，也可以"变置"。所以说："社稷次之，君为轻。"这在当时，是破天荒的议论，富有原始民主主义的精神。但孟子这里所说的"民"，实际上以富人、地主为代表，因此这是当时新兴统治阶层的政论，说这是人民的呼声，评价似乎过高了些。因为孟子究竟不是代表人民的。照孟子说：诸侯"危社稷"，可以"变置"，然则天子怎样呢？他说："贼仁者谓之贼、贼义者谓之残，残贼之人谓之一夫。闻诛一夫纣矣，未闻弑君也。"天子如果不仁义，"不保四海"，甚至可以杀，因为他已变成"一夫"，而不是君主了。孟子这种理论，就是"天下者，天下人之天下，惟有德者居之"的议论：这实际是新兴地主阶级要求政权的口号。在历代改朝换代的时候，常被新兴政权用作推翻旧王朝的工具。就原始民主主义方面说，孟子政治思想是比较进步的。但孟子有他复古主义（所谓"法先王"）的落后的倾向；在这方面，荀子比孟子进步得多，这是法家的影响。荀子公开主张"法后王"，他说："王者之制，道不过三代，法不贰后王；道过三代谓之荡，法贰后王谓之不雅。"这里所说的"后王"的实际乃是当代的王。他又说："文久而息，节族久而绝，……欲观圣王之迹，则于其粲然者矣，后王是也。彼后王者，天下之君也；舍后王而道上古，譬之是犹舍己之君而事人之君也。故曰：欲观千岁，则数今日；……欲知上世，则审周道；欲知周道，则审其人，所贵君子。"在这段话里，可以看出荀子"托古改制"的手段。"彼后王者，天下之君也，舍后王而道上古，譬之是犹舍己之君而事人之君"；"欲观千岁，则数今日"，这已明白指出"后王"即是当世之王。不过荀子因为是儒家，儒家的标帜是"复古"，所以只好抬出孔子所尊崇的"周道"来"托古改制"。他说："欲知周道，则审其人。""人"就是当世的人，包括荀子自己在内（所谓"所贵君子"）。因此他所谓"后王"，实际是当代的制度和根据当代制度发挥出来的理论（如他自己的学说）。

他既把当代的制度说成"周道"，于是就又提出"古今一度"论："类不悖，虽久同理。"我们知道：一般儒家至少承认当世是与古代不同的，不然他们就不会"是古非今"了，孔孟都不赞成当时的社会政治，认为"今"与"古"不同，荀子为何闭着眼睛硬说"古今一度"呢？这就可见荀子所谓"古"实际就是"今"，由于"托古改制"，所以说"古今一度"。从这里我们可以了解荀子的"古今一度"论，实际与韩非的进化论是并不矛盾的，不过韩非直截说出古不如今，荀子却要转过弯子，章"古"就"今"，以肯定今罢了。荀子既肯定"今"而"法后王"，当时的政治是向法制方向发展的，所以荀子就提出"礼义"治国的主张。上面已经说过：荀子所谓"礼"与"法"很接近，实际就是"法"，"礼义之治"实际就是"法治"（荀子的"礼治"是由旧礼治过渡到法治去的"礼治"）。我们且看荀子说："夫民易一以道，而不可与其故，明君临之以势，道之以道，申之以命，章之以论，禁之以刑。"这不正是韩非，李斯理论的先驱吗！在民主主义上，荀子是远不及孟子开明的。

在教育上，孔子适应当时文化发展的趋势和士庶人抬头的局面，开始正式把学术广播到士、庶人（上层）阶层中去，主张"有教无类"，实行"自行束脩以上，吾未尝无诲焉"。当然，在封建时代，使整个人民都受到教育，这是不可能的，所以"有教无类"，决不能真正实现。例如在孔子学生中，就没有奴隶，也没有多少农民。但孔子毕竟喊出了"有教无类"的口号，这还是进步的。自此以后，至少"庶人"中的富人、地主和富裕农民们，是可以受到教育了。这比起过去"礼不下庶人"来，总是进了一步。孟子更明确主张"设为庠、序、学、校以教之：庠者，养也；校者，教也；序者，射也……皆所以明人伦也。"孟子的教育主张，虽难详知，但他是主张由国家设学校来教育人民的。官学之外，还可以设私学，如孟子自己就是个私学大师。孟子的教育目的是"明人伦"，也就是替封建统治阶级宣扬礼教，特别是宣扬"孝弟"之道，以免人民"犯上作乱"。但是无论如何，封建时代是不可能实行全民教育的，至多只能使部分人民受到些有利统治阶级的教育，并在地主、富人中培养帮助统治的人才。孟子的教育政策，其实质也不能超越于此。荀子很重视教育，这是他有别于法家之处。他说："学恶乎始，恶乎终？曰：其数则始乎诵经，终乎读礼，其义则始乎为士，终乎为圣人。"这是明确说"学"只是"士"的事，"始乎诵经，终乎读礼"，决不是一般人民所能受到的教育。至于一般人民所受的教育，荀子说："从人之性，顺人之情，必出于争夺，合于犯分乱理而归于暴；故必将有师法之化，礼义之道，然后出于辞让，合于文理而归于治。"荀子认为人性是恶的，人民如不受教育，就要"犯分乱理而归于暴（阶级斗争）"。所以必须有"师法之化，礼义之道"，然后天下才能太平。然而荀子所主张的对人民的教育，只是宣扬封建伦理，麻醉人民，以免阶级斗争：这是地主阶级的教育政策。自然，即使如此，全民还是不可能都受到教育的。

儒家思想包含有许多矛盾，他们思想的矛盾性来自他们所处时代的社会政治的矛盾和他们所代表阶层的动摇性。儒家思想是富有矛盾性的，这种矛盾性显著地表现于伦理、政治、教育思想中，如上所述，已可看出。如"仁"和"孝""礼"的矛盾，恢复周制和适应当时社会政治的矛盾，德化思想中宗法性和人民性的矛盾，"民可使由之，不可使知之"和"有教无类"思想的矛盾，礼教正名和"民贵君轻"思想的矛盾，礼治和法治思想的矛盾等等。这些矛盾的产生，是由于先秦儒家所处的时代正是一个由贵族封建制度到地主封建制度的过渡时代。在社会经济与政治中有无数矛盾存在着，这些现实矛盾反映在思想家头脑中，就产生了矛盾的思想。在当时不仅儒家如此，别的家派也有类似的情况，不过儒家思想的矛盾性表现得特别突出，这是由于儒家主要代表士夫阶层，士夫阶层前后虽有不同——由贵族向地主转化，但总是一个偏上的中间阶层，他们向上看时多，所以主要替统治者——贵族政权、半贵族政权、地主政权——说话，但也有时向下看，偶然替人民（特别是其中的上层）说几句话，其有时守旧，有时创新，有时落后，有时前进，也都由于此。士夫阶层是很动摇的，动摇的阶层所以有动摇的思想。他们的思想往往可以为贵族服务，也可以为地主服务，孔子终于成为地主阶级的"大成至圣先师"，就说明他的思想是很能为地主阶级服务的。

他们的根本论据——天道观、性论 儒家的思想注重伦理，政治和教育，他们不大谈高深的本源问题，如天道观，性论等，子贡说："夫子之文章，可得而闻也；夫子之言性与天道，不可得而闻也。"《论语》载："子不语：怪、力、乱、神。"可见孔子很少谈到宇宙观、本性论等。孟子虽大谈人性，宇宙观仍很模糊。荀子才一面对宇宙本质提出成篇的看法，一面对人性也提出成篇的见解。然而，一般儒家还是很少谈天道和人性。我们知道，一个古代思想家很难设想没有宇宙观和对人的本性的看法，因为这些往往是伦理、政治、教育等见解的根本出发点，但儒家一般是先有伦理、政治教育等见解，然后再为这些见解找理论根据。孔、孟、荀三大师即如此。只有理解他们的根本论据，才能比较彻底了解他们的伦理、政治、教育等思想。所以在这里有必要探讨孔、孟、荀三大师的天道观和性论。

孔子生于春秋后期重人轻天思想发展的环境中，他是个开明贵族，不可能不接受些这方面的影响，因此孔子的基本世界观，也是重人轻天的。孔子固然还承认有上帝，有人格的"天"，在《论语》中留着不少证据（如"天生德于予"，"予所否者，天厌之"等话）。但他也说："天何言哉！四时行焉，万物生焉。"承认有自然的"天"。并坚持有不变的自然性质的"命"。他固然还承认有鬼神，需要祭祀，但"祭如在，祭神如神在"，又说"务民之义、敬鬼神而远之"。"未能事人，焉能事鬼"，可见他是怀疑鬼神的。到他的后学，就直接说"无鬼神"，"以天为不明，以鬼为不神"（见《墨子》），这种思想正是孔子思想进一步的发展，从半无神论进到全无神论。孔子从此段不神秘的宇宙观出发，认为人的天性（才能）都是相近的，但因习染的不同，所以相远了（"性相近也，习相远也"。）这就为他的政治上的德化、礼治论，教育上的"有教无类"论树立了根据，由于人的天性本来相近，所以德化、礼治可以收效，所以可以不分等类都施教。但他又说"唯上知与下愚不移"，"中人以上可以语上也；中人以下，不可以语上也"。这样就有"生知"的"圣人"和不可教育的"愚人",而且部分人只能受低级的教育,不能受高级的教育。这是孔子的贵族阶级的观点在教育思想上的反映,也是孔子教育思想所表现的很大的局限性。孟子在一般天道观上与孔子相近,"天视自我民视,天听自我民听",以人代天,以人为天之本,就是孟子世界观的一种根本见解。从这种见解出发:在伦理上,着重"人道",不重"天道",在政治上,把"民意"代表"天意",认为"得乎丘民而为天子"。在教育上着重"人伦",不讲宗教。但在孟子的宇宙观中,有一种"神秘主义"倾向,如他说:"我善养吾浩然之气……其为气也至大至刚,以直养而无害,则塞于天地之间";"尽其心者,知其性也;知其性,则知天矣。存其心,养其性,所以事天也:夭寿不贰,修身以俟之,所以主命也。""万物皆备于我矣,反身而诚,乐莫大焉。"这些话多不大好理解,大概孟子认为天人是合一的,人性本乎天道,能尽性即能尽天道,人心就与宇宙合一。由于人心即是宇宙,所以"万物皆备于我"。所谓"浩然之气"也是这样,能养"浩然之气"使"塞乎天地之间",则人心即是宇宙,宇宙即是人心。如果我们的解释不错,则孟子的宇宙观有主观唯心论的倾向,这是心物合一论,即是主观唯心论。孟子这种思想不是儒家固有的东西,似是从杨家和告子(一位介乎杨、墨之间的思想家)等人那里吸收过来的东西。它是为性善论服务的,由于人性本乎天道,所以是善的,但所谓"善"只是"善端"。扩充成纯善,还待于人的努力,这是孟子的性善论与绝对唯心主义的王阳明等人的性善论不同的地方。因为孟子毕竟是先秦儒家,其学直承孔子,未受佛教思想的影响,所以其性善论还兼具修为论的意义,有些近于后世禅宗的"渐学",而不近于后世禅宗的"顿学"。孟子说:"恻隐之心,人皆有之;羞恶之心,人皆有之;恭敬之心,人皆有之;是非之心,人皆有之。恻隐之心,仁也;羞恶之心,义也;恭敬之心,礼也;是非之心,智也。仁、义、礼、智,非由外铄我也,我固有之也,弗思耳矣也。故曰:'求则得之,舍则失之。'或相倍蓰而无算者,不能尽其才者也。"孟子从人皆有"恻隐""羞恶""恭敬""是非"之心,来证明人性有仁、义、礼、智的善端,扩而充之,即可以为圣人。然则"不善"是怎样来的呢？他说："若夫为不善，非才之罪也。""富岁子弟多赖，凶岁子弟多暴，非天之降才尔殊也，其所以陷溺其心者然也。"据此，"不善"产生于外物的"陷溺"，非其本性所具有。这是改孔子的"性相近，习相远"说为"性本善，习而恶"说。孟子竭力鼓吹人性本善，恶非本性之说，又是为他的"仁义"的伦理观和"王道"的政治论服务的，所以说："仁，人心也；义，人路也。舍其路而弗由，放其心而不知求，哀哉！""人皆有不忍人之心，先王有不忍人之心，斯有不忍人之政矣。以不忍人之心，行不忍人之政，治天下可运之掌上。""王道"论的根本论据，即在于此。荀子时代生产力和科学技术十分发展，再加上荀子很博学，吸收了同时代和以前的学术思想，同时荀子的伦理、政治、教育等思想，也需要一种接近唯物论的理论根据来作他的思想基地，于是他就继承并发展战国初年儒家无神论的思想，构成他的"天论"，并由"天论"发展出他的性论，这些思想就成为荀子思想中最精彩的部分。荀子的"天论"说："天行有常，不为尧存，不为桀亡。……强本而节用，则天不能贫；养备而动时，则天不能病；修道而不贰，则天不能祸。……本荒而用侈，则天不能使之富；养略而动罕，则天不能使之全；倍道而妄行，则天不能使之吉。""唯圣人为不求知天。""日月食而救之，天旱而雩，卜筮然后决大事，非以为得求也，以文之也。""大天而思之，孰与物畜而制之！从天而颂之，孰与制天命而用之！……"这就是说，"天"是有规律的自然现象，它的"行"是有常轨的，吉凶福祸并不由"天"而由于人。"天道"难知，所以圣人"不求知天"。祭祀卜筮等只是"文"，并非真有效果。人们对于"天"不必称颂，应当制服它使为人服务，这就是人定胜天思想。这种思想在儒家中是突出的！荀子的"天论"显然有唯物论的倾向，由"天论"推到性论，就使他的性论也带些唯物的色彩。他说："今人之性，生而有好利焉，顺是，故争夺生而辞让亡焉；生而有疾恶焉，顺是，故残贼生而忠信亡焉；生而有耳目之欲，有好声色焉，顺是，故淫乱生而礼义文理亡焉。……由此观之，然则人之性恶明矣，其善者伪也。"荀子从人有情欲出发认为

人的性恶，所以有善，是出于人为（伪）。他下"性""伪"的定义
说："不可学，不可事，而在人者，谓之性；可学而能，可事而成，
之在人者，谓之伪。""性"是天生的，"伪"是人为的。因此："凡
礼义者，是生于圣人之伪，非故生于人之性也。"换句话说：道德是
人为的，不是天生的，天生的性并不好，所以"圣人化性而起伪"。
但是荀子又认为："仁义德正有可知，可能之理，所以涂之人可以为
禹。"但必须加以修为，所以说："圣人者，人之所积而致也。"但最
后提出："夫人虽有性质美而心辩知，必将求贤师而事之，择良友而
友之。"换句话说：必须"学"。荀子是很懂逻辑的，但他的性恶论
中却确存在着自相矛盾的地方。最矛盾的是人的性既是恶的，为什
么又能知和能行"仁义德正"？为什么又有"性质美而心辩知"的
人？荀子在这些方面缺乏解释，是很大的缺点。我们认为：荀子把
人对物质的情欲当做"性"，是有一定的唯物论倾向的，错误是在情
欲未必就是"恶"，劳动人民要求改善生活待遇，难道是"恶"吗？
"饮食、男女，人之大欲存焉"，这难道都是"恶"吗？在荀子看来
统治阶级可以享受，这种享受为"名分"所定，所以是合理的；但
劳动人民要求提高待遇，那就是"争夺生而辞让亡；淫乱生而礼义
文理亡"，即是恶了。而荀子以为善的"伪"即"礼义"，完全是为
统治阶级服务的。所以荀子所谓"善恶"根本就有阶级性，并不是
绝对的善、恶。"在阶级社会中，人的阶级性，就是人的本性、本
质。"因此性善，性恶等之争，都是抽去了阶级性而空谈人性，不
会有结果的。荀子的性论是从他的"天论"来，而为他的礼义治国
（变相的法治）的主张服务。他的教育论也是与他的性论相联系的。
荀子的性恶说为韩非所接受，作为他的法治说的理论根据，这就是
因为荀子的"礼"治和韩非的"法"治并没有很大的距离。但是性
恶说毕竟不易为一般儒家所接受，所以荀子的影响虽相当大，而性
恶说，响应的人不多。

儒家的思想方法，一般是不显明的，但任何思想家，都不可能
没有思想方法。从孔子的言行看，他是比较着重人的实践的。如
他说："古者言之不出，耻躬之不逮也。""君子欲讷于言，而敏于

行。""吾尝终日不食，终夜不寝，以思，无益，不如学也。""下学而上达。"孔子以实践检查言论，以知识为基础，认为理性知识的获得，是由于感性知识的积累和上升。先行后言，先学后思，多学多识，然后"一以贯之"：这就是孔子的方法论。但孔子不大讲逻辑，往往先有结论，然后以结论为根据，进行辩说。这是孔子不如苏格拉底等人的地方。《墨子》书载："叶公子高问政于仲尼，曰：善为政者若之何？仲尼曰：善为政者，远者近之，而旧者新之（案：事见《论语》）。子墨子闻之曰：……叶公子高岂不知善为政者之远者近之；而旧者新之哉？问所以为之若之何也，不以人之所不知告人，以所知告之。""子墨子问于儒者曰：何故为乐？曰：乐以为乐也。子墨子曰：子未我应也。今我问曰：何故为室？曰：冬避寒焉；夏避暑焉；室以为男女之别也，则子告我为室之故矣。今我问曰：何故为乐？曰：乐以为乐也；是犹曰：何故为室？曰：室以为室也。"在这里显然可以看出孔子和早期儒家在逻辑学和思想方法上的弱点，孟子很雄辩，比较懂得辩论术，但有时也不讲逻辑，如他和许行的学生陈相辩论，陈相说："从许子之道，则市贾不贰……布帛长短同，则贾相若；麻缕丝絮轻重同，则贾相若；五谷多寡同，则贾相若；屦大小同，则贾相若。"孟子驳说："夫物之不齐，物之情也，或相倍蓰，或相什百，或相千万；子比而同之，是乱天下也。巨屦小屦同贾，人岂为之哉！从许子之道，相率而为伪者也，恶能治国家！"孟子这种辩驳，简直是无的放矢，陈相并不曾说一切的物价都应相同，不过说同类、同量的东西，价格应当"相若"，他明明只说"屦大小同，则贾相若。"孟子偏说："巨屦小屦同贾人，岂为之哉！"这怎能使陈相心服呢？又孟子是个唯心论者，他的思想方法显然有很大缺点，唯心论者往往单凭主观想象，思想不合实际，如他主张恢复井田制度，就是不切实际的空想。荀子似乎很讲究逻辑和思想方法（但不合逻辑的地方仍不少），他的《正名》篇说："若有王者起，必将有循于旧名，有作于新名。""制名以指实，上以明贵贱，下以辨同异。""知异实者之异名也，故使异实者莫不异名也，不可乱也，""名无固宜，约之以命，约定俗成谓之宜，异于约则谓之不宜。名无固宜，约之以命实，约定俗成，谓之实名。""名也者，所以期累实也；辞也者，兼异实之名以论一意也；辨说也者，不异实名以逾动静之道也。"他的意思大致是说：我们说话用的"名"是"指实"的，所以"异实"就是"异名"，不可紊乱。"名"不是固定的，只要"约定俗成"就"谓之宜"；有新的"实"就应当制新的"名"。"辞"是"名"的累积，所以"论一意"。有"名"和"辞"，就可以"辩说"以论"道"，但必不可以淆乱"名""实"。"名"之用不仅"辨同异"，更重要的还有"明贵贱"的作用。孔子的"正名"，其作用主要是伦理和政治的，与荀子的"明贵贱"相近。荀子的"正名"则富有逻辑学、名学的意味，即所谓"辨同异"，这是受的墨、名等家的影响，也是孔、荀时代不同、政治作用不同所致。荀子的"正名"，已有"形名法术"之学的意义。荀子的思想方法，也比较着重实际。荀子的思想，主要是当时现实的地主政权的制度的反映，空想的成分较少。

他们和别派的论争　各家、各派间的论争，反映不同阶级阶层和不同传授的人的思想斗争。在孔子时代，各家派还没有兴起，学术界还只有孔子一派，所以看不到有家派间的论争。但是那时已有隐士一流人物，他们所代表的是已经没落下降的贵族。他们不满当时现实的社会、政治，主张"避世"，不与任何人合作，他们就是最早的道家。他们看不惯孔子那样"席不暇暖"地奔走"救世"，时常加以讥评。孔子并不反对隐居，（他曾说"天下有道则见，无道则隐"；"隐居以求其志，行义以达其道，吾闻其语矣，未见其人也"。）而且相当同情隐士（见《微子》篇），但他是个积极的人，终与隐士不同道。隐士批评孔子"四体不勤，五谷不分"（隐士们因为失去地位，多下降为小生产者，亦即小所有者）；"与其避人，不若避世"。孔子弟子子路批评隐士道："不仕无义；长幼之节，不可废也；君臣之义，如之何其废之？欲洁其身而乱大伦。君子之仕也，行其义也；道之不行，已知之矣。"他们认为"不仕"是"无义"。因为君臣之伦不可废，避世隐居是"欲洁其身而乱大伦"。他们自己的宗旨是虽知"道不行"，仍须"仕"以"行其义"。这一辩论就说明了新兴的士夫阶层与没落贵族的立场不同：前者积极而后者消极，前者适应而后者逃避社会；这种不同，也就是儒家与道家的不同。孔子之后孟子之前，思想界兴起墨、杨两大派，排挤儒家，"杨朱、墨翟之言盈天下，天下之言不归杨则归墨"。所以孟子的思想斗争的锋芒便指向杨、墨两家；他说："杨氏为我，是无君也；墨氏兼爱，是无父也，无父无君，是禽兽也。……杨、墨之道不息，孔子之道不著，是一邪说诬民，充塞仁义也；仁义充塞，则率兽食人；人将相食。"这虽是谩骂，但里面也反映了儒、墨、杨三家的立场不同：儒家站在统治阶级的立场上，要维持君、父之义；墨家站在庶民（中、上层）的立场上，要打破宗法限制，推行"兼爱"之道；杨家站在没落贵族与小所有者的立场上，主张"为我"、逃避现实（即隐士态度）。三派的斗争，都是为自己阶级、阶层的利益。孟子特别提出杨家"无君"、墨家"无父"来作为攻击目标，是有道理的。因为杨、墨两家触犯了封建、宗法秩序，攻击到了儒家思想的核心，所以维护封建宗法秩序的儒家的孟子，不能不急起予以抵抗、反击。至于孟子和其他家派的斗争，也牵涉杨、墨两家的思想，如告子调和杨、墨，许行近于杨家；与告子、许行等的斗争，也就是与杨、墨两家的斗争。当然，在斗争过程中，孟子等儒家也部分吸收杨、墨等家派的思想，以壮大自己的思想体系。荀子时代，家派更多。荀子广泛研究了各家学说，除吸收各家派的一部分思想外，也严厉地批评了各家。以《非十二子》篇为例，可以见出荀子对其他家派的批判，其中重要的，是对墨翟、宋钘（墨家别支）、慎到、田骈、子思、孟轲等人的批判。此时杨家已衰，继之而起的道家还在成长之中，还不曾取得思想界主要地位。墨家则势力仍盛，为儒家的大敌。由道家转入法家的慎到等，也在思想界中很活跃，并且日渐发展，正式法家已将形成。而儒家中与荀子相反，且地位重要的是孟子一派，这是荀子的内部大敌，更须击败。荀子批判墨翟、宋钘说："不知壹天下，建国家之权，称上功用，大俭约，而慢差等，曾不足以容辨异，县君臣。"荀子主张"礼"治，倾向当时专制主义中央集权的制度，当然反对墨家的民主思想，集中攻击墨家的"慢差等""不足以容辨异，县君臣"：这是荀、墨根本的矛盾（当然也包含儒墨根本的矛盾），也是地主政权与庶民的矛盾。荀子批判慎到，田骈说："尚法而无法，下修而好作，上则取听于上，下则取从于俗；终日言成文典，及纵察之，则偶然无所归宿，不可以经国定分。"慎到一派是随顺主义者，代表没落贵族向官僚转化，其弊在"尚法而无法"，"不可以经国定分"，所以荀子也加以反对。主要是反对他们没落贵族的一面（即道家的一面），至于官僚一面，则与荀子相近，荀子并不全很反对。假使慎到们尚法而有法，可以经国定分，那就与韩非相类，与荀子相隔尺间了。荀子批判子思、孟轲说："略法先王而不知其统，然而犹材剧志大，闻见杂博。案往旧造说，谓之五行，甚僻违而无类，幽隐而无说，闭约而无解。"荀子反对孟子一派的，主要在他们"法先王"，即复古主义，这是与荀子的"法后王"主张相矛盾的，这是贵族立场与地主立场的矛盾。其次是反对他们创造"五行"学说，"五行"思想本是一种原始的素朴的唯物主义世界观，但到邹衍等人手里，逐渐变成一种神秘主义的唯心论。这种思想自然是与荀子的带有唯物论倾向的宇宙观相矛盾的。然子思创造"五行"学说，寻不到多少证据；在今传的《孟子》书中又看不清有这种思想，是否因荀子一派的攻击，思、孟后学把这种神秘性的思想删去了。我们知道：荀子当战国末到汉代一段时间内，在儒家中是有很大势力的，汉代经儒多是荀门后学；同时总结先秦思想的法家大师韩非和帮助秦始皇改制的李斯，都是荀子弟子。而"五行"学说，在先秦、汉初实际主义流行的思想界中也还难占得优势，所以子思、孟子的"五行"学说不传于后世，是可以理解的（邹衍等那么多的著作的失传，也可从此理解）。

儒家思想对后世的影响　儒家兴起最早，继承古代典籍、文化最丰富，他们又是积极主义者，在贵族和新兴的士夫中最先培养下着实的思想根苗，所以在先秦时代，儒家在各家派中已占得一定的优势，能与它暂时并驾齐驱的，只有另一派积极主义者墨家。韩非子说："世之显学，儒、墨也；……孔、墨之后，儒分为八，墨离为三。"可见儒家较墨家尤盛。但儒家思想并不完全固定，在先秦时代，就有很大的发展：荀进于孟，孟进于孔。到了汉代以后，变化更大，汉武帝听董仲舒的建议，罢黜百家，定儒学于一尊，从此儒家成为思想界正统。后来虽有佛教的输入、道教的出现，一时几乎压倒儒家，但思想界的正统地位，仍不能不让给儒家。宋代以来，佛、道二教衰微，儒学吸收二教的部分思想，发展成"理学"，变成统治阶级新的思想工具，其势力一直维持到近代。至五四运动以后，儒家思想才逐渐失去统治地位。所以儒家和孔子影响之大，在整个封建时代的思想界中，是无可比拟的。儒学是地主制封建社会的上层建筑，始终为基础服务，所以始终被封建统治阶级所尊崇，作为教育封建知识分子和一般人民的正宗思想。它的定命论，"中庸"观念，礼教，宗法封建伦理等等，都在封建时代中国人头脑中树立了牢固的根基，它为封建制度的经济基础和政治服务了二千多年，从总的方面说来，它是我们反封建的一个主要对象。固然，在儒家思想中，也有不少好的东西，值得我们批判地继承。同时，历史上有些儒家，在当时是进步的思想家（如先秦时代孟、荀二子，汉代的王充，南北朝时代的范缜，宋代的王安石，明代的李卓吾，清代的黄宗羲、颜元、戴震等），他们往往与传统的儒学相对立，有些人已经几乎超出儒家的范围了。

第二讲　墨家思想

墨家所代表的阶级利益　墨家的领袖墨子，生当战国初年，他所处的时代比孔子所处的时代、社会经济、政治的动荡变化更大。这时候已是青铜时代向铁器时代过渡的时期，社会生产力比孔子时代更发展，小农经济的分化虽还不曾表现出很剧烈的景象，但分化已比较显著。我们虽还不曾掌握这时期地主经济的史料，而从各方面观察，地主经济应已在逐渐形成（不然，较晚的孟子，就不会有代表地主阶级的思想）。贵族更没落转化了，有些大贵族（如晋的三家、齐的田氏）已变成专制君主（有些大国的原来君主也向这方面发展），由贵族下层、庶人上层形成的"士夫"阶层，则进一步壮大，逐渐转化为官僚（如李悝、吴起等人）。旧式的贵族只剩下少数人在支撑场面，受到新兴势力的打击，而日趋没落、转化（转化为官僚、富人、地主等）。弱小的国家渐趋衰亡，强大的国家厉行"富国强兵"政策，互相斗争，兼并战争进一步扩大，已有走向统一的趋势。

墨子的出身，是一个待考证的问题，近来史学家倾向墨子为宋公族之后说，则墨子的上代是贵族。他本身受过高级教育，曾经游学，大概是个"士"，他和孔子一样，做过大夫（宋大夫），后来失职，也和孔子一样，成为许多学生的老师，开创出一个大学派——墨家。这样说来墨子所代表的阶级应当和孔子相同，最低也是个"士夫"。然而研究历史，应当着重本质，从本质上看，墨子基本上是代表庶民阶级的中、上层的。有的史学家说他代表城市平民，很相接近。我们知道：墨子过的不是贵族的生活，他和他的学生所过的是当时"贱人"的生活，"量腹而食，度身而衣"，"以裘褐为衣，以跂蹻为服；日夜不休，以自苦为极"。有的学生："短褐之衣、藜藿之羹，朝得之，则夕弗得。"简直完全是贫民。同时墨家懂得工技，墨子就是个大技师，会制造武器等手工品，他和他的弟子至少从事一些手工业劳动，并不完全脱离生产。墨子自称"贱人"，经常步行，丝毫没有贵族架子，表示是庶人的身份，正和孔子自称"以吾从大夫之后，不可徒行"的贵族架子相反。自然，墨家也有"出仕"做官的，这样生活就较好；而且，墨子也受弟子供养，还有"士夫"的味道。所以我们可以说：墨子和墨家，是士夫中站在庶人的立场上，代表庶人中、上层利益的学者。

墨家所继承的思想遗产　庄子《天下》篇说墨子："又好学而博，不异，不与先王同。"可见墨子和孔子差不多，也是"好学而博"的，他与孔子之异，是在孔子"信而好古"，他则"不与先王同"。当然，我们不否认墨子也满口"先王""古者圣王"，大引《诗》《书》，并批评儒家"法周而未法夏"，然墨子所谓"先王"和

《诗》《书》，只不过是他的"上说下教"的工具，他自己并不见得很信仰。孔子虽然也往往引古说今，康有为说他"托古改制"，但孔子对于周制和周文化，确实是很爱慕的。儒、墨的这种差别，也表现了贵族和庶人立场的不同，贵族爱慕"文、武、周公之道"，是追崇他们的先代；庶人"不与先王同"，是不与老贵族同调。然而墨子和墨家确继承了不少的古代文化遗产。单是手工技术、科学知识两项，就很可宝贵。就《墨经》看：古代的许多专门知识，技术，都给墨家继承了，不能说那些学问，都是墨家凭空创造的。便是贵族阶级的学问所谓"先王之道"和《诗》《书》等典籍，墨家也学得不少。这些文化遗产对墨家学说都起了很大的作用。经过墨家的扬弃，古代不少文化遗产改造以后，都获得了新生命，化入墨家的学说中，变成墨家学说的某些可贵成分中（如"尚贤""尚同"学说包含古代原始民主主义和氏族选举制度等因素，"兼爱""非攻"学说包含原始时代氏族、部落成员互相爱护和无战争的历史情况，"节用""节葬"学说包含古代俭朴的风俗等等）。又墨子是宋人，春秋时宋人的"弭兵"思想，以及宋人的节俭和敬天、尊祖等思想，对墨学应当都有影响（从前人这样说，不一定对）。《淮南子》说："墨子学儒者之业，受孔子之术。"则墨子也曾学过儒学，儒学的某些成分，当为墨子所吸收，先秦、汉代"孔墨"或"儒墨"并称，唐代韩愈认为孔、墨相同，虽然不对，但墨学一部分出于儒学而变化，是可能的。总之，墨子所继承的有古代的贵族之学和专门知识以及春秋时代某些思想——包括孔子儒学在内，继承既丰富，墨子和墨家又善于发挥改造，这些文化遗产当然在墨家学术中起了不少的积极作用。

墨家所要解决的社会政治问题 如上所述，墨子时代最主要的社会政治现象是：贵族制度开始没落，地主制度开始兴起。怎样从贵族经济转向地主经济和怎样从贵族政治转向地主政治，是当时最大的问题。墨子既基本上代表庶人中、上层，那么他自然倾向新兴的地主制度，反对贵族制度。所以墨家所迫切需要解决的社会问题，就是怎样使贵族让步，减轻剥削压迫，让生产和交换得以发展：这样就能使新兴的庶人（包括富人、地主）经济抬头，逐渐代替贵族经济。同时墨家所迫切需要解决的政治问题，就是怎样使贵族让人民（包括士夫）逐渐掌握政权，特别是使其中的新兴士夫下层和庶人中有才能的人，掌握高级的政权，而把贵族中的腐朽分子罢免，使贵族阶级逐渐退下政治舞台，最后消灭贵族阶级。墨家的这种企图在《墨子》书中有很明显的反映，只要稍一仔细分析，便能看出。哲学史研究者冯友兰说："（墨子）言论多攻击当时贵族之奢靡而因及贵族所依之周制。……墨子之学说，盖就平民之观点，以主张周制之反面者也。"所谓"平民之观点"，即庶人阶级的立场。墨子站在庶人的立场上，企图取消贵族制度，是无甚问题的！

　　但是，必须指出：在阶级社会中，使人民真正当家和掌握政权是不可能的。墨子主张实行的结果，一定会造成地主经济发展，地主政权出现。当时社会、政治发展的趋势，也就是这样。墨子的要求确是适合社会发展的，因此是进步的，然在当时，公开的学派还不可能明白主张阶级斗争，因此墨子改革社会、政治的方法只能通过"上说下教"的手段。在表面上看，好像他企图调和阶级矛盾。如他提出人民的"三患"："饥者不得食"，"寒者不得衣"，"劳者不得息"；又提出王公大人的"三务"："国家之富"，"人民之众"，"刑政之治"。杨宽先生说："墨子的主张一方面要想解决人民的'三患'，一方面又想达到王公大人的'三务'，想通过上说下教，在矛盾中找出一条途径，以解决当时社会上两阶级间尖锐对立的矛盾。所有墨子的政治思想及其行动，都是为了这一点。"这样的看法，未免太简单化、表面化些。事实上墨家的"上说下教"，只是一种手段，他们的最后目的是在消灭贵族阶级，使庶人当家和掌握政权。他们是企图游说贵族，使庶人逐步当政，取得高级政权，再回过头来打倒贵族阶级。自然他们的主观目的和方法、手段，都是达不到和无甚用处的。（即使是像李悝、吴起、商鞅们的士夫官僚的自上而下的改革或"变法"，也是不断的阶级斗争和其他实际需要所促成的。单纯用游说的方法以达到人民当家、掌握政权的目的，完全是幻想。如上所述，在当时是不可能使人民真正当家做主的。）

　　他们的十个方案　墨家所要解决的社会、政治问题，已如上述，其解决方法也已大略谈到。现在再详细一述他们的解决方案。墨家怎样使统治者向人民让步，减轻剥削、压迫呢？他们首先反对贵族阶级的奢侈浪费。《墨子》书说："圣王为政，其发令兴事，使民用财也，无不加用而为者。""去无用之费，圣王之道，天下之大利也。"这就是说凡"无用之费"，一概停止，这样自然包括贵族的浪费在内。费用既省，剥削才可减轻；随着剥削的减轻；压迫自然也减轻了。《墨子》书《节用上》篇明说："今天下为政者，其所以寡人之道多：其使民劳，其籍敛厚；民财不足，冻饿死者，不可胜数也。"可见墨家"节用"的目的，是在纠正统治者的过度剥削。同时在思想上，反对有"命"之说，因为"今用执有命者之言，则上不听治，下不从事；上不听治，则刑政乱；下不从事，则财用不足。"不信有"命"，则人人努力自己岗位的工作，生产者努力生产，财用就可以足，便可以免除人民的"三患"。墨家的"节用""节葬""非命""非乐"四项学说，其目的都在抑制贵族阶级的奢侈浪费，迫使他们减轻对人民的剥削，以发展生产，达到既富且庶的标准。

在政治方面，墨家首先提出"尚贤""尚同"的主张。《墨子》书说："故古者圣王之为政，列德而尚贤，虽在农与工肆之人，有能则举之，高予之爵，重予之禄，任之以事，断予之令。……故官无常贵，而民无终贱。有能则举之，无能则下之。"农民、手工业者都可以受高官厚禄，掌握政权，只须"有能"便行。做官的并不能"常贵"（永远当贵族官僚），人民也不是"终贱"的，有能则上升，无能则下降。这样的言论，在当时是有革命性的，儒家决不敢说。只有代表庶民利益的墨家才敢说。墨家不但认为农民、手工业者可以充任高官，而且还利用反映原始社会末期酋长推选制的"尧舜禅让"传说，来主张推选天子。墨家认为最早的"天子"原是人民选举出来的，他们说："夫明乎天下之所以乱者，生于无政长，是故选择天下之贤可者，立以为天子。"我们知道：墨家是个有组织的团体，纪律很严，他们的领袖称为"钜子"，好比天子，钜子的位子，就是由前任指定，大家公认，好比"尧舜禅让"似的。由于天子就是天下最贤能的人，而三公、诸侯、正长等也都是贤人，所以人民应当"上同而不下比"，"上之所是，必皆是之；所非，必皆非之"。"尚同"乃是"尚贤"的必然逻辑结果。"尚贤"就是让人民当政，使腐朽的贵族下台；"尚同"就是实行中央集权政治；两者的客观效果，便是秦汉的"布衣卿相"和专制主义中央集权局面的出现。（但"尚同"上同于天，是神权思想，是落后的。）

墨家有个中心思想，叫做"兼爱"，因为他们"察乱何自起，起不相爱"，"若使天下兼相爱，国与国不相攻，家与家不相乱，盗贼无有，君臣父子皆能孝慈，若此则天下治"。《孟子》书载墨者夷之说："爱无差等，施由亲始。"孟子本人说："墨子兼爱，摩顶放踵利天下为之。"并说墨氏"兼爱"，是"无父"。综合起来看"兼爱"是反对贵族宗法的思想，其目的在打破狭隘的宗法限制，使人们都相接近，从家族的人真正变成社会的人。所以"兼爱"实是孔子的"仁"的进一步发展（因此墨家并不很反对儒家的'仁'，只是反对它的狭隘性——保持宗法一面），但却比"仁"前进的多。它的作用也是站在庶民的立场上反对贵族制度。因为"兼爱"，所以"非攻"，这是好理解的。不过墨家的"非攻"只是反对"攻"——侵略或兼并战争。他们对于防御战和"吊民伐罪"的所谓"征诛战"，并不反对，而且墨家还是以善于守御著名的，所以有"墨守"之称。

为了保证"兼爱""非攻"等主张的实现，墨家提出了"天志""明鬼"的宗教信仰来"上说下教"。他们说："顺天意者，兼相爱，交相利，必得赏；反天意者，别相恶，交相贼，必得罚。""今若使天下之人皆若信鬼神之能赏贤而罚暴也，则夫天下岂乱哉！"很明白：墨家的天志、明鬼是为兼爱学说服务和对付"乱"的。从整部《墨子》书观察，墨家不大可能真是相信天、鬼，因为墨家的阶级立场和他们所处的时代以及墨家的博学和思想方法都只允许墨家主张唯物主义世界观。墨家所以提出天志、明鬼的宗教信仰，其主要目的是在制裁统治者，所以说："率天下之百姓以从事于义，则我乃为天之所欲也；我为天之所欲，天亦为我所欲。"否则就是"率天下之百姓以从事于祸祟中也"。这分明是对统治者说的。所以墨家的宗教观念，应当分别开来考察：谈天说鬼，宣传宗教思想，这是他们的落后面；利用"天""鬼"来制裁统治阶级，则又是他们的积极面了。"尚贤""尚同""节用""节葬""非乐""非命""天志""明鬼""兼爱""非攻"，是墨家解决社会政治问题的十个方案，这十个方案，各有用处，应当"择务而从事"："国家昏乱，则语之尚贤、尚同；国家贫，则语之节用、节葬；国家熹音湛湎，则语之非乐、非命；国家淫僻无礼，则语之尊天、事鬼；国家务夺侵凌，则语之兼爱、非攻。"换句话说，这十个方案就是十味药，都是救人国家的。这十个方案，"尚贤""尚同""节用""节葬""非命""兼爱""非攻"都基本是进步的（有的学者否认"尚同"的进步性，我们不以为然），"非乐""天志""明鬼"便只能取其实质意义，其中当然有偏颇、落后的成分。

兼爱的阶级性　在前一讲里，我们已经说过：在阶级社会中，不可能有超阶级的、统一的、全人类的爱，爱和道德都有阶级性。我们已曾指出孔子的"仁"的阶级性，然则墨子的"兼爱"有没有阶级性？如有，又属于什么阶级呢？我们的回答是：墨子既是阶级社会中的人，他所主张的"兼爱"就不可能没有阶级性。墨子基本上是代表庶民中、上层的，那么他的兼爱就属于庶民中、上层的爱。放宽一些来说，还可以包括士夫阶层在内。这个"爱"的范围，自然比孔子的"仁"宽广得多，但毕竟还是有阶级性的。应当指出：像墨家所站的阶级立场，不可能不同情到庶民下层，所以墨家有时说话，是代表整个庶民阶级利益的。另外一面也应当指出：墨家毕竟还是士夫，所以部分的、残余的贵族意识还是难免。天下的事物，特别是人，多是复杂的，用简单的方法来研究，往往会偏而不全。阶级分析法必须全面、周到。

从"天志""明鬼"到朴素唯物主义世界观　如上所说：从整个墨家思想体系和思想方法等看，墨家不大可能真的相信"天""鬼"，因此我们认为"天""鬼"只是墨家制裁统治者的一种工具，但是使用这种工具来制裁统治者，也是比较原始的方法。时代再前进一步，墨家就不得不逐渐放弃这种工具，而改用别的工具

（如讲究辩论术等），后期墨家的世界观，根据某些史学工作者的研究，是朴素唯物主义的：这样就从唯心的宗教世界观发展到唯物的科学世界观了。现在我们先补讲一下前期墨家的宗教世界观。《墨子》书《天志》篇说："何以知天之爱天下之百姓，以其兼而明之；何以知其兼而明之，以其兼而有之；何以知其兼而有之，以其兼而食焉。"墨家是很讲逻辑的，这段话却极不合逻辑，照墨家说："四海之内，粒食之民，莫不犓牛羊，豢犬彘，洁为粢盛、酒醴，以祭祀于上帝鬼神。"这就是天"兼而食焉"的证明。天对百姓既然"兼而食焉"，则"天有邑人何用弗爱也"。换句话说：墨家认为人的祭祀天、鬼，就是有天鬼的证明，因为人祭祀天、鬼，所以天、鬼爱人。然则我们要问：人的祭祀天、鬼，何以知道是正确不错的行为？谁也没有真正看见过上帝、鬼、神，怎样证明他们有？墨家说："是故天下之所以察知有与无之道者，必以众之耳目之实，知有与亡为仪者也。"这话很不错！那么怎样证明上帝、鬼神符合"众之耳目之实"呢？墨家接着指出书本上所载的杜伯故事和秦穆公故事来证明有鬼神。试问：为什么鬼神但见于书本上、传说中，当世众人的耳目何以不闻、不见有鬼神？《墨子》书《天志》《明鬼》两篇理由最不充分，可见宗教唯心论的软弱无力。墨子学说中的这种弱点，墨家当然知道，在生产实践和科学知识的帮助下，不久墨家就创立了一种朴素唯物主义的世界观。由于这种世界观见于《墨经》，《墨经》文字古奥而又脱落错误很多，不易理解，所以对于墨家这种学说我们现在还只能介绍些近人的解说，至于进一步研究，有待将来。杨宽先生说："墨家曾对物质世界进行具体的分析。""'宇'（即空间）是物质所构成的。""'宙'（即时间）是由于物质的运动而形成的。""他们认为宇宙间的万物是由人体器官所能感觉到的原子构成的，而原子组织结合方式不同，也就产生了周围世界各式各样的物体。"这种说法的正确性如何，当然还待深入研究。但是《墨经》中确有较明显的唯物论倾向的辞句，如："知，材也。"（《经》）"知也者，所以知也，而不必知，若明。"（《经说》）"知，接也。"（《经》）"知也者，以其知过物而能貌也，若见。"（《经说》）"虑，求也。"（《经》）"虑也者，以其知有求也，而不必得之，若睨。"(《经说》)"恕，明也。"(《经》)"恕也者，以其知论物，而其知之也著，若明。"(《经说》)"五行毋（无）常胜。"(《经》)"火铄金，火多也；金靡炭，金多也。"(《经说》)墨家认为知识的获得固须有主观方面的知的官能，即所谓"材"。但仅有"所以知"的"材"不必就知，必须使知的"材"接触事物，然后才能知。又以知的"材"求深知即所谓"虑"，虑不必得，必须"以其知论物"然后"其知之也著"。这种知识论近乎反映论，是唯物主义的。墨家又反对"五行相胜"之说（阴阳家即主张之），以为"五行毋（无）常胜"，这似是驳神秘主义的"五行"学说，而把"五行"学说还原成唯物论。因此，他们用常识说："火铄金"是"火多"，"金靡（糜）炭"是"金多"，一点也不神秘。这些都是《墨经》中唯物倾向的学说。

墨家的思想方法　和孔子一样，墨子也是注重实践的，如他说："言足以迁行者，常之；不足以迁行者，勿常。"在"言"和"行"上着重"行"。这是中国古代思想家，特别是早期思想家的一个优良的特点。墨家最着重实践的效果，《墨子》书说："故言必有三表，何谓三表？……有本之者，有原之者，有用之者。于何本之？上本之于古者圣王之事；于何原之？下原察百姓耳目之实；于何用之？发以为刑政，观其中国家百姓人民之利。"所谓"三表"就是鉴定一种主张是非的三个步骤：先从历史考察，看它有无根据；次从舆论考察，看百姓的反应如何；再从效果考察，看它对于国家人民有无好处；最后是检查效果，也就是鉴定是非的主要标准。过去哲学史研究者说墨家是"功利主义者"，"功利主义"也没有什么不好，要看是谁的功利，如是人民的功利，有何不好呢？事实上"正其谊不谋其利，明其道不计其功"，是一种唯心主义的主张，即离开效果讲动机，墨家讲客观效果，儒家讲主观动机，这是唯物论与唯心论的分界，也是人民立场和统治阶级立场的分界。儒家由于着重主观动机，故分别"义""利"很严；墨家由于着重客观效果，故"义""利"合一，《墨子》书说："义，利也。"

墨家特别是后期墨家，对于逻辑学是很注意的，《墨辩》(《墨子》书《经》上、下，《经说》上、下，《大取》《小取》六篇)中有不少关于逻辑的学说。如《小取》篇说:"以名举实,以辞抒意,以说出故,以类取,以类予。"这是逻辑总纲。其方法:"或也者,不尽也。假者,今不然也。效者,为之法也;取效者,所以为之法也。故中效则是也,不中效则非也,此效也。辟也者,举也(他)物而以明之也。侔也者,比辞而俱行也。援也者,曰:子然,我奚独不可以然也。推也者,以其所不取之,同于其所取者,予之也。是犹谓也者,同也;吾岂谓也者,异也。"这段话有些可解,有些不能尽解。所谓"效"似指效果,效果就是标准;所谓"辟"就是譬喻;"侔"似指比较;"援"是援引对方的话为自己的理由:"推"似指类推。其中除检查效果一点外,多属演绎的方法,这种逻辑学虽有一定的价值,但有很大的局限性,《墨子》本书就说:"是故辟、侔、援、推之辞,行而异,转而危,远而失,流而离本,则不可不审也,不可常用也。"

非儒的意义 在墨子时代,与墨家不同的学派,还只有儒家一派。儒家主要站在贵族阶级的立场上,墨家则基本站在庶人阶级的立场上;这是敌对的立场,所以两家的思想斗争非常尖锐。在《墨子》书中,有不少与儒家争辩的话,特别是《非儒》篇,更是有系统地反对儒家的言行。墨家所首先反对的,是儒家的"亲亲有术,尊贤有等"的"礼"。早期儒家的所谓"礼",主要是贵族阶级制定"亲疏尊卑"的仪文,所以墨家激烈反对。其次是反对儒家的"有命"学说,即是"非命"。所谓"命"本是统治阶级造出来麻醉人民使服从统治的有力工具,比上帝、鬼神还厉害,墨家反对它,主要是立场不同;但也因"命"的学说与"天""鬼"学说相矛盾,如相信有不可改变的命,"天""鬼"便无威权了。《非儒》篇指斥儒家说:"繁饰礼乐以淫人","久丧伪哀以谩亲"(案:这就是"节葬"学说,墨家反对儒家的"久丧""厚葬",以为浪费、并妨碍工作和生产),"立命缓贫而高浩居,倍本弃事而安怠傲(案:这是指儒家不从事生产而受人供养),贪于饮食,惰于作务",等等,主要是反对儒家立足贵族阶级,为贵族服务,浪费人民血汗而不从事生产:在这些话中,便可明显看出墨家的阶级立场。此外墨家又反对儒家

"君子必古言服"和"循而不作"的主张，因为这些都是儒家醉心周家制度，也就是维持贵族制度的言论。总的看来，墨家的"非儒"，就是反对贵族阶级。

墨家思想对后世的影响　墨家在秦以后，被统治阶级弄灭绝了，因此，可能有人认为墨家的思想对后世没有影响，这是未尽然的。因为墨家虽然灭绝，但其思想的精神实质，对后人仍有相当的影响。如后世农民起义中往往利用宗教作为组织群众的工具，这就是墨家的影响。"太平道"和"五斗米道"等组织所号召的思想，有些显然是和墨家思想有血肉关联的。最重要的，还是墨家有些思想通过其他家派而影响后世，如"尚贤""非攻"等思想通过孟子等人而影响后世，"尚同"等思想通过法家和董仲舒等人而影响后世，"节用"等思想通过汉代某些儒家而影响后世。此外如墨家的唯物主义世界观和逻辑学等学说，也影响了荀子等人。更突出的，是儒家经典《礼运》篇中的"大同、小康"学说，分明主要是从墨家思想演化出来的（也有道家的影响），这是中国古代最为宝贵的思想之一，它的影响，到了近代，尤其显著。

第三讲　老子的宇宙观和方法论

老子是代表没落贵族的还是代表新兴小土地所有者的　许多思想史研究者都认为老子是代表没落贵族的，但也有个别的思想史研究者认为老子是代表新兴小土地所有者或小地主的。这牵涉老子的时代问题：老子是春秋末年人，还是战国时人？如是春秋末年人，代表没落贵族的可能性要大些；如是战国时人，代表小土地所有者的可能性要大些。我个人是主张老子为战国时人的，所以比较倾向老子代表新兴小土地所有者（小地主）的说法。主张老子代表没落贵族，主要理由不过是老子对当时现实社会不满，思想偏向保守、消极，幻想古时为黄金时代等等。其实新兴小土地所有者或小地主，对于战国时的"争地以战，杀人盈地"和统治者横征暴敛的现状也会不满，由于古时人思想的局限性，很容易把这些罪恶推到新兴的文明头上，而要求消灭文明、回向古代。特别是小土地所有者，希望安定生产，致富上升，要求消弭战争，统治者减轻赋税：最好像上古那样"无为而治"，让他们有机会发展产业。老子思想的政治目的性正是如此。我们且看他说："以道佐人主者，不以兵强天下。""夫唯兵者，不祥之器。""民之饥，以其上食税之多，是以饥，民之难治，以其上之有为，是以难治；民之轻死，以其上求生之厚，是以轻死。"很明显地他反对兼并战争和统治者奢侈浪费，苛征暴敛，以及"有为"之治。汉初统一天下，实行黄老学说，提倡"节俭"，"轻徭薄赋"，"清静无为"，这种政策的客观效果，首先有利于地主经济的发展，给小地主以致富上升的机会；这就可见老子学说是为谁服务的了。老子认为妨碍"人民"（包括地主）安居乐业、发展生产的，主要是统治者的"有为"，而"有为"来自文明；上古没有文明，就可以"无为而治"。他说："天下多忌讳，而民弥贫；民多利器，国家滋昏；人多伎巧，异物滋起；法令滋彰，盗贼多有。""失道而后德，失德而后仁，失仁而后义，失义而后礼；失礼者，忠信之薄而乱之首。"老子的反对"文明"，实际是反对"有为"。老子认为"文明"之来，是由于先有不好，他说："'大道废，有仁义；慧智出，有大伪；六亲不和，有孝慈，国家昏乱，有忠臣。"对付文明的办法就是摧毁："绝圣弃智，民利百倍；绝仁弃义，民复孝慈；绝巧弃利，盗贼无有。"因此"无为之治"首先应阻止文明的萌芽，例如："不尚贤，使民不争；不贵难得之货，使民不为盗；不见可欲，使民心不乱。"根本的办法是："常使民无知无欲，使夫智者不敢为也。"怎样"常使民无知无欲"呢？老子采用宗法统治的方法，使统治者统率人民走向"清静无为"的道路："我无为而民自化，我好静而民自正，我无事而民自富，我无欲而民自朴。"其中最主要的，是"我无事而民自富"一句话。汉初的现实政治，证明老子的话，在一定条件下，有相当的正确性。以上就是老子"无为而治"的学说。老子的"无为"并不是真的"无为"，"无为"正是一种最好的"有为"，所以说"无为而无不为"。"无为而治"须要弄好环境，老子企图恢复古时"小国寡民"，"民至老死不相往来"的局面。这种局面并不是真正的上古部落的局面，而是新的"小农农村"的局面，所以能够"邻国相望，鸡犬之声相闻"，"甘其食，美其服，安其居，乐其业"。原始部落哪能如此！

小所有者（小地主）的经济是很不稳定的，特别是在战国时代，频繁的战争、残暴的税收，很容易破坏小所有者的经济，这反映在老子的思想中，就产生一种恐惧心理。老子说："持而盈之，不如其已；揣而锐之，不可长保；金玉满堂，莫之能守；富贵而骄，自遗其咎；功遂，身退，天之道。"即使富贵也靠不住，如果富贵，应当立即隐退，方是保身、保家的长策。如果"富贵而骄"，就要"自遗其咎"。因为富贵即是一种危险。《庄子·天下》篇说老聃："人皆求福，己独曲全，曰：苟免于咎。"这种思想我个人认为是老子处世的基本思想，因为这样，老子就不得不以退为进，所谓"知雄守雌，知白守黑，知荣守辱"。因为"知足不辱，知止不殆，可以长久"；"夫唯不争，故天下莫能与之争"。"知足"的目的在"不辱"，"知止"的目的在"不殆"，"不争"的目的在"争"。和"无为而无不为"一样，"不争"就是"争"。老子处世之方，对于自己是以退为进，对于对方则以与为夺，老子说："将欲歙之，必固张之，将欲弱之，必固强之；将欲废之，必固兴之；将欲夺之，必固与之。"这就是"柔弱胜刚强"，在政治上使用起来便成为"国之利器"。

把"代表小所有者（小地主）的利益"一个看法，贯穿到全部《老子》书中去，都无窒碍，觉得很顺，同时结合汉初黄老政治的实践效果看来，更是有理，所以我认为把老子认作代表小所有者利益的人，是不会有多大错误的。但是，必须指出：像老子这种小所有者，不是一般的小所有者，他是从没落贵族转化来的，所以老子书中消极色彩特别显著，这也是不可忽视的。根据《史记·老子列传》："老子者，……周守藏室之史也。……居周久之，见周之衰，乃遂去，至关，关令尹喜曰：子将隐矣。……"可觉老子本是周室的小贵族，大概因"王官失坠"而退为"隐士"，隐士本来与劳动人民不同，是统治阶级中人，便是与从下层人民中上升的小所有者或小地主也不相同。春秋战国时的隐士多少是带有没落贵族意味的，尽管来自下层贵族，也与庶人上升的不同。这就是为什么老子思想有那样显著的消极色彩的缘故。我们的结论是：老子是代表由没落贵族转化来的小所有者（小地主）的利益的，他是隐士的身份（《史记》："老子，隐君子也。"），其思想主要是小土地所有者"隐士"的思想。

老子所继承的思想遗产　老子是周室的史官，战国时周室虽衰，但总还保存一些典籍，老子历观历史上的成败、兴亡、祸福，看出一些辩证的道理来。辩证的观点，来自远古"阴阳"的思想和《易经》，如《易经》有"无平不陂，无往不复"等话。同时从《老子》书看来，老子是一个很有学问的人，又有很大的智慧，他集合以历史为主的各种学问，融会贯通，创造出自己的学说。春秋以来的各派学问也在他的吸收之列。如春秋时自然主义的世界观和儒、墨、杨等各派的思想，都为他所吸收、批判。自然主义的世界观，在下面我们还要谈到。老子吸收儒、墨学说，如"无为而治"的政治理论，"道德"的观念，反战的思想（与墨家的"非攻"不同，墨子的"非攻"建立在"兼爱"之上），宗法统治的方式等。老子吸收墨家学说，多作为反面材料，如老子反对"尚贤"，又说："以道莅天下者，其鬼不神。"都是反对墨家的。但墨家的"节用""非乐"等思想，又正面影响老子。杨朱是最早的道家，他的思想是很典型的"隐士"思想："为我"，"拔一毛而利天下不为"；"全性葆真，不以物累形"。正是老子思想的先驱，崔东壁以为老子就是杨朱的化身，虽然不对，但也是有故而发的说法。

"道德"的概念是唯心的还是唯物的　关于老子的世界观，究竟是唯心论的，还是唯物论的，近来颇有争论，在这里限于时间，不能介绍、批评两派的看法，现在只提出我们的看法，来初步解决这个问题。一般地说来，老子世界观的唯心论倾向是很明显的，所以有人认为它是唯物论的，主要是由于它里面包含有"自然主义"的倾向。自然主义的世界观，起源于春秋时代。春秋时某些开明人士，对于上帝、鬼神已不很相信，他们觉得这世界是自然的，自然的运行，就是宇宙的规律。如"陨石于宋五"，"又鹢退飞过宋都"，"周内史叔兴聘于宋，宋襄公问焉，曰：是何祥也？吉凶焉在？……退而告人曰：君失问，是阴阳之事，非吉凶所在也，吉凶由人。……"阴阳之事就是自然之事，与吉凶无关，吉凶是人事的结果。在当时说来，这是一种进步的思想。子产、孔子等人都少谈"天道"，怀疑鬼神，在孔子思想中，也有"自然主义"的成分。老子继承春秋时代的"自然主义"思想，历观历史上的成败、兴退、祸福，觉得"天地不仁，以万物为刍狗"。（王弼注："天地任自然，无为无造，万物自相治理，故不仁也。"魏源注："结刍为狗，用之祭礼，既毕事，则弃而践之，老子见乱世民命如寄，故感而言曰：悲哉！天地有时而不仁乎，乃视万物如土苴，而听其生死也。"）"不仁"就是无"人心"，也就是说天地只有自然物，没有意志，这就是"自然主义"思想。老子又说："道德自然。"可见"自然主义"确是老子思想的一个重要成分。但"自然主义"只是上帝鬼神的宗教观念的对立物，它并不排斥"泛神论"（"命"的思想就是一种"泛神论"），也不排斥唯心论。而且老子的"自然主义"并不彻底，如他说："天之所恶，孰知其故"；"天道无亲，常与善人"。"天"还是有"好""恶"的，即使这些"好""恶"不可知，等于没有，但仍可以怀疑是"有"的。

要判断一个人的世界观是唯心论的，还是唯物论的，首先要看它把什么当做宇宙的本体；如果把物质当做宇宙的本体，那就是唯物论；如果把精神当做宇宙的本体，那就是唯心论。老子的宇宙学说，正是属于后者而不是属于前者。老子把宇宙本体叫做"道"，"道"的具体表现叫做"德"，所以"道""德"究竟是"心"还是物，就是解决老子究竟是唯心论者，还是唯物论者的主要关键。"道"的意思弄清楚，"德"的意思就随着清楚了。照老子看来，"道""德"只是概念，他说："道生一，一生二，二生三，三生万物。"我们看万物是"数"生的，而"数"生于"道"，则"道"究竟是具体的物质，还是抽象的概念呢？不用说，是抽象的概念。"道"不但是概念，而且根本是"无"。老子说："天下万物生于有，有生于无。""无"就是道的本质，由"无"而生"有"，由"有"而生万物。"无"能说是物质吗？主张老子是唯物论者的人将引用下面一段话来反驳我们："道之为物，惟恍惟惚；惚兮恍兮，其中有象；恍兮惚兮，其中有物；窈兮冥兮，其中有精；其精甚真，其中有信。"他们说：既说"道之为物"，"道"不是物吗？"其中有物"不是物吗？而且物的"精""甚真""有信"，这不是老子是唯物论者的铁证吗？我们回答说："道之为物"的"物"不是物质的"物"，而是东西的意思；"道之为物"犹如说"道"那个东西。精神、概念，也可以叫做"东西"的。"惟恍惟惚"就说明不是具体的物质。所谓"其中有物"，不过是说其中有实在的东西，客观唯心论者常把客观的精神说成实在的，这并没有什么希奇。"有精""甚真""有信"，都不过是这个意思。这段话并不能证明老子是唯物论者，而只能证明他是客观唯心论者。反驳的人又引下面一段话来证明老子是唯物论者："有物混成，先天地生；寂兮寥兮，独立不改，周行而不殆，可以为天下母。吾不知其名，字之曰道，强为之名曰大；大曰逝，逝曰远，远曰反。"他们说："这是素朴的辩证唯物论：'道'既然是'混成'的'物'，就是'物'的总和，'物'的本体，所以'先天地生'。'远曰反'就是说：'道'是辩证的、循环的。"我们回答说："有物混成"的"物"仍是"东西"的意思，便是说：有样东西是混成的。试问"先天地"（即万物）怎能有物？我们再看老子说："道可道，非常道；名可名，非常名；无名天地之始，有名万物之母；故常无欲以观其妙（秒），常有欲以观其徼（王弼注：徼，终也），此两者同出而异名，同谓之玄。玄之又玄，众妙（秒）之门。"这是老子的开宗明义第一章，非常重要。"道"与"名"并列，自然是概念，亦即"绝对精神"，为宇宙本体，所以不可道；绝对的"名"也就是"道"，所以不可名；天地之始是"无名"的，也就是"无"；万物之母是有名的，也就是"有"；"无"是绝对的，"有"是相对的；天地之始是"无"，所以必须"无欲以观"；万物之母是"有"，所以必须"有欲以观"："妙"（秒）就是"无"，"微"就是"有"，宇宙始于"无"而终于"有"，正与常识"始有终无"相反；但是"有""无"都出于"道"（"道"的本体是"无"，从"无"生"有"），而名不同，所以说"同出而异名"。如果能"同"，就归于"无"——"道"，这便是"玄"（深玄不可识）。"玄之又玄"，是"众妙（始）之门"。老子这段话词句虽然玄妙，意思还可大致了解。根据我们上面的解释，老子的"道"是概念，是绝对精神，老子是个客观唯心论者，是可以证明的了。

但是老子思想中又有二元论的成分，这也是有人误认老子是唯物论者的原因，然而二元论仍是唯心论的变相。老子说："万物负阴而抱阳，冲气以为和。""道生之，德育之，物形之，势成之。""阴阳"就是"气"，"气"有物质的意义，万物虽是"道"所生，"德"所育，然还待"物"来形成它，"势"（"物"的用？）来造成它，这"物"似乎就是"气"。像这种话带有二元论的色彩。古代思想家的思想不可能有系统到完整无疵，自相矛盾，是古代思想家思想中常有的现象。

我们的结论是：老子是个带有二元论色彩的客观唯心论者。

老子的唯心论世界观，是他在现实杜会、政治问题上的虚无主义的反映。老子在现实社会、政治问题上，主张毁坏人为的文明、归向自然的素朴，无知无欲，无为而治，这就使他在本体论上，不可能不采取唯心论的路线。但老子这人还是比较实际的，他要"甘其食，美其服"，而且有一定的辩证观点，方法论比较正确，这就使他的唯心论不成为主观唯心论而成为客观唯心论，同时还带有二元论的色彩。

老子辩证观点的由来和归宿　老子思想中有辩证观点，这在今日已成为常识，在这里不必详说。在这里只举一条材料作例证："天下皆知美之为美，斯恶已；皆知善之为善，斯不善已，故有无相生，难易相成，长短相形，高下相倾，音声相和，前后相随。"这种话是辩证观点，不是绝对的相对论，因为老子还承认有客观标准。在老子思想中，仍有是非（如道德是，仁义非），善恶（如无知无欲是"善"，多知多欲是"恶"），美丑（如说"甘其食，美其服"），这是与庄子不同的（庄子从老子的客观唯心论走向主观唯心论，从老子的辩证观点走向绝对的相对论）。然则老子这种辩证观点是怎样来的呢？主要的来源是老子的阶级生活。如上所说，老子是个从没落贵族转化来的小所有者（小地主），从贵族下降是一层危险，小所有者地位不稳定，是二层危险，小贵族和小所有者都是不很稳定的阶层，特别是在战国时代，更不稳定。不稳定的阶级生活，使老子感到世事无常、变化莫测，加上他的智慧，就产生了素朴的辩证观点。次要的来源，是古代素朴的辩证观点阴阳思想（宇宙间有两种矛盾的物质和原理，相反相成而生万物）和《易经》中一些素朴的辩证观点。老子本是个史官，当然掌握这些知识，这也帮助他构成他的辩证观点。又其次，从历史中看到成败，兴退、祸福，也可以觉察到世事变化无常，这似乎也是产生老子的辩证观点的一个来源。但是，老子的方法论和他的世界观是矛盾的（辩证法与唯心论的矛盾），所以他不可能正确运用辩证观点和方法来处理事情，他的辩证法终于走上不辩证的道路（有人认为：老子只利用辩证法以处世，保持地位，其辩证法是贯串全部思想的）。老子认识了万物和世事变化无常，他的没落贵族的阶级意识使他感觉恐惧，他要设法使变化无常的东西变成不变、有常，所以在《老子》书中就出现"长生久视之道"和"死而不退"的思想，这就走入了宗教的唯心论。老子处世以退为进，以柔弱胜刚强，这就是以退抵消进，而立于当中的永远不败的地位。换句话说：复古是企图不动，而不动就是进，这样进而不进，但是，可以永远不退：这是用不变去代替变，也就是用形而上学去代替辩证法。所以老子的最后归宿是：宗教的唯心论和形而上学，正和庄子一样。

道家思想的特点及其对后世的影响　老子是道家，道家思想从杨朱到庄周，有个特点，就是个人主义和以退为进，悲观消极，这种特点，是由他们的阶级（"隐士"——没落贵族变成的小所有者）性所决定的。以老子思想为例，就已可说明这点。他们都是空想者吃饱了饭没事做，终日幻想，说出许多"玄而又玄"的怪话，再饰以雄辩而有趣的文词，所以富有迷惑人的魔力。在先秦时代，道家思想已很有影响，如儒家的孟子，甚至法家的申不害、韩非

（慎到则似乎本是道家而变成法家的）等，都受到道家的影响，汉初的"黄老之治"在一定的历史条件下，收得相当的效果。此后汉武帝罢黜百家，道家虽受到压抑，但它转与民间宗教迷信结合，而形成了道教，道家的思想依靠道教广泛传播，与儒、佛相敌。宋以后的理学家又吸收了道教和道家的思想。这样，道家思想更公开地影响士夫阶层。总之，道家思想对后世的影响相当不弱，在某些时候，甚至压倒儒、佛（如魏晋之清谈）。道家思想中固然也有好的东西，但不健康的成分太大，其毒害性甚至超过佛教。在现在，对于道家思想，我们可继承的成分很少，而应批判的成分则很大，这是应当注意的。

第四讲　法家思想的进步意义

法家所代表的阶级利益　法家大致都是比较激进的士夫，许多法家都与别家有关系，如李悝、吴起大概出自儒家，商鞅是李悝弟子，申不害、慎到大概出自道家，韩非、李斯出自儒家（荀子弟子）。法家远源很早。我们可以说管仲、子产等就是最早的法家。但从商鞅、申不害以上，都是实际的政治家，少有理论（今传《管子》《商君书》《申子》等，都是晚出的书）。慎到才是最早讲理论的法家，但还不是纯粹的法家。讲理论的纯粹的法家，最著名的只有韩非（李斯后来辅佐秦始皇改制，未曾著书，也只算是个实际的政治家）。韩非出身贵族（《史记·韩非传》"韩非者，韩之诸公子也"），但是所代表的是士夫、官僚，即新兴地主阶级的代言人。很明显，他是为新兴地主说话的，如他说："今世之学士语治者，多曰：以贫穷地以实无资。今夫与人相若也，无丰年入之利，而独以完给者，非力则俭也；与人相若也，无饥馑疾疚祸罪之殃，独以贫穷者，非侈则惰也。侈而惰者贫，而力而俭者富。今上征敛于富人，以布施于贫家，是夺力俭而与侈惰也，而欲索民之疾作而节用，不可得也。"(《显学》)这是彰明昭著地反对平均土地的政策,认为地多的人所以发财是因为"(努)力而俭",失去土地而贫穷是因为"侈而惰",所以不能"夺力俭而与侈惰",这段话明确地表明了韩非的新兴地主的阶级立场。

此外如李悝的"尽地力之教",商鞅的"废井田,开阡陌",李斯的"废封建,行郡县",都在客观上有利于新兴地主经济的发展,所以说战国的法家所代表的阶级利益是新兴地主的利益,大致不会有错!

法家所继承的思想遗产 如上所说,春秋时已有早期法家,而战国法家多由儒、道等家转化而来,所以他们所继承的思想遗产,是相当丰富的。韩非不但是法家的集大成者,也可说是先秦思想的集大成者,虽然他很反对诸子百家。我们知道,管仲在齐国是改过一番制的,至少改"井田"制为"书社"制,这是东方国家最早实行"履亩而税"("租地衰征")的制度,"井田"废而有"书社",私有土地的制度就在"书社"中成长起来。所以我们说:地主经济的最早开门者,至少在东方国家,管仲是第一人。他成为后来法家"托古改制"的依托对象,并非偶然的事!子产在郑国:"使都鄙有章,上下有服,田有封洫,庐井有伍,大人之忠俭者,从而与之;泰侈者,因而毙之。""田有封洫,庐井有伍",虽与商鞅的"废井田,开阡陌"不同,而是整顿"井田"制度。但是"井田"的整顿,一定会把新开发的土地编入"井田"之内,而加以"封殖",所以子产从政一年,人(甲士?)诵说:"取我田畴而伍之。"三年后又诵说:"我有田畴,子产殖之。"可见子产这种举动,在当时说来,对于生产还是有利的。子产对于贵族采取敷衍与制裁的两面手法,这比孔子单纯地"张公室,抑私门"要实际些,所以收得相当效果。同时子产又"作丘甲"(与"履亩而税"的办法有关),"铸刑书"(公布刑法),主张治国要"猛"而不能"宽",这些都与后来的法家言行相接近,而应当为法家所取法。此外如孔子的"张公室,抑私门",如前所说,就是吴起、商鞅政策的先驱,法家多出于儒家,儒家思想应有为法家所吸收的。至于战国时儒、道、法三家的相互影响，和法家的自相继承，这里从略了。

法家所要解决的社会政治问题　法家从李悝到韩非，正当战国时代，战国时代乃是从贵族经济到地主经济的过渡时代，也是地主经济开始成长的阶段。这时候阻碍新兴地主经济发展的力量是残余的贵族经济和贵族制度，要发展地主经济，必须打倒贵族。法家代表新兴地主阶级的利益，企图废止贵族特权，进一步消灭贵族经济和贵族制度，以发展地主经济。同时要求国家统一，建立中央集权专制主义的政权。对内可以镇压农民反抗，消灭贵族残余势力，对外可以发展国势，抵御外侮。在文化上，要求与政治相适应，消灭异说纷纭、百家争鸣的局面，而使思想统一。以上就是法家所要解决的社会、政治问题。他们的问题比较单纯，最主要的问题就是怎样消灭贵族制度和发展地主经济。

他们的解决方案和理论根据　法家解决问题的方案，也是比较单纯直接的，他们为了要打倒贵族，就加强君主的权力，实行专制主义官僚政治。首先通过"变法"的手段，李悝在魏，吴起在楚，商鞅在秦，申不害在韩，都变过法，后来李斯在秦统一后帮助秦始皇改制，也是一种变法。变法首先是削除贵族的特权（最彻底的就是所谓"废封建"），用官僚代替贵族，而集中权力于君主，再施行一系列的措施，如统一制度，公布刑法，发展生产，重本（农）抑末（工商），富国强兵等等。其中起决定性作用的是加强君主的权力和实行法治，因为只有这样，才能废除贵族制度、保障地主利益，以发展地主经济。这是上层建筑对基础起决定性的反作用的一个例证。法家加强君主权力的方法，主要有三种，即所谓"势""术""法"的统治。慎到重"势"，申不害重"术"，商鞅重"法"。韩非兼重三方面，而尤重"法"治。他说："吾所以为言势者，中也；中者上不及尧舜，而下也不为桀纣；抱法处势则治，背法去势则乱。""术者，因任而授官，循名而责实，操杀生之柄，课群臣之能者也：此人主之所执也。法者，宪令著于官府，刑罚必于民心，赏存乎慎法，而罚加乎奸令者也：此臣之所师也。""势"是势位，术是权术，法是法令，据韩非看来，三者不可缺一。因为没有势位，就无法施行术法；没有权术，虽有势位和法令，也无法统治得好；没有法令，虽有势位和权术，也无法督察、管理。但三者中，以"法"为最重要。韩非说："明主之国，无书简之文，以法为教；无先王之语，以吏为师。"韩非的所谓法，等于儒家荀子的所谓"礼"，是统治者的最主要工具；所以他要拿"法"作为教科书，以官吏作为教师，去教导人民，而废除其他教育，这就是后来秦制的先导。韩非不但主张厉行法治，而且效法子产主张以"猛"治国，而反对"宽"，他说："夫古今异俗，新故异备，如欲以宽缓之政治急世之民，犹无辔策而御驿马，此不知之患也。"这也就是后来秦代苛暴政治的先导。韩非"法治"的主要内容是按法厉行赏罚，他说："赏莫如厚而信，使民利之；罚莫如重而必，使民畏之；法莫如一而固，使民知之。"严格执行"一而固"的法令"信赏必罚"，国家就能治理好，"贤不肖俱尽其力"。道德有时与法律相矛盾，为了维持"法"，韩非主张不要道德，他说："夫圣人之治国，不恃人之为吾善也，而用其不得为非也。"因此"不务德而务法"。"不务德"当然不求"得民心"，当然不尚贤（这里所谓"贤"，是指有道德的人，至于有才能的人，韩非还是主张任用的，参看《孤愤》篇。韩非甚至说"智法之士与当涂之人，不可两存之仇也"，因为"智术能法之士用，则贵重之臣必在绳之外矣"）。韩非说："欲得民之心，而可以为治，则是伊尹、管仲无所用也，将听民而已矣。""故举士而求贤智，为政而期适民，皆乱之端，未可与为治也。""听民"则君主无权力，"尚贤"则重德不重法。在韩非看来，这些都是要不得的。然则怎样用人呢？韩非认为听用游士，"布衣卿相"都不好，最好是采用"试官""课功"的办法，他说："明主之吏，宰相必起于州部，猛将必发于卒伍。"至于怎样使国家强盛，达到"王天下"的目的呢？韩非认为："力多则人朝，力寡则朝于人，故明君务力。"换句话说，就是要富国强兵。富国之道，在韩非看来，除发展生产，以增加赋税收入外，最重要的是"重本抑末"。他说："夫明王治国之政，使其商工游食之民少，而名卑以寡，趋本务而减末作。"因为"商工之民，修治苦窳之器，聚弗靡之财，蓄积待时，而侔农夫之利"。这种思想上承商鞅变法，下开秦汉政策，是中国封建政府的传统主张。因为工商发展，会破坏封建经济，为了维持封建经济，巩固小农农业，就不得不"重本抑末"。在韩非看来，知识分子也是"末"也，要抑，他说："夫吏之所税，耕者也；而上之所养，学士也；耕者则重税，学士则多赏，而索民之疾作而少言谈，不可得也。"这些完全从发展农业生产着眼，要把"四民"士、农、工、商变成只有农"一民"，这是法家的特殊主张。废除"学士"的另一作用是统一思想。韩非说："自愚诬之学，杂反之辞争，而人主俱听之，故海内之士，言无空术，行无常仪。夫冰炭不同器而久，寒暑不兼时而至，杂反之学不两立而治。今兼听杂学谬行同异之辞，安得无乱乎！"这样就必须罢黜百家，定于一尊，这也为秦汉文化政策开了先路。

法家有了这些解决问题的方案，也必须寻求理论根据，就是根本的理论。在这方面，法家树立了两个主要观点：一是进化观点，二是性恶论。而性恶论又以"自然主义"为根据。法家如申不害、慎到们都从道家转化而来，当然会有自然主义思想。(《庄子·天下》篇："慎到弃知去己，而缘不得已，泠汰于物，以为道理。")韩非子有《解老》《喻老》篇，也继承老子的思想。韩非又是荀子的学生，当然也继承荀子的唯物倾向的《天论》和《性恶》论等。但《天论》思想在韩非子书中缺乏显著的痕迹（这是因为韩非是个重视实际社会、政治问题的人，对于宇宙论等学说，不甚感兴趣之故），"性恶"论的影响则很显著。韩非说："父母之于子也，产男则相贺，产女则杀之。此俱出父母之怀妊，然男子受贺，女子杀之者，虑其后便，计之长利也。故父母之于子也，须用计算之心以待之，而况无父子之泽乎。"照这样来说，"计算之心"是人的天性了。他又说："严家无悍虏，而慈母有败子，吾以此知威势之可以禁暴，而德厚之不足以止乱也。""父母之爱不足以教子！必待州部之严刑者，民固骄于爱，听于威矣。"韩非从"性恶"论里得出用"法"（包括"威势"不用"德"）的政治理论来。进化观点在韩非思想中，也是很突出的。这是"变法"论的根据。这种思想其实也从荀子思想中转化而出，如前所说，荀子因为企图推行变相的"法"治——"法"治主张"法后王",从而"托古改制",把古说成与今一样,而创造"古今一度"的学说,"古今一度"其实就是"古今不一度"。韩非从假的"古今一度"论推衍出真的"古今不一度"论来,他说:"今有构木钻燧于夏后氏之世者,必为鲧、禹笑矣;有决渎于殷周之世者,必为汤武笑矣;然则今有美尧、舜、禹、汤、武之道于当今之世者,必为新圣笑矣。是以圣人不期修古,不法常可,论世之事,因为之备。"这就是说,时代是进步的,上古需要构木钻燧,夏后氏之世便不需要;夏后氏之世需要决渎,殷周便不需要;当世需要以"法""术"治国,以"气力"统一,先王的仁义也用不上。因此得出"不期修古,……"的结论。他又说:"世异则事异,……事异则备变。"怎样变呢?他说:上古竞于道德,中世逐于智谋,当今争于气力。""争于气力"是进步,不是退化。荀子主张"法后王"的理由之一是:"文久而息(灭),节族(节奏)久而绝。"因为上古的事渺茫不可知,所以无法法先王。这是以"疑古"为手段,达到"法后王"的目的。韩非明显地主张"不期修古",所以也有"疑古"的思想;他说:"殷周七百余岁,虞夏二千余岁,而不能定儒墨之真,今乃欲审尧舜之道于三千岁之前,意者其不可必乎!无参验而必之者,愚也;弗能必而据之者,诬也:故明据先王,必定尧舜者,非愚则诬也。"这也是同样的"法后王"的思想。"法后王"就是法当世,法当世必须批判古代,这就是荀、韩"疑古"思想的由来。"疑古"思想是为进化观点服务的,而进化观点又是为"变法""改制"服务的。"变法""改制"是法家改革社会、政治的主要手段。

法家的现实斗争与理论斗争 法家多是实际的政治家,坐而言,起而行,他们是不尚空谈的。几个主要法家的政治生活多经过变法的关键,在变法时,是有现实斗争与理论斗争的。即使是韩非,没有什么现实政治斗争,理论斗争还是有的,一部《韩非子》,也就是理论斗争的战果。法家的斗争——主要是与贵族及其代言人的斗争。我在这里举吴起、商鞅、李斯三人为例,大略说一下他们的现实政治斗争与理论斗争——这两种斗争是不可分割的,现在综述如下:吴起在楚国变法,主要也是与贵族斗争。他"明法审令,捐不急之官，废公族疏远者"，"使封君之子孙三世而收爵禄"，又"令贵人往实广虚之地"，于是"楚之贵戚尽欲害吴起，及悼王死，宗室大臣作乱而攻吴起"，结果吴起被害。以上是吴起在楚国的斗争，虽然结果失败，但也收到一定效果。商鞅变法内容中，与贵族的斗争，已是常识，这里不必多谈。我只一说商鞅变法前后的斗争："卫鞅欲变法，（孝公）恐天下议己。卫鞅曰：'圣人苟可强国，不法其故；苟可以利民，不循其礼。'孝公曰：'善！'甘龙曰：'不然！圣人不易民而教，知者不变法而治。……'卫鞅曰：'……三代不同礼而王，五伯不同法而霸，智者作法，愚者制焉，贤者更礼，不肖者拘焉。'杜挚曰：'利不百，不变法，功不十，不易器，……法古无过，循礼无邪。'卫鞅曰：'治世不一道，便国不法古；……反古者不可非，而循礼者不足多。'孝公曰：'善！'以卫鞅为左庶长，卒定变法之令。"这是理论斗争。商鞅胜利了。"商君相秦十年，宗室贵戚多怨望者……（商君）曰绳秦之贵公子。……秦孝公卒……秦惠王，车裂商君以徇。"这是政治斗争。表面上商鞅失败，实际上秦国始终用商鞅之法，政治斗争也还是胜利的。秦始皇统一后，采用李斯一派的主张，"废封建，行郡县"，彻底废除贵族制度，当时有很多人不同意。现举《史记·李斯传》里一个李斯与贵族阶级代言人斗争的故事，说明贵族阶级的最后挣扎和法家斗争的最后胜利："始皇三十四年，……齐人淳于越进谏曰：'臣闻之，殷周之王千余岁，封子弟功臣自为支辅。今陛下有海内，而子弟为匹夫，卒有田常、六卿之患，臣无辅弼，何以相救哉？事不师古，而能长久者，非所闻也。'……始皇下其议丞相（李斯），丞相谬其说，绌其辞，乃上书曰：'古者天下散乱，莫能相一，是以诸侯并作，语皆道古以害今，饰虚言以乱实；人善其所私学，以非上所建立。今陛下并有天下，辨白黑而一尊。而私学乃相与非法教之制，闻令下，即各以其私学议之，入则心非，出则巷议，非主以为各，异趣以为高；率群下以造谤。为此不禁，则主势降乎上，党与成乎下，禁之便。臣请诸有文学诗书百家语者，蠲除去之。……若有欲学者，以吏为师。'始皇可其议。"这样就实行了商鞅、荀卿、韩非的主张，为董仲舒、汉武帝的政策开了先路。

法家胜利及其失败原因 先秦时代百家争鸣的结果，法家取得最后胜利。但到了汉代，虽然汉政府后来奉行"阳儒阴法"的方针，但法家在汉初，即被黄老之学所排挤，到汉武帝以后，又与其他诸子同遭罢黜，儒学被"定于一尊"。道家和儒家怎样击败法家，法家又怎样失败的呢？汉初的问题容易解决，经过秦代实行法家主张的结果，三世而亡，汉初有鉴于秦的实行苛政而亡国，宽之以"无为之治"，实行休养生息，收得相当效果。这就显得法家政策太猛烈，不能长期实行。但是黄老之学太不"文明"了，不能粉饰太平。既能粉饰太平，又能适应地主政权的统治的，只有儒学，所以儒学取得最后胜利。当时的时势，需要统一思想，于是就以儒家思想为标准，吸收别家的思想，改变儒学，而使之"定于一尊"。然而法家之学"尊君卑臣"，这最适宜于专制皇帝的统治，所以汉政府就奉行"阳儒阴法"的政策。可是法家的真精神，许多都被舍弃（其实在秦代，法家的真精神已逐渐消亡），差不多只留下"尊君卑臣"一点，至多再加上法家所定的法律，这样的"阳儒阴法"，不但"儒"亡，"法"也亡了。

法家思想对后世的影响 法家的真精神，虽然大部消亡，但法家思想对于后世还有一定的影响，而且所起的作用是比较好的。如汉末的曹操、诸葛亮，宋代的王安石，以及近代的康有为、梁启超等，都多少受到法家的影响。在历史上，凡是受到些法家影响的人物，多是比较进步的。由于法家的进化观点和法治思想等，都是针对着儒学的缺点的，这类思想被统治者所舍弃，而被历史上比较进步的人物所吸收，成为他们变法改制的根据。这样，法家的"变"和儒家的"不变"，就成为历史上进步和落后两种势力的理论核心。所以说：法家影响后世所起的作用是比较好的。

《论语》《孟子》中所反映的社会经济制度

一 绪论

公元前六至五世纪，也就是春秋战国之交，中国的社会曾有比较显著的变化，这是史学界所公认的。我也认为在这时期中国的社会是有变化的，但我认为这个社会的变化，在春秋战国之交，只是开始，而其完成的时期，则在秦代。这是一个比较新的看法，我现在提出来供大家讨论。

中国社会的这次变化，究竟是从领主封建制转变成地主封建制，还是由奴隶社会转变成封建社会，还是由原始奴隶制转变成比较发展的奴隶制，还是由原始社会转变成奴隶社会，在这篇文章中，不是讨论的重点。在这里，我主要是想说明从西周到秦代，社会曾经发生两度变化，根据我的看法，就是中国封建社会开始于西周，而完成于秦代。从西周到秦代，是由领主封建制发展成地主封建制。关于中国封建社会开始于西周的看法，我已有别篇论文讨论过，将来还要写文章来讨论这个问题。这篇文章是在说明中国封建制度完成于秦代。当然别的同志对于我的这个看法，会提出不同的意见；但开始于春秋战国之交的这个社会变化，确是完成于秦代的。我的这个意见，可能为有些同志所接受。

为什么说中国周代社会的变化完成于战国初的说法是有问题的

呢？因为社会经济的变化是否完成，首先要看生产关系的变化是否完成，生产关系的变化有质的变化和量的变化，无论是质的变化和量的变化，划分阶段的标准，总是要看生产关系的基本形态的。战国初年生产关系的基本形态，还是和春秋中叶以前的没有多大不同：因此说这个变化还不曾完成。

我们先看董仲舒的话：

> 古者税民不过什一，其求易共；使民不过三日，其力易足；民财内足以养老尽孝，外足以事上共税，下足以畜妻子极爱，故民说从上。至秦则不然，用商鞅之法，改帝王之制，除井田，民得卖买，富者田连仟伯，贫者亡立锥之地。又颛川泽之利，管山林之饶，荒淫越制，逾侈以相高，邑有人君之尊，里有公侯之富，小民安得不困？又加月为更卒，已复为正，一岁屯戍，一岁力役，三十倍于古；田租、口赋、盐铁之利，二十倍于古。或耕豪民之田，见税什五。故贫民常衣牛马之衣，而食犬彘之食。（《汉书·食货志》）

根据这段话看来，在全中国范围内改变周代法制的是秦代。汉代的社会问题，是开始出现于秦代的。所谓"或耕豪民之田，见税什五"的制度，就是租佃制，也是开始成熟于秦代的。这一制度就是地主封建制的基本生产关系。所以说地主封建制（比较发展的封建制度）完成于秦代，大概从商鞅变法后，才逐渐形成地主封建制，租佃办法，在商鞅变法时还没有。商鞅变法，只是开始废除领主制，为地主封建制打开道路，而地主封建制在中国形成，则在秦代。

再看王莽的话：

> 汉氏减轻田租，三十而税一，常有更赋，罢癃咸出，而豪民侵陵，分田劫假，厥名三十，实什税五也。（同上）

这段文字证明租佃制是在汉代才发展起来的。到了王莽时候，租佃制已成为普遍的剥削制度，也就是地主封建制的生产关系已取得绝对的优势，所以说"厥名三十，实什税五"，这就是说一般农民所受的田租剥削，名义上是三十分税一（向政府缴），实际上是十分税五（向地主缴）。这比起董仲舒所说"或耕豪民之田，见税什五"来，租佃制要普遍多了。

汉哀帝时师丹说：

> 孝文皇帝承亡周、乱秦兵革之后，天下空虚，故务劝农桑，帅以节俭，民始充实，未有并兼之害，故不为民田及奴婢为限。今累世承平，豪富吏民訾数钜万，而贫弱俞困。（同上）

这段文字又证明：在汉文帝时，土地兼并的严重化虽已开始（参看《汉书·食货志》所载晁错的话），但还不曾到很严重的地步。所谓"未有并兼之害"，当然是言之过甚。大概要到西汉后期，贫富分化才愈来愈严重，租佃制也就大为发展起来。

上面所引三段《汉书·食货志》里的话已经足以证明：地主封建制是完成于秦代，发展于汉代的。但是这种制度的开始却比较早，大概商鞅变法后，这种制度已在形成的过程中了。不过直到战国末年，我们才看到这种制度的较显著征象。《吕氏春秋·为欲》说：

> 无立锥之地，至贫也。

这是无地的破产贫民的始见（《荀子》里也有"无置锥之地"的话，但意义与此略有不同）。《韩非子·诡使》篇说：

> 悉租税，专民力，所以备难充仓府也，而士卒之逃事状（伏）匿，附托有威之门，以避徭赋而上不得者，万数。

这是隶属私人的依附农民的始见。这种依附农民自然多数成为佃农。由于统治阶级的残暴剥削和富人的兼并，才会出现这种现象，但授田制度的破坏，是更根本的原因。如果授田制度还巩固存在，则这种现象是比较不容易出现的。《韩非子》的这条史料，我暂时认为是中国最早的租佃制史料。然在此以前，土地买卖已经逐渐流行（参看《韩非子·外储说左上》等记载），可能租佃制早已开始，不过还没有史料来证明这点。我初步认为：租佃制即使在战国末年以前已经开始，也一定是很不普遍的。

雇佣制也是到战国末年才开始发展的，《韩非子·外储说左上》《外储说右下》和《五蠹》，都有雇佣的记载。债务性的奴隶和奴隶买卖也见于《韩非子》（《六反》："天饥岁荒，嫁妻卖子者必是家也。"嫁妻卖子，虽不一定变为奴隶，但极有变成奴隶的可能。这种奴隶就是债务性的奴隶）。大概是战国末年的书《周礼》中也有奴隶买卖的记载。《战国策·秦策一》："卖仆妾售乎闾巷者，良仆妾也。"王莽说秦："又置奴婢之市，与牛马同阑（栏）。"（《汉书·王莽传》）大概奴隶买卖也是始盛于战国后期，而大盛于秦代的。以上这些情况，都是井田制和授田制崩溃的结果。井田制和授田制就是彻底崩溃于战国末叶，而消灭于秦代的。井田制和授田制的崩溃、消灭，也就是领主封建制的瓦解；租佃制和依附私人的农民的出现及其逐渐普遍，也就是地主封建制的形成。

为了进一步说明我上述的看法，在这篇文章中我选择著作时代问题比较少的两部书——《论语》和《孟子》，根据它们的记载来证明：从春秋后期到战国中期，授田制还不曾完全崩溃，租佃制和依附私人的农民还不曾明显出现，也就是说：地主封建制还不曾真正形成。同时也说明：从春秋后期到战国中期，社会经济是有变化的，但变化得相当缓慢，较大的变化是开始于战国末叶的。

二 《论语》中所反映的社会经济现象

《论语》是研究孔子思想的最基本的，甚至是唯一的典籍，它是战国前期孔门后学根据孔子弟子和弟子的学生所记孔子和他弟子的言行而编成的。大体说来，只有后五篇中稍有些晚出和不相干的材料，前十五篇一般是可信的。根据它来研究春秋后期的社会现象，该没有多大的问题。在《论语》中所反映的社会经济现象，基本上是和春秋中叶以前相同的。在这里看不见土地买卖、土地兼并的现象，没有租佃制、雇佣制、债务奴隶制等的迹象。《论语》中所反映的基本生产关系，是贵族国家和一般农民对立的关系。我们且看孔子和他弟子所提出的当时的社会问题，这是最足以反映当时社会经济制度的：

> 子曰："道千乘之国，敬事而信，节用而爱人，使民以时。"（《学而》）
>
> 丘也闻有国有家者：不患寡而患不均，不患贫而患不安，盖均无贫，和无寡，安无倾。（《季氏》）
>
> 哀公问于有若曰："年饥，用不足，如之何？"有若对曰："盍彻乎？"曰："二，吾犹不足，如之何其彻也？"对曰："百姓足，君孰与不足；百姓不足，君孰与足。"（《颜渊》）
>
> 孟氏使阳肤为士师，问于曾子，曾子曰："上失其道，民散久矣，如得其情，则哀矜而勿喜。"（《子张》）

根据这四条材料看来，当时最大的社会问题，是统治阶级残暴剥削人民（主要是农民），人民反抗，造成阶级矛盾尖锐化，同时有"不均"的现象。孔子和他的弟子为了缓和阶级矛盾，安定贵族阶级的统治，所以主张"节用而爱人，使民以时"；"均无贫"，行什一之税（彻）。所谓"不均"，已显示出贫富分化的现象（这里所谓"不均"，可能包括爵禄不均的意思，但"不均"总是贫富分化的现象，即使就贵族阶级内部说来，一部分大夫和士的贫困下降，也是一种贫富分化现象）：这是和西周与春秋前期不同的地方。

在这里，我们首先要问当时的人民的身份怎样？是奴隶，还是农奴，还是一般人民？我们认为就本质说来，当时人民的基本成分——农民，还是广义的农奴，但在法律意义上，当时人民的身份是比较自由的，可以说是一般人民的身份。关于这点，证据很多，如：

> 子曰："善人教民七年，亦可以即戎矣。"（《子路》）
>
> 子曰："以不教民战，是谓弃之。"（同上）

> 天下有道，则庶人不议。(《季氏》)
>
> 君子学道则爱人，小人学道则易使也。(《阳货》)
>
> 君子信而后劳其民，未信，则以为厉己也。(《子张》)
>
> 所重民、食、丧、祭，宽则得众，信则民任焉。(《尧曰》)

这些材料已足证明当时的所谓"民""庶人""小人"等，都是比较自由的身份。"教民"然后"即戎"，"信而后劳其民"，统治阶级要信，然后才能得到人民的信任。如果天下无道，庶人就要"议"，小人虽然要听君子的使用，但也可以"学道"，这就和过去"礼不下庶人"的制度不同了。

孔子主张以德、礼化民，他说：

> 道之以政，齐之以刑，民免而无耻；道之以德，齐之以礼，有耻且格。(《为政》)
>
> 临之(民)以庄，则敬；孝慈，则忠；举善而教不能，则劝。(同上)
>
> 上好礼，则民莫敢不敬，上好义，则民莫敢不服；上好信，则民莫敢不用情。(《子路》)

但他又认为：

> 民可使由之，不可使知之。(《泰伯》)

这还是过去"礼不下庶人"的意识。不过孔子又是很主张教民的，除上举的材料外，如他还说：

> 有教无类。(《卫灵公》)

这是孔子的伟大的教育理想，任何人都可以受教育，当然被统治阶级也可以受教育了。孔子对于治民，是有一套理想的，如：

> 子适卫，冉有仆。子曰："庶矣哉！"冉有曰："既庶矣，又何加

焉?"曰:"富之。"曰:"既富矣,又何加焉?"曰:"教之。"(《子路》)

第一步是使民庶,第二步是使民富,既庶且富以后,还要加上"教","教"的目的是使"民易使",所谓"小人学道则易使也"。对于奴隶是不必也不可能"富"和"教"的,对于农奴也不会如此,"富""教"的政策,是对付比较自由的人民的。

根据上引的材料,已足证明当时的人民是比较自由的身份,当然,至少其中的基本成分——农民,在实质上还是农奴。

上述的这种身份比较自由而实质上仍是农奴的农民,是一种什么农民呢?我以为他们是授田制度下的农民。在西周和春秋前期,井田制巩固存在着,井田制是一种带有农村公社性质的土地制度。在西周和春秋前期,至少农民的大多数是过着井田生活的。当时的农民,根据我个人的看法,大体上可分为两类:一类是隶属于国家的农民,一类是隶属于各级贵族的农民。前者有些像北朝、隋、唐均田制下的农民,后者有些像那时候隶属于世族的部曲、佃客;前者是国家农奴,后者是私人农奴,后一类农民的农奴性更强。当然,魏晋南北朝隋唐的土地制度和阶级关系,不会是西周、春秋的土地制度和阶级关系的重复、再现;但其形式,确有不少类似的地方。在西周和春秋前期,这两类农民可能都过着井田的生活,也可能隶属于贵族的农民过着另一种生活;因史料的缺乏,对于这点,我还不敢确断。到了春秋中叶,"初税亩"等制度出现,说明井田制已在逐渐解体;换句话说,就是孟子所说的"助"制——劳役地租的剥削制度已在转化,"彻"制——实物地租的剥削制度已在开始(孟子说"助"是殷制,"彻"是周制,而又说"虽周亦助",其实"助"是春秋前期以前的制度,"彻"是春秋中叶以后的制度;"助""彻"在名义上都是所谓"什一之税",田租的名义超过什一,就连彻制也算破坏了)。可是地租的形态虽然改变,土地私有的制度还不曾开始;在这时候,"井田"逐渐变成"书社",书社实在就是后期的井田制度。井田和书社的区别究竟怎样,现在还不容易弄清楚,我个人以为"助"制和"彻"制的不同,可能是区别井田和书社的一个重要标准。井田大概是按家计的，每家所占的田亩有一定的数额；后来新开垦的土地多了，有些人家所占的田亩数量增加，而他们所负租税义务还是过去的劳役量，统治阶级渐渐觉得助制的剥削不上算了，所以改为"履亩而税"的彻制，把新开垦的土地也收属于国家，加入原来的组织之内，于是井田的疆界破坏、紊乱，统治者按照新的已垦田亩的数目，重新划分疆界，建立新的农村组织，这就是书社。书社大概是即计算户口，又计算田亩的一种制度，它便于"履亩而税"。书社大概仍旧按户分配田亩，每家百亩，与井田制的办法相同。所以书社和井田并没有什么本质上的区别，只不过改劳役地租为实物地租而已。上述的看法，虽然还是假定，但在现有史料下，也只能作这种推测。

上述的看法，可以解释井田制解体后，授田制还维持个相当长的时期的事实。在春秋后期，甚至直到战国中期，授田制还是维持着的，所以在《论语》《孟子》中，看不见土地买卖、土地兼并和租佃制等现象。我个人认为：土地买卖是从商鞅变法后的秦国正式开始的，在此以前和别的国家，特别是保持周礼较多的东方国家，土地并不曾真正私有化。否则的话，在《论语》《孟子》中，就不会没有土地买卖、土地兼并等迹象。土地私有制的普遍形成，我个人认为是开始于战国末叶，而完功于秦代的。

但在《论语》中，我们也可以看出些土地制度和阶级关系与春秋前期以前不同的地方。首先是贵族经济的没落。在《论语》中看不见像金文等记载中所表现的贵族占有私属农民的现象，一般农民都成为隶属于国家的农民了。大贵族虽占有封地，但他们本身已变成小国君主，如季孙氏等固然占有封邑，但那封邑就等于一个小国，封邑中的农民，就是隶属于这个小国家的农民。季孙、孟孙、叔孙三氏和农民之间的关系，等于鲁君和隶属于国家的农民之间的关系。中级以下的贵族，已经逐渐丧失封地，变成了无封地的官僚。例如孔子在鲁国的地位并不算低，可以说是个中级的贵族，但他并没有封邑或封土。当时的所谓"士"，多半没有封土，他们往往做大贵族的家臣，享受俸禄。有些士或者还占有他先世传下的封土。有的士既没有土地，又没有俸禄，生活非常贫困。总之一句话：贵族经济已在转化，官僚制度已经萌芽和开始发展。这是春秋后期制度上的一个显著的变化现象。

我们再根据史料来进一步探讨：《论语》中记载孔子的生活相当详细，但没有记载孔子生活费的来源。在《论语》和其他可靠的记载中，我们不曾发现孔子有封地，甚至看不见孔子拥有一般土地。孔子曾做过大夫，晚年在鲁国称为"国老"，生活享受是比较高的，他必有较多的收入。他的收入大概有两方面：一方面是国家所给的俸禄和给养，似乎是谷物等实物。一方面是弟子的供养，弟子除供给孔子以生活物资外，还为孔子服役。孔子的生活大概就依靠这些。孔子的弟子大多数都是士，综合《论语》所载孔子弟子的情况和士阶层的情况，我们可以看出如下几点：（一）士多为大夫家臣，如冉有、季路、仲弓等为季氏臣；或为邑宰，如子游为武城宰，子夏为莒父宰。（二）有的士甚至做商人，如子贡。（三）有些士既得不到出仕的机会，也不会经商，甚至想当农民，如"樊迟请学稼"，"请学为圃"。有的士贫困到："一箪食，一瓢饮，在陋巷"，如颜渊。（四）士多无封土，所受的俸禄大概是实物，如原思做孔子的家宰（这时大概孔子做着大夫），孔子给他"粟九百"。又如："子华使于齐，冉子为其母请粟，子曰：'与之釜'。请益，曰：'与之庾。'冉子与之粟五秉。"可见子华是不拥有土地的。总而言之：当时的士主要只有两件事，就是子夏所说：

> 仕而优则学，学而优则仕。（《子张》）

但是士的最大目的还是"仕"，孔子说：

> 三年学不至（志）于谷，不易得也。（《泰伯》）

由于"谷"（实物俸禄）不容易求到手，所以孔子教人安贫乐道，他说：

> 富而可求也，虽执鞭之士，吾亦为之；如不可求，从吾所好。
> （《述而》）
>
> 饭疏食，饮水，曲肱而枕之，乐亦在其中矣；不义而富且贵，
> 于我如浮云。（同上）
>
> 士志于道，而耻恶衣恶食者，未足与议也。（《里仁》）用之则
> 行，舍之则藏。（《述而》）

以上的材料，都证明当时的士没有封土，他们已经基本上变成后世的士夫阶层，得志则做官，不得志则从事教育等工作。这个情形，已经不仅限于士，甚至一般大夫，也已变成这种情况。孔子是一个例子。又如《论语·宪问》篇载：

> 问管仲，曰："人也！夺伯氏骈邑三百，饭疏食，没齿无怨言。"

伯氏有"骈邑三百"，当然是个大夫，但他的封邑被管仲所夺后，就过着"饭疏食"的生活。这还是春秋前期的情形，到了春秋中叶以后，大夫互相兼并非常剧烈，当然失去封土或根本没有封土的大夫就逐渐多起来。一般大夫失去了经济上的地位，自然就下降与士同列。有权有势的高级大夫，由于兼并的结果，占有大量封土，就变成了实质上的小国君主。这样，贵族经济就发生根本的变化。到了春秋后期，贵族经济已处在消亡的过程中了。

其次，《论语》中所表现的第二个新的社会现象，是农民的流动。在井田制度之下，农民基本上是"死徙无出乡"的。春秋前期以前，虽然可能已有农民流徙的事情，但痕迹很不显著。到了春秋后期，由于公社性农村的转化，贵族经济的没落，人民迁徙的事就多起来。这时候在贵族阶级中已出现游士，在农民阶级中也出现流民。《论语》中就有各国人民互相迁徙的现象的反映，如：

> 夫如是，则四方之民襁负其子而至矣。（《子路》）
> 叶公问政，子曰："近者说，远者来。"（同上）

可见人民的迁徙已被认为合法，政治目的之一就是要使别国人民到本国来，大概当时人民迁徙的情况已很经常了。

《论语》中所表现的第三个新的社会现象，是贫富分化和所谓"盗贼"问题的严重。贫富开始分化，本是原始社会末期的现象，如果没有贫富分化，也就不会出现贵族和平民的阶级。但是东方国家在阶级社会中原始社会的残余往往很严重，所以贫富的分化是比较缓慢的。在贵族阶级统治下的井田乡村中，人们都有一定的份地，为贵族服劳役，这时候农民之中是不容易引起贫富分化的。在城市中，各级贵族都有一定的爵禄，他们过着宗法生活，在同等级中，也不容易贫富分化。工商隶属于官府，为官府服务，除某些大商人外，不容易发财致富，大家都保持着职业，生活总是可以维持的，特别贫困的人也不容易出现。所以在春秋中叶以前，贫富分化是不显著的。到了春秋后期，贫富分化的现象才比较显著起来。在《论语》中，常提到贫富的对立名词，如：

> 子贡曰："贫而无谄，富而无骄，何如？"子曰："可也！未若贫而乐、富而好礼者也。"（《为政》）
> 子曰："贫而无怨，难；富而无骄，易。"（《宪问》）

这里所谓"贫""富"，似乎主要是指的贵族阶级、特别是士阶层中的贫富。农、工、商中，当然也有贫富分化，但农、工中的贫富分化，在这时候至少还不会很显著。商人致富的这时已多起来，但商人中贫困的应当较少。由于贵族阶级的残暴剥削，劳动者中一定有许多贫困的人，虽然由于授田制度和官府手工业的继续维持，农、工中贫困到破产和不能维持生活的，大概还不很多。倒是士阶层中，有贫困到不能维持生活的人。孔子和他的弟子住在"国"中，他们所说的"贫""富"，似乎多指"国人"（士、工、商等），大概这时在"国人"中贫富分化已相当显著了。

随着贫困者的增多，所谓"盗贼"问题就严重起来。所谓"盗贼"，以前也有，但在春秋后期，问题日趋严重。关于这点，《论语》

中也有反映，如：

> 季康子患盗，问于孔子，孔子对曰："苟子之不欲，虽赏之不
> 窃。"（《颜渊》）
> 譬诸小人，其犹穿窬之盗也与！（《阳货》）

"盗贼"问题是随着私有财产的发展而严重起来的。各国最早的法
典，为了保障私有财产，往往对于"盗贼"问题特别注意，如战国
初年魏相李悝所著的《法经》，一共只有六篇，第一、二篇就是"盗
法""贼法"，认为"王者之政莫急于盗贼"。即此可见：在春秋战国
间"盗贼"问题的严重了。

《论语》中所表现的第四个新的社会现象，是隐士的大量出现。
在西周和春秋前期，所谓隐士即使已有，也是很少的。《易经》中
虽有"不事王侯，高尚其事"的话，但《易经》的编成时代是有问
题的，这条史料并不能证明在西周时已有很多的隐士。因为在西周
和春秋前期，贵族的统治很严格，各级贵族层层控制，无论贵族和
平民，都不大可能避世隐居。只有在私有经济发展后，土地逐渐私
有化，占有私有土地的地主和富裕农民等，才有隐居的可能。所以
一般说来，隐士是地主经济出现后的产物。在春秋后期，土地大概
已有私有化的倾向，所以隐士开始较多地出现。这时候隐士的较多
出现，是说明：贵族统治力的削弱、士夫阶层的出现、土地的私有
化等等现象的。《论语》中有相当多的隐士故事，如荷蒉者（《卫
灵公》）、楚狂、接舆（《微子》）、长沮、桀溺（同上）、荷蓧、丈人
（同上）等。孔子说：

> 贤者辟世，其次辟地，其次辟色，其次辟言。（《卫灵公》）
> 隐居以求其志，行义以达其道，吾闻其语矣，未见其人也。
> （《季氏》）

可见孔子对于隐士并不反对，而且相当称赞。这是由于孔子在政治上不
得志，虽积极到底，"知其不可而为之"，但也未始没有退隐的思想。

　　《论语》中所表现的第五个新的社会现象，是旧的奴隶制形态的消沉。所谓旧的奴隶制形态，就是国家和贵族占有奴隶，奴隶主要来自战俘和罪犯，他们从事国家劳役和贵族家内劳役，在生产上显得作用不大。在殷商时代，奴隶劳动可能很重要，但从西周起奴隶在经济上的作用愈来愈小，到了春秋后期，奴隶制度更消沉了。这时候国家使用奴隶和贵族使用奴隶的迹象很不显著，而且中级以下的贵族，几乎不占有奴隶。庶人使用奴隶的现象，还不曾出现；债务奴隶和奴隶买卖等现象也看不见。奴隶社会所残留下来的旧的奴隶制形态趋于消沉，而新的奴隶制形态还不曾出现：所以在《论语》中几乎看不见奴隶。《论语》中有关奴隶的史料只有三条：

　　　　箕子为之奴。(《微子》)
　　　　子疾病，子路使门人为臣，病间，曰："久矣哉！由之行诈也。无臣而为有臣，吾谁欺，欺天乎！且予与其死于臣之手也，无宁死于二三子之手乎；且予纵不得大葬，予死于道路乎？"(《子罕》)
　　　　厩焚，子退朝，曰："伤人乎？"不问马。(《乡党》)

第一条是殷代的史料，可以不管。第二条的"臣"是否奴隶，还有问题，而且孔子在这时本来是无臣的，如果臣是奴隶，那么更证明孔子家内没有奴隶。孔子在做大夫时，有没有奴隶，无从断定，但《论语》中所记孔子的生活中，是看不见使用奴隶的。第三条史料大概是孔子做大夫时的事情，他可能有管马的奴隶，但所谓"伤人乎"的"人"，是否奴隶，则很难说。在《论语》中，我们看到为孔子服役的人，是他的弟子，如："子适卫，冉有仆。"

　　总结上面的叙述，我们可以看出：在《论语》中所反映的社会经济现象，最根本的东西，还是和春秋中叶以前相同的。但也有些新的社会现象，这些新的社会现象，只说明社会经济的变化已在开始，至多只有初步发展。这些现象的出现，还不能证明：社会较大的变动已经完成，或初步完成。

三 《孟子》中所反映的社会经济现象

《孟子》也是一部没有什么著作时代问题的书，它大概是孟子学生们在战国后期根据所记下的孟子言行而编成的。在这部书里，真实地反映了孟子时代的社会经济现象和孟子对于这些现象所发表的思想。根据它，我们可以相当清楚地认识孟子时代的社会问题。

孟子时代的主要生产关系，还是贵族国家对农民的关系。如说：

> 无君子莫治野人，无野人莫养君子。(《滕文公上》)
> 耕者之所获，一夫百亩，百亩之粪：上农夫食九人，上次食八人，中食七人，中次食六人，下食五人。(《万章下》)
> 在国曰市井之臣，在野曰草莽之臣，皆谓庶人。庶人不传质为臣，不敢见于诸侯，礼也。(同上)

"君子"就是贵族，"野人"就是农民；"市井之臣"就是工、商，"草莽之臣"也就是农民；农、工、商都是庶人，庶人是被统治阶级，不被提升为官僚，是"不敢见于诸侯"的。农民被分配给"一夫百亩"的土地，他们的收获，可以养活数口之家，此外就要缴租税来"养君子"。当时农民所受的剥削，根据孟子的话：

> 有布缕之征，粟米之征，力役之征。君子用其一缓其二，用其二而民有殍，用其三而父子离。(《尽心下》)

上这三种"征"，当时都是施行着的，由于统治阶级的残暴剥削，弄得人民生活非常苦。孟子说：

> 彼夺其民时，使不得耕耨以养其父母，父母冻饿，兄弟妻子离散。(《梁惠王上》)
> 为民父母，使民盼盼然，将终岁勤动，不得以养其父母，又称贷而益之，使老稚转乎沟壑，恶在其为民父母也。(《滕文公上》)

又对邹穆公说：

> 凶年饥岁,君之民老弱转乎沟壑,壮者散而之四方者,几千人矣(《公孙丑下》有一段文字略同);而君之仓廪实,府库充,有司莫以告,是上慢而残下也。(《梁惠王下》)

所以说:

> 民之憔悴于虐政,未有甚于此时者也。(《公孙丑上》)

统治阶级的残暴剥削,使农民破产流亡,这就使得公社性的农村急剧解体,于是社会经济的较大变动就开始了。

在孟子时代,至少东方国家的授田制度,还是相当普遍地维持着的。如孟子说:

> 是故明君制民之产,必使仰足以事父母,俯足以畜妻子,乐岁终身饱,凶年免于死亡,然后驱而之善,故民之从之也轻。今也制民之产,仰不足以事父母,俯不足以畜妻子,乐岁终身苦,凶年不免于死亡,此惟救死而恐不赡,奚暇治礼义哉。(《梁惠王上》)

所谓"制民之产",就是授田制度。如果没有授田制度,就无所谓"制民之产"了。不过到了孟子时代,大概地主经济已在初步发展,国家所掌握的土地已经不够分配,又不想办法补救,所以制民之产:"仰不足以事父母,俯不足以畜妻子。"《孟子》书又记:

> 有为神农之言者许行,自楚之滕,踵门而告文公曰:"远方之人闻君行仁政,愿受一廛而为氓。"文公与之处,其徒数十人,皆衣褐捆屦织席以为食。陈良之徒陈相与其弟辛负耒耜而自宋之滕!曰:"闻君行圣人之政,是亦圣人也,愿为圣人氓。"(《滕文公上》)

可见不但农村中授田制度还维持着,连城市中的授宅制度也还维持着。梁惠王说:

河内凶，则移其民于河东，移其粟于河内；河东凶亦然。(《梁惠王上》)

这也说明国家还掌握着大量田宅，否则就不能如此做。但是当时授田制度大概已在崩溃道程中，我们看孟子说：

> 无恒产而有恒心者，惟士为能；若民则无恒产，因无恒心；苟无恒心，放辟邪侈，无不为已。及陷于罪，然后从而刑之，是罔民也，焉有仁人在位，罔民而可为也。(《梁惠王上》。《滕文公上》有一段文字略同。)

可见当时的民已有"无恒产"的，也就是说已有破产贫民；这样，就使社会问题严重化，阶级矛盾尖锐。孟子要缓和这种矛盾，所以主张很好地"制民之产"。孟子理想中的办法，首先是：

> 五亩之宅，树之以桑，五十者可以衣帛矣；鸡豚狗彘之畜，无失其时，七十者可以食肉矣，百亩之田，勿夺其时，数口之家，可以无饥矣。谨庠序之教，申之以孝悌之义，颁白者不负戴于道路矣。七十者衣帛食肉，黎民不饥不寒，然而不王者，未之有也。(《梁惠王上》。下尚有一段文字略同。)

这大概是按照当时已有的办法而加以适当地安排的。百亩之田，直到汉代，还是一般自耕农所占有的土地数量，这当是自古以来传下的制度。五亩之宅是和百亩之田相配搭的，这就是一般农民的"恒产"。着重在"勿夺其时"。"七十者衣帛食肉，黎民不饥不寒"，要求并不算高，然孟子已认为就是"王政"。不过孟子的最高理想，还是井田制度。他对滕国的臣子说：

> 请野九一而助，国中什一使自赋。卿以下必有圭田，圭田五十亩，余夫二十五亩，死徙无出乡，乡田同井，出入相友，守望相助，疾病相扶持，则百姓亲睦。方里而井，井九百亩，其中为公田，百家皆私百亩，同养公田，公事毕．然后敢治私事，所以别野人也。

（《滕文公上》）

由于井田制度早已解体，孟子已不大明了，他根据传闻，加上自己的理想，说出了上面这段话。在这里面，确有真实的成分，如助制和"死徙无出乡"等话，公田、私田的制度等，必有根据。私田百亩，大概也没有什么问题。不过"方里而井，井九百亩"的办法，恐怕只是理想，事实上不能这样整齐。井田制度在当时已不可能恢复，连百亩之田、五亩之宅的授田制度，也已不能普遍实行。农民破产、丧失土地的事实，在孟子时已经开始，然似乎还不严重。至于人民流徙的情况，孟子时代自然要比孔子时代更严重，当时各国君主都愿意别国人民到本国来，大概当时土旷人稀的现象还存在着。如梁惠王认为自己很能尽心于民事，但奇怪：

邻国之民不加少，寡人之民不加多。（《梁惠王上》）

这说明人民的移动已是很经常的事，当然，这种情况，在孔子时代，早已出现了。

孟子时代的人民，与孔子时代的人民一样，具有比较自由的身份。例如孟子说：

易其田畴，薄其税敛，民可使富也。（《尽心上》）
民为贵，社稷次之，君为轻。是故得乎丘民而为天子。（《尽心下》）

"可使富"的"民"当然不是奴隶；"民为贵"和"得乎丘民而为天子"的话，当然只是孟子的民主主义思想，但也反映了"民"不是奴隶这个事实。"奴隶为贵"，"得乎奴隶而为天子"，是讲不通的。然而我们也不能认为当时的"民"就是纯粹的自由人。"民"的意义是较广的，在孟子时代，包括士、农、工、商在内。"庶人"的意义则较狭，主要是指农民：

万章曰："庶人召之役，则往役；君欲见之，召之则不往见之，

何也?"曰:"往役,义也;往见,不义也。"(《万章下》)

看"庶人召之役则往役"这句话,可见"庶人"并不是奴隶社会中的自由人,奴隶社会中的自由人,地位是较高的。自然,别的同志可以说:这是古代东方奴隶社会中的自由人,就是变相的奴隶,和希腊、罗马的自由人不同。我们认为:《孟子》中的"庶人",和古代东方奴隶社会中的自由人,还是不相同的。因为还有"君欲见之,召之则不往见之"的话,不像古代东方奴隶社会中的自由人那样接近奴隶的地位。与其说孟子时代的"庶人"接近奴隶,还不如说他们接近农奴。当然,法律意义的农奴,没有这样自由,但奴隶更不自由。我们说这时候的"庶人",是广义的农奴,就是实质上的农奴,是比较有理由的。孟子虽曾连称"士庶人",但"士"与"庶人"之间还有区别:

　　以士之招招庶人,庶人岂敢往哉!(同上)

孟子时代的"士"已失去贵族的地位,差不多等于一般自由人,"庶人"比"士"更低一等,国君对于他要役就役,绝无限制,那么自然接近农奴了。同时孟子时代的"庶人",是授田制下的"庶人",束缚在国家的土地上,缴纳地租和从事劳役,实在是隶属贵族国家的农奴,他们和后来均田制下的农民,性质差不多。

　　至于孟子时代的手工业者,至少自由经营生产的已很多,如孟子说:

　　且许子何不为陶冶,舍皆取诸其官中而用之,何为纷纷然与百工交易?(《滕文公上》)

"百工"可以自由与人交易,当然和后世的自由手工业者差不多。但是隶属于官府的手工业者,在孟子时代,必然也还存在,因为官府手工业,历代都是有的。不过孟子时代的官府手工业者,其身份当与西周、春秋时代的官府手工业者相近(半自由身份)。《考工记》

是战国时代的著作，其中的手工业者，就与西周、春秋时代的官府手工业者相近。

商人在孟子时代，当然已很活跃，不过由于列国割据，到处有关梁，关市之征是很重的，这阻碍了商业的发展。孟子说：

> 古之为市也，以其所有，易其所无者，有司者治之耳。有贱丈夫焉，必求龙断而登之，以左右望而罔市利，人皆以为贱，故从而征之，征商，自此贱丈夫始矣。(《公孙丑下》)

这个传说反映了原始的商业只是"以其所有，易其所无"，利息还不大，所以当时不征商税。到后来商业利息大了，就开始有了商税。到了孟子时代，农、工生产品多已投入市场，商品经济已很发展，如孟子说：

> 子不通功易事，以羡补不足，则农有余粟，女有余布；子如通之，则梓匠轮舆皆得食于子。(《滕文公下》)

这可见孟子时代商品的流通。商业的发展，使统治阶级有可能增重商税。孟子说：

> 古之为关也，将以御暴；今之为关也，将以为暴。(《尽心下》)

这是关税的增重。原始儒家是不赞成商税的，孟子也是这样，他说：

> 昔者文王之治岐也，耕者九一，仕者世禄，关市讥而不征，泽梁无禁，罪人不孥。(《梁惠王下》)
>
> 市廛而不征，法而不廛，则天下之商，皆悦而愿藏于其市矣。(注："廛，市宅也，古者无征，衰世征之。《王制》曰：'市廛而不税。'《周礼·载师》曰：'国宅无征。'法而不廛者，当以什一之法征其地耳，不当征其廛宅也。")关讥而不征，则天下之旅，皆悦而愿出于其路矣。(《公孙丑上》)

当春秋、战国时代，商人兼并农民的现象，还不曾显著出现，在原始儒家的眼光里，农、工、商是一样的。儒家为了缓和阶级矛盾，主张统治者向人民让些步，对于"耕者"，要求"助而不税"；对于商人，要求"不征"：事实上这些都是空想，当然办不到。可是尽管商税重，商人还是比较容易致富的，这时候商人的势力已相当大，已经有进入政治界的，如白圭、吕不韦等，就是显著的例子。

私有经济和贫富分化，在孟子时代，有进一步的发展，这是生产和交换进一步发展的结果。在孟子时代，授田制虽然大致还维持着，就是说公社性经济的残余还维持着，但是授田制已在开始崩溃的过程中，农民破产流亡的情况已经出现，大多数的农民生活日趋贫困，少数的商人则发财致富，商人兼并农民和地主经济发展的趋势已经奠定了基础。如上所述，在此后的一个时期中，"无立锥之地"一句话已成为常语。在这样情况之下，乞丐已经开始出现，孟子说：

> 一箪食，一豆羹，得之则生，弗得则死，呼尔而与之，行道之人弗受；蹴尔而与之，乞人不屑也。(《告子上》)

乞丐的出现，是贫富两极化的结果，这说明在孟子时代贫富分化已相当厉害了。

贫富分化的结果，不但出现了乞丐，而且债务性的奴隶和奴隶买卖的情况，也已开始显著，自然，还不及战国末叶以后那样成为经常的现象。在大致反映战国前期情况的著作《檀弓》里，已经有人口买卖的事实（"子卿之母死，……子硕曰：请粥庶弟之母"）。在《孟子》里，也有这种反映：

> 或曰：百里奚自鬻于秦养牲者，五羊之皮，食牛以要秦缪公。(《万章上》)

这段故事，参看《说苑》等书，是百里奚自己卖身为奴隶。这个故事，当然是不可信的，但在孟子时已经流行，可见在孟子时代，奴隶买卖已经不是不经见的事了。这种奴隶，就是债务性的奴隶。当然，债务奴隶和奴隶买卖的普遍流行，要到战国末叶以后。

在《孟子》中，奴隶制的史料，只有这一条，可见孟子时代还和孔子时代一样，奴隶制形态是很消沉的。这时候一般贵族和士庶人等占有奴隶的事，大概还很少见（只有商人，才多占有奴隶，例如大商人白圭，就是个奴隶主）。孟子的地位也相当高，但在《孟子》书中，我们看不见孟子使用奴隶的事实。

特别应当说一说的，是这时候士阶层的身份地位。"士"在孟子时代已经下降与庶人同列，庶人中大概也有上升为士的，孟子常连称"士庶人"。他又曾说：

> 下士与庶人在官者同禄，禄足以代其耕也。(《万章下》)

可见士与庶人地位相去不远。他又说：

> 惟士无田，则亦不祭。(《滕文公下》)

可见士有无田的，甚至不能供祭祀。此外有一段故事，更足以说明当时的士已基本上与庶人无别：

> 齐人有一妻一妾而处室者，其良人出，则必餍酒肉而后反，其妻问所与饮食者，则尽富贵也。其妻告其妾曰："良人出，则必餍酒肉而后反，问其与饮食者，尽富贵也，而未尝有显者来，吾将瞷良人之所之也。"蚤起，施从良人之所之，遍国中无与立谈者，卒之东郭墦间之祭者，乞其余，不足．又顾而之他，此其为餍足之道也。其妻归，告其妾曰："良人者，所仰望而终身也，今若此。"与其妾讪其良人，而相泣于中庭，而良人未之知也，施施从外来，骄其妻妾。(《离娄下》)

这个齐人除妻外还有妾，当不会是庶人而是个士，但看他的行径，几乎和乞丐差不多，士沦落到这般地步，可见旧的贵族制度已经基本

先秦七子思想研究

上解体。这种士已和后世的士没有什么差别。他们之中虽然有很贫困的，但这个阶层还是官僚的后备军。孟子说：

> 士之仕也，犹农夫之耕也。(《滕文公下》)

可见士的职业就是做官，因此"三月无君，则皇皇如也"(同上)。但士的生活并非相同，有"身织屦，妻辟纑"的，如陈仲；有"后车数十乘，从者数百人，以传食于诸侯"的，如孟子。当时的游士游说诸侯，甚至取卿相之位于顷刻间：前一天还是贫士，后一天就做了大官，这样的事，在战国时代是常见的。

贵族经济，到了孟子时代，自然更趋没落、转化，但大贵族的地位和世族制度还有保持着的。例如孟子说：

> 万乘之国，弑其君者，必千乘之家；千乘之国，弑其君者，必百乘之家。(《梁惠王上》)
> 所谓故国者，非谓有乔木之谓也，有世臣之谓也。……国君进贤，如不得已，将使卑逾尊，疏逾戚，可不慎与！(《梁惠王下》)
> 为政不难，不得罪于巨室；巨室之所慕，一国慕之；一国之所慕，天下慕之；故沛然德教溢乎四海。(《离娄上》)

这三段材料证明：在孟子时代，还有所谓"千乘之家""百乘之家"和"世臣""巨室"存在，这些就是残余的贵族；但都是大贵族，中级以下的贵族，已经基本上消亡了。这些残余的贵族，大概要到秦统一以后，才完全消灭。在孟子时，固然官僚制度大体上已代替了贵族制度，但如孟子这样主张"尊贤"的人，尚且说"国君进贤，如不得已"；"为政不难，不得罪于巨室"；固为"巨室之所慕，一国慕之"，而"卑逾尊，疏逾戚"，对当时贵族国家说来，还是一件带有危险性的事。在孟子时代，至少东方国家，还保持着领主制的等级关系，如孟子说：

> 天子不仁，不保四海；诸侯不仁，不保社稷；卿大夫不仁，不

保宗庙；士庶人不仁，不保四体。(《离娄上》)

这当然只是孟子的思想，但思想是存在的反映，当时确乎还保持着等级关系，虽然差不多已经只是形式了。

上面差不多已经引述了全部《孟子》中足以反映社会经济的史料，在这里面，仍看不见有土地兼并和租佃制等关系，这说明地主封建制还没有完全形成。

从《论语》《孟子》中所反映的社会经济情况看来，当时是封建社会，是没有什么疑问的。因为它的主要生产关系，是贵族国家与农民对立的生产关系；隶属农民是主要的生产者。奴隶制的关系几乎看不见，怎会有奴隶社会看不见奴隶制关系的道理？但租佃关系也看不见，而领主制经济已趋没落，所以这应该是一个由领主封建制转向地主封建制的过渡阶段：这就是我的结论。

应当附带说明一下的，是在这个时代之后，奴隶制经济曾有一度畸形的发展，这就是魏晋封建论者主张秦汉还是奴隶社会的主要理由。我们认为这只是井田制和授田制崩溃的必然结果：井田制和授田制的崩溃，使得贫富分化急剧，商业高利贷者兼并土地，贫困的农民借了债还不起，先出卖土地，再出卖家属，这样就出现了债务奴隶。商人收买土地，又收买奴隶，使用一部分奴隶在生产事业上，这样就形成了奴隶制经济畸形发展的现象。但这种奴隶制经济的发展，是极其有限的，在农业上，在手工业上，依附人的数目要远远超过奴隶。当时的主要生产者，仍是农民，除隶属于国家的农民外，依附于私人的农民越来越多，这些农民是农业上的生产主力军。在手工业上，也多使用依附者来从事生产。奴隶不论在农业上，在手工业上，都不是主要生产者。同时在奴隶中还混杂着许多依附人，统称"僮客"；所谓"客"就是一种依附人。当时奴隶的数量至多不过几百万人，仅及全国人口的十分之一左右：所以这决不可能是奴隶社会。债务奴隶在中国的出现，确是比较晚的，但差不多整个封建时代都有债务奴隶的存在，所以债务奴隶的出现，并不说明当时的社会还是奴隶社会。又魏晋南北朝隋唐时代，奴隶的人数还相当多，而且从事生产，魏晋封建论者并不因此认为魏晋南北朝隋唐时代还是奴隶社会，这不是理论上的矛盾吗！其实东方国家的封建社会中，存在着大量奴隶制残余，本是普遍的现象，苏联学者曾明确地指出：

> 在东方各国，封建关系在长时期内一直和奴隶制关系相结合。中国、印度、日本等等国家都是这样。（苏联科学院经济研究所编《政治经济学教科书》〔修订第三版〕中译本上册三三页）

所以奴隶制关系的存在，甚至较大量的存在，并不足以证明社会还是奴隶社会。

（《山东大学学报》历史版，1960 年 3、4 合期）